PARIS
PENDANT LE SIÉGE
ET
LES SOIXANTE-CINQ JOURS
DE LA
COMMUNE

Avec un Plan détaillé et des Fac-similé

PAR

A. J. DALSEME

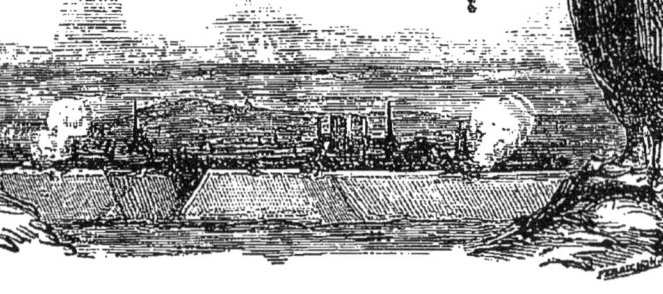

PARIS

E. DENTU, EDITEUR

Libraire de la Société des Gens de lettres

PALAIS-ROYAL, GALERIE D'ORLÉANS, 17-19

ET A LA LIBRAIRIE DU *PETIT JOURNAL*

Rue de Lafayette, 61

1871

PARIS
PENDANT LE SIÉGE

ET

LES SOIXANTE-CINQ JOURS

DE

LA COMMUNE

PARIS. — TYPOGRAPHIE ALCAN-LÉVY, RUE DE LAFAYETTE, 61

PARIS
PENDANT LE SIÉGE

ET

LES SOIXANTE-CINQ JOURS
DE
LA COMMUNE

Avec un Plan détaillé et des Fac-simile

PAR

A. J. DALSÈME

PARIS

E. DENTU, ÉDITEUR

Libraire de la Société des Gens de lettres

PALAIS-ROYAL, GALERIE D'ORLÉANS, 17-19

ET A LA LIBRAIRIE DU *PETIT JOURNAL*

Rue de Lafayette, 61

1871

Tous droits réservés

PRÉFACE

On a dépeint diversement le siége de Paris, retracé au jour le jour les événements de cette période néfaste, recueilli dans des ouvrages spéciaux les actes du Gouvernement, publié des impressions personnelles ou détaillé les opérations stratégiques.

On n'a pas encore raconté la vie intime de *Paris pendant le siége.*

Or, il y a, entre ce que nous avons vu et certains des récits que nous avons lus, toute la distance qui sépare la réalité de la fiction.

J'ai donc voulu décrire, non le Paris-citoyen des proclamations officielles ou le Paris-soldat des rapports militaires, mais Paris dans son ensemble, au foyer et dans la rue, au corps de garde et au rempart, sur les champs de bataille et aux ambulances; Paris avec son enthousiasme et ses défaillances, avec ses défenseurs intrépides et ses esprits chimériques, ses héros glorieux et ses martyrs obscurs; ses femmes courageuses, infatigables et dévouées.

Spectateur et acteur de ce long et douloureux épilogue du drame où s'est joué le sort de deux nations, je raconte simplement les faits, n'ayant d'autre prétention que d'être un narrateur sincère.

Les lignes qui précèdent étaient imprimées; la première partie de ce livre allait paraître, quand sont venues d'autres épreuves, plus terribles encore que celles que nous avions traversées.

La guerre civile succédant aux combats contre l'étranger; le sang, la ruine et l'incendie dans nos murs, après les luttes gigantesques soutenues au dehors des remparts; la reine des cités souillée par une horde de bandits cosmopolites, alors que, rayonnant dans la fierté d'une défaite glorieuse, elle s'apprêtait à reprendre son rang de capitale du monde; l'égorgement et le feu employés comme argument suprême par les insensés et les aveugles devenus maîtres de la ville. — Telle est la succession rapide d'événements que j'ai dû retracer dans la deuxième partie.

Ici encore, laissant de côté les commentaires, je me suis borné à un exposé fidèle des faits. Montrer les angoisses de Paris durant ce supplice de deux mois, c'est prouver qu'il n'a pas été solidaire des infâmes dont l'a purgé une répression sans pitié.

PARIS

PENDANT LE SIÉGE

PARIS

PENDANT LE SIÉGE

I

Ceux qui s'en vont. — Un regard en arrière. — Oseront-ils venir ?— Les épaves d'une armée.— Apprêts de défense.— Redoutes, forts, murailles et bastions. — Les camps parisiens. — Autour des remparts. — Le Moulin de la galette.—Torpilles et trous de loup.

« Les forces allemandes sont en marche sur Paris. »
Voilà ce que le roi Guillaume télégraphiait à Berlin, le lendemain de Sedan.

Paris, à cette nouvelle, eut un tressaillement de joie ; un long cri s'échappa de toutes les poitrines :

— Enfin !

Et, semblable au gladiateur antique, se préparant à étreindre son adversaire, Paris se repliait sur lui-même, le cœur palpitant de colère, les muscles agités par la fièvre, mais le regard calme, la pensée froide et le bras sûr.

Paris se disait :

— Attendons.

Depuis trop longtemps déjà, il est vrai, les armées prussiennes, avant Sedan, s'avançaient sur nos routes et dans nos plaines. Leurs hordes cruelles et pillardes foulaient insolemment le sol de notre France.

Mais nous avions pour nous, alors, un allié fidèle : le temps ; le temps, qui ne remporte pas les victoires, mais qui les prépare.

Chaque jour qui s'écoulait était un succès pour nous, une défaite pour nos ennemis.

Pendant plus de deux semaines, l'armée de Frédéric avait attendu ; une armée qui attend fond sous la pluie, le froid des nuits, le manque de vivres.

Et voilà pourquoi, ne pouvant plus longtemps laisser ses troupes stationnaires, le prince royal avait crié tout à coup :

— A Paris ! à Paris !

Lutter pour lutter, mourir pour mourir, mieux vaut, s'était-il dit sans doute, lutter contre les Français que contre la dyssenterie ; mourir d'une balle que de la faim ou de la fièvre.

Le prince Frédéric, « notre Fritz, » comme ils l'appellent, avait donc continué son mouvement en avant.

Ce mouvement, pourtant, était masqué d'abord par la multiplicité des points où se montraient simultanément les troupes de son corps d'armée. On en voyait se mouvoir à la fois vers Varennes et Sainte-Menehould, sur la ligne de l'Argonne ; à Châlons, dans la Marne ; à Vassy, Saint-Dizier, Chaumont, dans la Haute-Marne ; à Brienne, à Troyes, dans l'Aube ; — bref, sur une étendue qui du nord-ouest au sud-est embrassait plus de quarante lieues !

Cependant le mouvement vers Paris s'accentuait

davantage. Il se dessinait si clairement que le ministre de l'intérieur en fit aux Parisiens l'annonce officielle.

On voyait nettement l'armée de Fritz pousser sa pointe vers Châlons, tandis que les uhlans, — ces terribles uhlans, que nos populations commençaient à tenir en respect avec des pioches et des pelles, lorsqu'elles n'avaient pas de fusils sous la main, — poussaient leurs incursions en droite ligne sur Epernay.

Puis, soudain, nouveau temps d'arrêt.

Pourquoi ?

La marche sur Paris n'avait-elle donc été qu'une feinte ?

C'est ce que nos généraux, aussi mal informés que mal inspirés, crurent sans doute. Sans cela comment expliquer cet abandon incroyable de Châlons et de la ligne de la Marne, par Mac-Mahon ? Comment comprendre les dépêches affolées où Palikao le sommait de se diriger vers Bazaine, bloqué autour de Metz ?

Alourdi par la maison impériale, gêné dans son commandement par les ordres fantasques et l'incohérence d'idées de Napoléon, Mac-Mahon était parvenu, le 31 août, sur la ligne de la Meuse, après avoir parcouru un demi-cercle immense, dans l'intérieur duquel le prince royal, se trouvant tout à son aise, avait conservé son avance sur lui.

Et puis : Sedan !

Sedan, après Gravelotte et Vionville ; Reischoffen précédant Gravelotte ; Wissembourg, précurseur de Reischoffen !

De toute la France, désarmée en deux coups de filet, il ne restait plus que Paris.

Mais, au cri d'angoisse qui fait comme l'écho du canon de Sedan, répond bientôt, dans tout le pays, un cri de rage désespéré.

Paris fait le 4 septembre. Les départements, galvanisés par l'appel suprême à la résistance, s'apprêtent à fournir au pays des armées nouvelles. Paris, décidé à tenir jusqu'à ce que la France puisse le délivrer, appelle dans son sein les forces organisées qui existent encore, tristes épaves de l'armée du Rhin ou des renforts arrêtés à temps.

Quelques régiments, formant le corps d'armée du général Vinoy, ont échappé au dernier désastre. De Mézières, de Soissons, de Laon, ces régiments nous parviennent, suivis de près par l'ennemi.

A Laon, quinze mille hommes d'infanterie, dix batteries d'artillerie couronnaient les plateaux élevés qui dominent la ville, lorsque les éclaireurs prussiens se montrèrent dans la plaine.

Les soldats français brûlaient de se mesurer avec l'ennemi... Impossible : Paris les avait demandés.

En route pour Paris !

Le lendemain, ce sera au tour de l'artillerie.

Ces dix batteries, Paris les réclame.

En un clin d'œil, les chevaux sont attelés, les artilleurs montés sur les caissons de leurs pièces ou sautés en selle. Les tentes ployées se tordent sur la croupe des chevaux, et le cri : En avant ! retentit au moment même où les premiers bataillons prussiens sont signalés en arrière.

Retournera-t-on les pièces contre eux ? Hélas ! L'artillerie toute seule, et sans l'appui d'une autre arme, est impuissante; tenter de combattre, c'est livrer les batteries à l'ennemi.

Ce qu'il faut, au contraire, c'est les sauver, les ramener à tout prix.

Et les artilleurs excitent les chevaux, les lourdes roues ébranlent le sol, la route se crevasse sous leur poids et leurs ressauts, un galop infernal commence et ne discontinue pas.

La pluie tombe à grosses gouttes, puis en lignes serrées, puis obscurcit tout le ciel. Les batteries galopent toujours vers Paris. Toute une nuit se passe sur cette route qu'il faut franchir à tout prix, sans un repos, sans une halte, sans une minute d'arrêt.

A six heures du matin, le train tout entier franchit les portes de la capitale, aux acclamations des Parisiens.

Soixante bouches à feu sont sauvées.

En même temps que ses arsenaux se remplissent, que ses magasins se garnissent d'approvisionnements, Paris voit chacune de ses maisons se transformer en caserne, tandis que chacun de ses habitants devient un soldat :

— Garde à vous, peloton !
— Portez armes !
— Charge à volonté... chargez armes !

. Voilà ce que l'on entend depuis huit jours, du matin au soir, sur toutes les places, dans toutes les rues dont la largeur se prête aux évolutions militaires.

Et le soir, alors, ne finit guère que vers onze heures ou minuit.

En maint endroit, comme par exemple dans les galeries couvertes du Palais-Royal, c'est à cette heure avancée que se réunissent, pour leurs exercices journaliers, ceux de nos employés que leur besogne retient pendant le jour. — Le patriotisme n'a pas d'heure.

Paris entre dans une phase nouvelle. Plus de chants, plus de manifestations bruyantes, mais une calme et forte résolution.

Plus de luxe, plus de théâtres, plus de concerts...
Partout une seule pensée : la résistance.

Plus d'oisifs ni de curieux : des soldats.

Les voitures armoriées et les équipages opulents cèdent le haut du pavé aux chariots chargés de boulets et d'obus, aux lourds véhicules qui transportent les armes, les munitions, les approvisionnements.

Aux gares, les trains se succèdent d'instant en instant, amenant de tous les points de la France matériel et défenseurs, et dégorgent sur nos grandes voies de longues files de soldats : cavaliers, fantassins, artilleurs et surtout gardes mobiles des départements, vaillamment accourus pour défendre la capitale.

Avant-hier, c'étaient trois mille Bretons, à la solide carrure ; puis des enfants de la Normandie ; dix mille jeunes gens venus des bords de la Marne, ceux-ci reconnaissables à leur blouse grise portant à l'épaule une large patte rouge. Hier, c'étaient les gares du Nord et de l'Ouest qui nous apportaient les plus nombreux contingents. Aujourd'hui le défilé continue de plus belle, et nos maisons reçoivent tous ces braves enfants du pays, que couvrent les uniformes les plus divers, mais qu'anime un sentiment unique : l'ardeur courageuse du combat.

A peine débarqués dans nos rues, ils sont entourés, guidés par une population sympathique.

Comme tous ceux qui, pour la première fois, foulent le sol de la grande ville, ces jeunes gens ont, pour les splendeurs nouvelles qui les entourent, des regards de surprise ou de curiosité ; mais le Parisien, si frondeur d'habitude, a oublié ses antiques plaisanteries sur la province et les provinciaux.

La province !

Elle aussi, elle a oublié ces facéties douteuses que

Paris lançait volontiers à son adresse; elle n'a vu qu'une chose : le danger, — et, résolue, elle a marché en avant.

Elle sait que Paris est plus que le cœur du pays, qu'il est le centre lumineux du monde que nous ont laissé les anciens; elle sait que si toutes les contrées ont leur capitale, la France, elle, possède la capitale de tous les pays.

Au cirque Napoléon et au cirque de l'Impératrice (la République n'a pas eu le temps de les débaptiser), on ne voit plus que d'immenses casernements, capables de contenir sept ou huit mille hommes.

C'est là qu'en attendant le matin, s'installent les bataillons débarqués pendant la nuit.

A peine arrivés, ils commencent l'exercice du fusil et de la baïonnette, et achèvent de parcourir les phases successives de leur éducation militaire, dont les débuts se sont effectués au chef-lieu.

Encore huit jours, et ce seront des troupiers!

Vers la circonférence intérieure de Paris, alors que l'on se rapproche de l'enceinte fortifiée, l'aspect devient de plus en plus guerrier.

Aux Tuileries, dont le jardin est interdit au public, les grilles laissent apercevoir de longues rangées de caissons, alternant avec les files des chevaux.

Au Champ-de-Mars, un vrai camp retranché. Sur les côtés la terre a été remuée et forme des épaulements, fortifications passagères qui constituent, avec les bâtiments de l'École-Militaire, de véritables lignes de circonvallation. Les soixante hectares de terrain qui s'étendent comme une vaste plaine entre ces lignes, se sont couverts de tentes où s'abritent des soldats

1.

de toute arme, et dont l'ensemble dessine comme les quartiers d'une petite ville.

Au fort de Vincennes, l'enceinte des anciens bâtiments est pleine de monde; ouvriers et bourgeois attendent les fusils qu'on leur délivre incessamment.

Les hangars sont remplis d'armes; les casemates remplies de poudre, et les camions ne cessent de franchir le pont-levis.

Et les mitrailleuses !

Il faut les voir, ne serait-ce que pour se rendre compte de l'enthousiasme qu'elles excitent parmi leurs servants. Les artilleurs chargés du service des mitrailleuses parlent avec admiration de ces terribles instruments de mort.

— « Partout où nous avons donné, disent-ils tous, nous avons fait dans les rangs prussiens des trouées énormes; jamais une colonne ou une ligne ennemie n'a pu s'avancer sous notre feu; les hommes tombaient comme les brins d'herbe sous la faux. »

Dans cette fatale guerre, si fertile déjà en déceptions et en menteuses promesses, on aime à trouver une chose qui ne vous ait point trompé.

Dans les avenues qui rayonnent de l'Arc-de-Triomphe jusqu'aux abords des fortifications, on a fait camper surtout les débris glorieux de nos régiments les plus éprouvés.

Là se pressent les visiteurs, les camarades, anxieux du sort d'un ami ou d'un parent. Heureux quand, à leurs questions rapides, il est répondu par un : « légèrement blessé, » ou « prisonnier ! »

Là aussi s'entendent les récits de ces sanglantes batailles, de ces boucheries sans nom dont le seul souvenir fera tressaillir d'horreur bien des générations.

C'est de la bouche même des héroïques acteurs de ces drames sinistres, qu'il faut en recueillir les scènes.

Car ces récits, sans suite apparente, font l'histoire ; une histoire dont les sombres pages, en se déroulant plus tard, laisseront longtemps pensifs nos arrière-neveux.

De temps en temps, dans la foule qui se presse autour des tentes et des cuisines improvisées entre deux pierres, on entend un appel : — « Où est le 51e de ligne ? où est le 5e chasseurs ? Y en a-t-il encore un seulement ? » Et l'on aperçoit, fendant les groupes, un homme, un soldat au costume déchiré, rapiécé ; au visage noirci par la poudre, la poussière et le soleil. C'est un revenant, un camarade sur lequel on ne comptait plus, dont parfois l'oraison funèbre a été faite là-bas ou ici, et qui arrive de Sedan ou de la frontière belge... Comment ? La plupart du temps, il n'en sait rien lui-même ; il a marché la nuit sur les routes ; il a marché le jour dans les bois ; il a fini par atteindre une station de chemin de fer, une voiture qui lui a abrégé une partie de la route.

Quelquefois, il vient de franchir à pied les cinquante ou soixante lieues qu'il a encore allongées par son inexpérience des chemins ou la crainte de tomber dans un parti ennemi.

Petit à petit, les revenants se succèdent, se retrouvent, et le faible noyau que formaient d'abord les débris de leur régiment grossit, bientôt.

Il faudrait des volumes pour raconter, après tous ces

braves, les mille traits d'héroïsme qui ont été leur vie de chaque jour.

Et ne croyez pas que le moindre orgueil leur en reste... non ; — à tel point qu'il faut s'adresser à chacun d'eux, non pour connaître son histoire, mais pour avoir celle de son voisin.

A tous ces récits glorieux, on se ranime, on reprend espoir. Chacun se dit et répète : « Courage ! »

Au milieu de ces spectacles qui sont devenus sa vie de chaque jour, Paris puise des forces nouvelles et met la dernière main à ses préparatifs de défense.

Si les peureux s'éloignent, si les gares sont encombrées des faibles, des impuissants, des timorés, des malades, des vieillards et des femmes fuyant devant le danger, la grande cité n'en demeure pas moins ferme au milieu de la tourmente, inébranlable dans ses résolutions.

En quelques jours, ses remparts aux contours déformés par le temps et les saisons, se sont nettement découpés dans l'épaisseur de la terre ; de distance en distance, leurs crêtes se sont creusées d'embrasures ; du dehors, on peut voir déjà les taches encore blanches sur la verdure des talus, piquetées au milieu par de larges points noirs — les bouches des canons.

Encore quelques heures, et Paris aura achevé sa toilette guerrière.

L'enceinte de la ville n'a pas été seule à subir cette rapide transformation. Dans la foule qui s'y porte, affluant de toutes parts, on ne reconnaît plus guère la curiosité vaine, et, disons le mot, la *badauderie* légendaire des Parisiens. Point de groupes tumultueux, point d'attroupements gênants pour les travailleurs, point de discours animés. Mais des regards fermes, une assurance qui semble à chaque instant augmenter, et, vis-à-vis des travaux de défense, un sentiment de satisfaction qui se traduit par ces simples paroles :

« — Qu'ils viennent s'y frotter, les Prussiens, nous avons amplement de quoi les recevoir ! »

En un mot, chacun accourt, non poussé par un sentiment de vulgaire indiscrétion, mais comme un soldat déjà sous les armes, et qui vient chercher son poste de combat.

Rien n'est plus étrange, pour celui qui n'est pas initié, que le coup d'œil offert par l'enceinte fortifiée, aperçue à vol d'oiseau, ou parcourue en longeant les remparts.

Cette suite de rentrants, de saillants, ces lignes bizarrement coupées, ces angles dont la pointe se tourne alternativement vers la ville et vers la campagne ; ces portions de rempart garnies d'une artillerie formidable à côté de murs qui semblent faiblement armés ; tout cela présente un aspect que l'esprit ne peut justifier à première vue.

Mais toutes ces bizarreries sont calculées, le raisonnement a présidé au tracé de ces sinuosités multipliées ; il n'est pas une motte de terre dont la place n'ait sa raison d'être et son utilité.

Au premier abord, il semblerait tout naturel, pour défendre une ville contre les attaques extérieures, de l'entourer purement et simplement de remparts, les uns à la suite des autres suivant le contour de la cité, et de les garnir de canons et de défenseurs.

Mais il est un danger que, sans être ingénieur, l'on peut pressentir bien vite.

L'ennemi qui investirait l'enceinte, sur tout son pourtour ou sur une portion de sa longueur, se développerait sur une étendue plus considérable, et — partant — pourrait mettre en batterie plus de canons que les défenseurs eux-mêmes.

En outre, une colonne d'assaillants, arrivée auprès du fossé, et surtout une fois parvenue au fond, se trouverait parfaitement couverte contre les coups des défenseurs.

La sûreté des premiers augmenterait précisément avec le danger de ceux-ci.

C'est pour s'y opposer que certaines parties de la fortification, saillantes par rapport à ses lignes générales, portent des pièces de canon dont les décharges peuvent *enfiler* le fossé et détruire tout ce qui aurait pu pénétrer jusque-là.

Ce sont ces diverses lignes combinées dont l'ensemble constitue un *front bastionné*.

Le bastion, à proprement parler, ne se compose que de l'espace qui forme comme une presqu'île, ou plutôt une sorte de cap, dont la pointe se tourne vers l'ennemi.

C'est là que se placera la grosse artillerie.

C'est de ce cap, placé autant que possible dans une situation dominante, que s'échapperont, pendant les préliminaires du siége, les boulets énormes qui détruiront les premiers établissements des assiégeants.

C'est le *saillant* du bastion.

Puis, à droite et à gauche de la pointe que forme cette réunion, viennnent les deux *faces* du bastion.

Entre deux bastions consécutifs s'étend la *courtine*.

Protégée par ceux-là contre toute tentative, la courtine est en réalité, quoique la moins vigoureusement armée par elle-même, la partie la plus forte de l'ensemble.

Aussi est-ce là que sont pratiqués tous les ouvrages dont la présence peut amener un affaiblissement, — les portes, par exemple, dont les ponts-levis ne doivent pas excéder une certaine longueur,— et au-devant desquelles le fossé ne présente pas un obstacle aussi infranchissable.

Qu'une colonne d'attaque ennemie s'élance vers l'une de ces portes.

Dès le moment de sa formation, et pendant tout le temps qu'elle met à s'ébranler, elle se trouve en butte aux coups répétés de l'artillerie énorme qui couronne les bastions, de chaque côté de la courtine.

Cette colonne avance-t-elle? Sur tout l'espace qu'elle a à parcourir, les faces des mêmes bastions font tonner contre elle tous les canons qui les garnissent ; et si l'ennemi, décimé par ces feux croisés, s'obstine dans sa folle entreprise, ce ne seront que des débris qui parviendront jusqu'aux abords du fossé. Là, le feu soutenu des défenseurs, armés de fusils et disposés à droite et à gauche de la porte, aura bientôt couché par terre ces débris eux-mêmes.

Il n'est qu'un point vulnérable dans cette suite de contours si bien calculés.

Ce point vulnérable, — celui que l'assaillant cherchera toujours à battre en brèche, lorsque ses travaux incessants et coûteux lui auront permis de s'en rapprocher assez, — c'est le saillant du bastion.

Là, dans l'intérieur, le terrain, plus resserré qu'ailleurs entre les talus des deux remparts, ne peut contenir un grand nombre de combattants.

Les canons ne peuvent se loger dans des embrasures aussi rapprochées.

Partant, c'est un feu moins nourri qui en interdit les approches.

Aussi, n'est-ce point à cette partie que l'on a confié le soin de sa propre défense.

Et c'est tout particulièrement pour protéger le saillant de chaque bastion, que le précédent et le suivant sont reliés au reste de l'enceinte par une portion de rempart moins longue que les autres, et de laquelle le regard, aussi bien que le tir, plonge dans toute l'étendue du fossé.

C'est cette portion qui, sous le nom de *flanc*, permet aux défenseurs des bastions, en cas d'assaut, de se prêter un mutuel appui.

Ce n'est pas tout encore.

Une ceinture de forts présente autour de la grande cité comme une ligne de sentinelles avancées.

L'on ne peut tenter le siége de l'enceinte qu'après avoir pris d'assaut au moins deux de ces forts, où s'établissent déjà nos braves marins.

Les Parisiens qui parcourent leurs rues, leurs avenues et les plates-formes de leurs bastions, se livrent chaque jour à l'inspection des moyens d'action accumulés par les chefs militaires.

On fait, suivant une pittoresque expression, « l'inventaire de la défense. »

On va visiter les buttes Montmartre, où le moulin de la Galette, célèbre dans les fastes de l'histoire... gastronomique, est déserté par les danseurs ordinaires de son bal en plein vent.

Il va servir à préparer les éléments d'un autre genre de danse.

Sur un terrassement de sable, derrière un parapet dûment gabionné, s'alignent en batterie huit splendides canons de la marine, de ces canons dont la portée utile dépasse sept kilomètres.

Leur tir protége les sinuosités du cours de la Seine, et peut envoyer des boulets jusqu'à Argenteuil.

Sur le versant nord des buttes, derrière la tour Malakoff dont les Parisiens connaissent bien les murs bariolés, on a placé une batterie semblable, dont les feux plongeants passent entre le fort de la Briche et ceux de Saint-Denis, en aidant les feux de ces forts.

Les pièces en question et les canonniers qui en feront le service se trouvent, par leur position élevée, parfaitement à l'abri des atteintes de l'ennemi.

Ce sont là des batteries que l'on ne peut attaquer de vive force.

Mais les abords de l'immense forteresse ne sont pas rendus, sur tous leurs points, inaccessibles à un ennemi enhardi par ses succès. Aussi, les ouvriers, appelés par l'autorité militaire, viennent-ils en foule aider les soldats du génie et les gardes mobiles à semer d'obstacles cachés toutes les routes.

En avant des points vulnérables de notre double enceinte, on pratique de nombreux travaux, — travaux d'ordre secondaire, il est vrai, mais qui donneront aux ouvrages intérieurs le temps de s'achever. Les grandes routes et les avenues sont coupées de tranchées, entravées par des abattis d'arbres ou des amoncellements de matériaux de toute sorte. Plus près de nous, on creuse des trous-de-loup, que l'on garnit de pieux aigus. Nos belles voies extérieures semblent une série de vastes échiquiers.

La mine aussi jouera son rôle. Aux points culminants des plateaux qui dominent nos forts, sous le sol des chemins qui mènent directement à une importante position, on place des torpilles, que des fils électriques mettent à la disposition des chefs de la défense. Vienne l'ennemi, et, au premier signal, ses colonnes, ébranlées déjà et mises en désordre par l'explosion, seront arrêtées par l'effondrement du terrain.

II

L'heure des sacrifices. — L'incendie des forêts. — La chute des ponts. — Égouts et catacombes. — Paris devant Strasbourg. — Eugène Ferrand. — Autour des groupes. — La seule paix possible. — La revue du 13 septembre.

L'heure des sacrifices était venue.

Sacrifices volontaires, sacrifices immenses, mais dont chacun comprenait la nécessité.

A d'autres d'évaluer les millions qui s'en vont en fumée, ou qui restent noyés sous les eaux, lorsqu'on met le feu à une forêt, à un village, ou qu'on fait sauter les écluses d'un canal...

Les patriotes, eux, ne disaient qu'un seul mot : un mois d'occupation prussienne, dix départements envahis par un ennemi dévastateur, cela ne se chiffre pas par millions, mais par milliards !

Que de pertes, que de désastres, que de capitaux et d'existences engloutis, parce que nous n'avions pas su à temps faire les sacrifices utiles !

Fallait-il laisser autour de Paris cette ceinture verdoyante de bois et de forêts qui s'étendaient dans la plaine, laisser au Prussien les taillis et les fourrés pour y cacher son artillerie et y embusquer ses soldats ?

Devions-nous donner aux envahisseurs les branches touffues de Bondy, de Meudon, de Clamart, pour y prendre leurs fascinages et se faire un abri contre notre canon; nos hêtres et nos chênes pour réparer leurs batteries démontées; nos bouleaux et nos tilleuls pour élever des palissades derrière eux et sur leurs flancs; nos sapins et nos saules pour consolider leurs lignes de circonvallation ?

Non — et dès les premiers jours, — l'espoir de trouver chez nous-mêmes des armes pour nous combattre devait leur échapper. On l'avait compris, mais trop tardivement, hélas !

Le feu et la hache, après quarante-huit heures, avaient déjà singulièrement éclairé l'horizon de nos forts et de notre enceinte.

La forêt de Bondy, les bois de Montmorency, de Saint-Gratien, d'Enghien, étaient en flammes.

— « Bientôt, se disait-on, viendra le tour des bois de Ville-d'Avray, de Saint-Cloud, de Meudon, de Saint-Germain... de tout ce qui peut offrir un asile à nos ennemis, un obstacle à nos défenseurs. »

Certains trouvaient pourtant que l'on se pressait trop.

— « Pourquoi, demandaient-ils, ne pas incendier les bois au dernier moment, alors qu'ils seront remplis du matériel que les Prussiens vont évidemment chercher à y abriter, ou des bataillons qui y auront trouvé un campement commode ? »

Il est certain que l'idée de pareils auto-da-fé pouvait tenter. — Détruire du même coup les hommes et les choses qui vous gênent, cela est faire double besogne.

On se représentait d'avance ce spectacle d'une armée affolée, se trouvant la nuit devant une mouvante colonne de flammes.

Le feu est un auxiliaire terrible. Mais c'est aussi un auxiliaire capricieux. Nul ne peut répondre du secours qu'on en pourra tirer.

Tantôt la plus faible étincelle se communique de branchage en branchage avec une effrayante rapidité ; tantôt la flamme, un instant montée jusqu'au ciel, redescend, se calme et s'éteint.

Un changement dans l'état de l'atmosphère, dans la direction du vent, et il devient impossible de régler la marche du feu.

D'ailleurs, dans l'incendie d'une forêt, il n'y a pas seulement le foyer qui crépite et s'étend, la flamme qui se transmet d'un arbre à l'autre, et s'élève jusqu'à ce qu'elle ne trouve plus d'aliments.

Il y a aussi, du côté où ne souffle pas le vent, du côté où la terre et l'écorce des troncs d'arbre ont gardé de la dernière pluie des traces plus humides, le feu qui couve sous les branchages tombés et les feuilles encore vertes.

Il y a les cendres brûlantes du brasier principal, emportées au loin et qui viennent créer, à des moments inattendus, des foyers secondaires.

— « La forêt de Bondy, disait à ce propos l'un des ingénieurs de la défense, a été mise en feu il y a deux jours.

« Pendant toute une nuit, des lueurs sanglantes ont éclairé le ciel à bien des lieues à la ronde ; puis, pour quelques heures, la flamme a semblé disparaître.

L'œuvre de destruction, pourtant, était loin d'être consommée.

« A l'heure qu'il est, et pour un temps qu'il n'est au pouvoir de personne de fixer encore, la forêt de Bondy, immense brasier aux flammes intermittentes, s'illuminera et s'éteindra tour à tour ; opposant à la marche de l'ennemi, à l'instant où peut-être il sera le plus loin de s'y attendre, une infranchissable digue, une digue de flammes. »

Vaines illusions! Dans tous les bois où nous portions la torche ou les jets de pétrole enflammé, quelques menues branches crépitaient et entretenaient bien, pour quelques jours, un maigre foyer ; mais la sève d'automne s'opposait à la marche envahissante des flammes à travers les grosses branches et les troncs.

Néanmoins, si nos forêts refusent de se consumer, les forces destructives que Paris a mises en jeu autour de lui rencontrent des résistances moins opiniâtres.

Nos travaux d'art, les ponts, les viaducs qui assuraient la continuité des communications du dehors ; toutes ces œuvres, qui représentent des années et des millions, sont, elles aussi, offertes en holocauste à la défense nationale.

Il ne se passe guère vingt-quatre heures, depuis une semaine, sans que l'alerte ne se répande parmi quelques-uns des braves gardes nationaux qui surveillent les abords de l'enceinte parisienne.

La nuit a été calme, les sentinelles vigilantes n'ont rien vu ni entendu encore... quand tout à coup une détonation retentit.

— Aux armes! crie-t-on.

Chacun sort du demi-sommeil où les heures monotones l'avaient petit à betit plongé, chacun arme son fusil et interroge l'horizon...

Rien qu'un léger nuage grisâtre, — fumée de poudre et de poussière mélangées, — qui s'élève au loin.

C'est un pont qui vient de sauter.

Nos ennemis, en arrivant autour de Paris, — et ils en sont bien près, à l'heure qu'il est, — ne doivent trouver qu'obstacles sur leur route et déserts autour de leurs campements.

L'incendie achève de faire le vide dans les plaines de l'Ile-de-France.

La mine, en jouant chaque nuit, met entre les Prussiens et nous ces deux larges fossés naturels qui s'appellent la Seine et la Marne.

Est-ce à dire que nous nous imposons par là, à nous aussi, d'immenses difficultés pour parvenir jusqu'à notre ennemi, dans le cas où nous chercherions à reprendre l'offensive?

Pas le moins du monde.

Seulement, aux passages établis d'une manière fixe, immuable, nous substituerons des ponts *mobiles*, susceptibles d'être jetés entre des points de notre choix, d'être déplacés avec la plus grande facilité, et dont la construction ne nécessite qu'un temps extrêmement restreint.

A mesure cependant que les journées s'écoulent, les préoccupations de la défense embrassent un champ plus vaste.

Chacun vient prendre sa part du péril, chacun vient joindre son effort à l'effort de tous.

Tandis que le soldat aiguise sa lame ou compte ses cartouches; tandis que l'ouvrier taille glacis ou créneaux, le savant combat aussi à sa façon. Courbé sur sa table de travail ou sur son fourneau de chimiste, il arrache à la science de nouveaux moyens de destruction.

Il trouve de nouvelles armes... défenses imprévues contre lesquelles viendra se briser l'ennemi.

A côté des éléments principaux qui doivent constituer, pour une ville telle que Paris, une protection toute-puissante; à coté de ces remparts et de ces forts, dont la formidable ceinture forme à l'immense cité un bouclier prêt à défier tous les chocs, il est certaines parties complémentaires de la défense qui, bien que d'un ordre moins important, ne sauraient toutefois être un instant négligées.

Aussi, à l'inverse des faiseurs de projets, voit-on ceux qui, plus modestes et plus pratiques, se bornent à chercher quelles précautions simples et immédiates nous avons à prendre contre l'ennemi.

Les secrétariats des ministères sont pleins de lettres, les journaux sont pleins d'articles où chacun vient signaler les *desiderata* de la défense.

L'un prescrit un examen attentif des diverses issues des souterrains qui avoisinent les forts, et une surveillance rigoureuse exercée sur les ouvertures des carrières ou des catacombes susceptibles de donner accès à l'ennemi.

D'autres nous mettent en éveil au sujet du rôle que pourrait jouer notre système d'égouts.

Les envahisseurs, paraît-il, auraient songé déjà à en tirer parti pour pénétrer dans Paris. Ils savent qu'on peut s'y tenir à hauteur d'homme; ils connaissent exactement la situation des bouches, leurs dimensions, qu'au besoin ils se feraient forts d'agrandir; et ils ont un plan tout tracé pour faire usage de ces précieuses notions.

Les naïfs ! Qu'ils y viennent ! Nos égoutiers seront pourvus de tout ce qu'il faudra pour les empêcher d'en sortir... Et les cloaques, dans leur boue, rouleront jusqu'à la Seine les cadavres des Prussiens foudroyés par l'asphyxie.

Car ce n'est plus uniquement avec les engins habituels de la guerre que nous nous préparons à combattre. Toutes les ressources destructives que la science met à notre disposition ; tous les moyens défensifs qu'offrent la chimie et la physique seront mis en œuvre.

Il faut convenir, du reste, que les armées que nous combattions possédaient, pour nous tenir tête, mille ruses plus ingénieuses les unes que les autres.

Leurs officiers connaissaient admirablement la topographie de notre sol et la configuration de nos places fortes.

Ainsi, dans une brochure qui fut publiée à Berlin, en 1867, par un capitaine de l'artillerie prussienne, on lit qu'en cas d'attaque de Paris, la forêt de Bondy serait d'un précieux secours aux assaillants, qu'ils pourraient aisément s'y dissimuler, et que rien ne leur serait plus facile que de s'en faire un lieu de refuge en cas d'une attaque de ce côté vigoureusement repoussée par les assiégés.

On voit que ce n'est point d'aujourd'hui que date la prédilection des Prussiens pour les bois. Et l'attrait que leur inspire la forêt de Bondy n'a rien de surprenant pour nous. Quoi d'étonnant à ce qu'ils fassent leur demeure habituelle du couvert des forêts, les barbares dont la race se trahit chaque jour par un acte nouveau ? Ce n'est peut-être que de l'instinct !

Cette exclamation, chacun la jette involontairement

au récit, apporté chaque jour par les quelques journaux étrangers qui nous parviennent encore, des atrocités commises par l'armée prussienne qui assiége Strasbourg.

On se raconte avec horreur les tristes scènes du bombardement, la destruction des monuments, l'incendie de cette bibliothèque sans pareille à laquelle la science allemande doit tant.

Nous apprenons d'avance ce que va être le siége, et nous remercions Strasbourg, qui nous a montré à souffrir.

Sur un des côtés de cette place, unique au monde, qui fait l'admiration de tous ceux qui ont visité Paris, et dont l'histoire enregistre les fastes en la désignant tour à tour sous les noms de place Louis XV, place de la Révolution et place de la Concorde, — non loin des premières arcades de la rue de Rivoli, s'élève, entre deux figures allégoriques du même genre, une statue de pierre posée sur un socle élevé.

Sur le bloc de granit qui lui sert de support, on lit, incrusté en lettres capitales, ce nom désormais immortel :

STRASBOURG.

Les promeneurs qui, naguère, traversaient la place en jetant autour d'eux des regards émerveillés, n'accordaient guère à l'image sculptée qu'une attention distraite ; leurs yeux se portaient plus volontiers vers les jets d'eau éblouissants, les façades monumentales et les avenues dont les arbres tout près de là dressent vers le ciel leurs cimes majestueuses.

Tout au plus si parfois, en passant près de la statue, quelque enfant, s'extasiant sur ses dimensions, la désignait du doigt à sa mère en s'écriant :

— Qu'elle est grande !

Aujourd'hui, ce que l'enfant disait alors, chacun le redit en se découvrant le front.

Ce mot, dont le hasard se faisait le complice, est maintenant dans toutes les bouches.

Il n'est pas une voix qui, devant cette image en pierre, ne s'écrie :

— Qu'elle est grande !

Et c'est au pied de son socle que Paris a défilé, calme, grave, recueilli...

En accourant en foule au pied de la statue, devenue pour nous comme l'incarnation de l'antique capitale de l'Alsace, Paris ne voulait pas seulement rendre hommage à la gloire de Strasbourg ; Paris venait chercher un exemple. Et c'était un beau moment, croyez-moi, que celui où une multitude, tout enflammée d'une sombre énergie, s'écriait, en levant la main vers l'image de granit ensevelie à moitié sous les drapeaux et les fleurs :

— Nous jurons tous de faire comme eux !

Dès le premier jour, un registre était ouvert contre le piédestal de la glorieuse statue, recevant les signatures des citoyens. Deux gardes nationaux veillaient à ses côtés. Sur la première page, les membres du Gouvernement de la défense nationale avaient tracé leurs noms, au-dessous de cette inscription :

Honneur à nos frères défenseurs de Strasbourg et à leur brave général Uhrich !

Le piédestal abondait en inscriptions de toutes sortes : prose, vers, emblèmes, mêlés aux fleurs et aux couronnes que des mains patriotiques y apportaient pieusement.

Tout en haut, brillaient ces quatre mots :

VIVRE LIBRE OU MOURIR !

destinés à rester dans le souvenir des générations futures comme la devise sublime de ceux qui défendaient Strasbourg.

Des poètes avaient aussi apporté leur tribut : odes, stances, quatrains se pressaient côte à côte.

Mon Dieu ! je ne me fais pas d'illusion ; je suis bien persuadé que Corneille eût fait mieux ; les versificateurs improvisés n'ont pas su toujours respecter la cadence et donner à la rime toute la richesse à laquelle elle a droit..... Mais qu'importe ! l'intention y était, et c'est avec ces documents-là que nos enfants reconstruiront l'histoire.

Je ne puis dire quels frissons patriotiques couraient dans cette foule dont les noms venaient tour à tour s'aligner sur le registre d'honneur.

Les fils venaient avec leurs pères, les femmes avec leurs maris. Beaucoup apportaient avec eux des bouquets et des couronnes hissés aussitôt au faîte de la statue, aux applaudissements de l'assemblée.

L'entreprise pourtant était parfois périlleuse, et j'ai vu un tout jeune gars risquer presque sa vie pour aller lui-même poser sur la tête de Strasbourg une couronne civique.

Je ne sais vraiment pourquoi, mais il me sembla à ce moment que la pierre s'animait ; je crus voir rayonner le front de la statue, ses yeux lancer des flammes, et le granit, devenu chair, tressaillir dans tous ses membres.....

L'enfant redescendu, la foule l'entoura pour le féliciter ; je lui demandai son nom.

— Je m'appelle Eugène Ferrand, fit-il.

En voilà un qui, certes, aura dans son existence un ineffaçable souvenir.

Le livre des signatures, richement relié, est soigneusement conservé parmi nous.

Mais c'est à Strasbourg elle-même qu'il appartient, et en voyant inscrits sur ses feuillets les noms de leurs frères de Paris, prêts à les suivre dans la voie glorieuse qu'ils nous ont tracée, nos frères d'Alsace pourront dire :

— Nous étions le drapeau ; ils sont, eux, la légion !

Ainsi déjà s'enflammaient les cœurs. Paris, tout entier aux pensées généreuses, tout entier à la grande œuvre de la lutte qu'il se préparait à soutenir, Paris ne prêtait qu'une attention médiocre aux bruits de médiation diplomatique dont quelques gazettes essayaient quotidiennement de l'entretenir.

— « Quoi ! entendait-on dire dans les groupes ; quoi ! les hordes de Guillaume souillent notre territoire, l'Allemagne tout entière foule le sol de la France, ses soldats saccagent nos villes, incendient nos villages, dévastent nos champs, emmènent prisonniers nos frères et nos fils, fusillent nos paysans, brûlent nos fermes, dévorent nos moissons......, et l'on vient nous parler de paix !

« Quoi ! le prince qui règne sur la Prusse, après avoir, au début de cette désastreuse campagne, déclaré qu'il ne faisait la guerre qu'à Napoléon III, tient prisonnier l'ex-empereur, et n'en poursuit pas moins de sa haine la France républicaine.... Et c'est la France républicaine qui demanderait grâce et s'abaisserait à subir la loi du conquérant !

« Non !

2.

« La guerre que nous faisons n'est plus la guerre de conquête rêvée par l'ambition d'un Bonaparte déchu.

« Nous luttons aujourd'hui pour une cause sacrée : la cause du pays. Un seul sentiment doit guider notre volonté et soutenir nos bras : l'amour de la patrie, de la patrie déchirée en lambeaux par un adversaire barbare qui méconnaît jusqu'aux lois de simple humanité. »

Paris, avec ses trois cent mille combattants prêts à donner leur vie pour sauver le pays, tous aux remparts, debout, la tête haute et le cœur ferme devant l'ennemi ; Paris peut résister ; Paris doit se défendre.

Que les faibles s'en aillent ; que les pusillanimes disparaissent ; que les poltrons fuient pendant qu'il en est temps encore. Paris ne veut pas de timides dans ses murs ; il lui faut des hommes et non point des lâches, et tout ce qui reste d'êtres vivants parmi nous doit être prêt à faire le sacrifice de son existence. Un de nos plus vaillants l'a juré, et chacun au fond de son cœur doit ratifier son serment :

« Ici, on ne se rend pas, on saute ! »

Voilà ce que l'on entendait. Et, franchement, il n'y avait qu'une voix pour le répéter.

Car ils ne laissaient rien, les Prussiens !

Ils savaient, sur le bout du doigt, l'art de piller avec méthode et de détruire selon les règles.

Là où ils avaient passé, il ne restait plus qu'un désert.

Ils ne demandent pas ; ils prennent. Si on leur résiste, ils fusillent. Du reste, ils fusillent aussi si on ne leur résiste pas.

Peut-être ne viendront-ils pas sous Paris, pensait-on par moments ; peut-être songent-ils à piller, violer et assassiner la France.

D'aucuns disaient qu'un de leurs corps se dirigerait

sur la Normandie, d'où il se rabattrait du côté de la Picardie; qu'un autre corps, passant par Dijon, aurait pour objectif les fertiles provinces de la Loire; qu'un troisième marcherait vers l'Ouest, et qu'ils mettraient ainsi en coupe réglée nos plus riches provinces.

L'exaspération arrivait alors à son comble. Il fallait entendre, dans les cafés, sur les boulevards, devant les mairies, les discussions entre citoyens et les apostrophes aux envahisseurs !

— « C'est le pays entier qu'ils veulent égorger !....

« Croient-ils donc, dans l'ivresse de leurs premiers triomphes, que le pays se laissera faire ? Croient-ils la France tellement tombée en ruines qu'ils n'aient qu'à s'avancer pour en disperser les débris ? »

C'est en se reportant à ces heures de mâles résolutions et d'enthousiasme brûlant que l'on comprend bien toute la grandeur du rôle que se proposait de jouer la population parisienne :

Sauver la France !

Cet enthousiasme patriotique se manifestait partout, mais surtout dans les grandes réunions où le contact des hommes entre eux, où le choc des discours et des idées attisaient encore le feu allumé dans toutes les âmes.

Telle la grande revue de la garde nationale, passée le 13 septembre par le gouverneur de Paris.

Trois cent mille citoyens défilant au son du tambour, aux cris de : Vive la France ! Vive la République ! et jurant sur leurs armes de vaincre ou de mourir, tel est le spectacle que Paris a eu ce jour-là.

Sur toute la ligne de cette immense revue qui, de la place de la Bastille, s'étendait jusqu'à l'Arc-de-Triomphe, le général Trochu a pu voir, une fois de plus, quels sentiments animent notre garde nationale.

Je n'oublierai jamais l'effet immense de ces acclamations jetées par trois cent mille voix enthousiastes, et le tableau grandiose de l'union fraternelle de ces héros du jour avec les troupes de ligne, dont ils allaient être les courageux auxiliaires.

Depuis l'heure mémorable où Mirabeau, du haut de la tribune, demandait aux législateurs de 1789 de voter l'institution de la *garde bourgeoise*, bien d'autres fois déjà, la garde citoyenne s'était trouvée mêlée glorieusement à nos événements nationaux; jamais elle n'avait affirmé avec un tel éclat sa participation aux destinées du pays.

Ces longs vivats n'étaient donc pas seulement un vœu de délivrance éclatant, irrésistible, jeté par trois cent mille citoyens armés.

C'était la voix de la patrie qui criait : En avant !

III

Le dernier convoi. — Les Héroïnes de Paris. — La guerre des rues. — Henri Rochefort et les barricades. — Escarmouches. — Reconnaissances nautiques. — Espions et espionnes. — Histoire d'un coutelas. — Châtillon. — Les fuyards. — La première torpille. — Les positions des Prussiens. — Ce que veut le peuple. — Chevilly.

De forêts incendiées en ponts anéantis et de voies coupées en routes saccagées, le vide commençait à se faire aux alentours de Paris. De toutes les directions affluaient, vers le grand centre parisien, d'interminables files d'immigrants.

Bizarre cortége ! accumulations incroyables ! Tout ce qui avait des roues, — voitures, chariots, chars à banc, brouettes, — tout avait été mis en réquisition, y compris les sombres véhicules des pompes funèbres.

Et là-dessus, c'étaient des entassements invraisemblables, des cages à perroquets se dandinant sur un meuble de salon, des piles de vaisselle vacillant comme la tour de Pise, des sacs de pommes de terre coudoyant un meuble de Boule... bref, un amas de choses de toute sorte que leurs propriétaires s'empressaient de soustraire aux risques de l'invasion contre lesquels il n'y a pas d'assurance.

La plupart des compagnies de chemins de fer avaient cessé tout trafic, mis à l'abri leur matériel, expédié leurs employés. Bientôt ceux qui partaient n'eurent plus à leur service que l'Orléans et l'Ouest. Le 17 au matin, la ligne d'Orléans demeurait le seul lien par lequel Paris tînt au monde extérieur. Le 17 au soir, ce dernier fil fut rompu. C'en était fait de nous. Comme le prisonnier bouclé dans sa cellule, il nous fallait dire adieu au reste de l'univers.

Tout était loin, cependant, d'être prêt pour la défense. L'armement des forts était à peine commencé ; les portes des remparts restaient encore à faire et bien des bastions déserts attendaient leurs canons.

— « Si les Prussiens avaient eu le courage de nous attaquer, me disait, à quelque temps de là, le brave commandant C., nous n'avions pas, dans chaque embrasure, six coups de canon à tirer !

Mais les Prussiens avaient d'autant moins ce courage qu'ils savaient, par les rapports de leurs espions, que Paris se disposait, avec une activité fiévreuse, à repousser toute surprise ou toute attaque de vive force.

Cette fois encore l'ennemi ne s'est pas trompé.

Paris prépare sa guerre des rues, et pendant qu'autour du périmètre les hommes valides veillent, tout ce que nos vieillards ont encore d'énergie, tout ce que renferment d'héroïques colères les cœurs de nos femmes, tout ce que possèdent de vigueur les faibles bras de nos enfants, toutes les forces de l'intérieur, en un mot, sont dirigées vers cette préoccupation unique : la construction des barricades.

Après sa grande revue du 13, le gouverneur de Paris avait adressé aux gardes nationaux et aux gardes mobiles la proclamation suivante :

ORDRE

Jamais aucun général d'armée n'a eu sous les yeux le grand spectacle que vous venez de me donner : trois cents bataillons de citoyens, organisés, armés, encadrés par la population tout entière, acclamant, dans un concert immense, la défense de Paris et de la liberté.

Que les nations étrangères qui ont douté de vous, que les armées qui marchent sur vous ne l'ont-elles entendu ! Elles auraient eu le sentiment que le malheur a plus fait en quelques semaines, pour élever l'âme de la nation, que de longues années de jouissances pour l'abaisser. L'esprit de dévouement et de sacrifice vous a pénétrés, et déjà vous lui devez le bienfait de l'union des cœurs qui va vous sauver.

Avec notre formidable effectif, le service journalier de garde dans Paris ne sera pas moins de soixante-dix mille hommes en permanence. Si l'ennemi, par une attaque de vive force, ou par surprise, ou par brèche ouverte, perçait l'enceinte, il rencontrerait les barricades dont la construction se prépare, et ses têtes de colonnes seraient renversées par l'attaque successive de dix réserves échelonnées.

Ayez donc confiance entière, et sachez que l'enceinte de Paris, défendue par l'effort persévérant de l'esprit public et par trois cent mille fusils, est inébranlable.

Gardes nationaux de la Seine et gardes mobiles,

Au nom du Gouvernement de la défense nationale, dont je ne suis devant vous que le représentant, je vous remercie de votre patriotique sollicitude pour les chers intérêts dont vous avez la garde.

A présent, à l'œuvre dans les neuf sections de la défense. De l'ordre partout, du calme partout, du dévouement partout ! Et rappelez-vous que vous demeurez chargés, je vous l'ai déjà dit, de la police de Paris pendant ces jours de crise.

Préparez-vous à souffrir avec constance ; à cette condition vous vaincrez.

Général TROCHU.

Déjà la *Commission des barricades* fonctionne sous la présidence d'Henri Rochefort. Sans perdre un seul instant, chacun s'est mis à l'œuvre.

Lorsque l'histoire, un jour, redira à nos fils comment, à l'heure où nous touchons, Paris se prépare à recevoir le choc de l'ennemi ; quelles ressources la capitale met en œuvre pour repousser la conquête ; de combien d'héroïsmes est faite cette muraille vivante de deux millions d'êtres prêts à mourir pour sauver la patrie ; quel contingent de ruses ingénieuses et de terribles stratagèmes chacun ajoute comme appoint à la vaillance de tous contre un adversaire exécré ; quand nos petits-enfants pourront lire le récit de ce drame immense dont la France, jusqu'ici, n'a vu se dérouler que le prologue, et dont l'acte final va se jouer sous nos murs ; on verra les générations nouvelles s'incliner avec respect, les hommes se découvrir pieusement, et nul ne trouvera d'expressions assez nobles pour rendre à Paris, du fond de son cœur, le tribut d'admiration qu'il mérite !

Tout nous sert à combattre, tout devient une arme aux mains courageuses de ceux qui ont entrepris la mission sainte.

Après les forts, les remparts. Après les remparts, les barricades ! Les barricades, contre lesquelles viendra se faire exterminer ce que les remparts et les forts auront laissé survivre d'ennemis ! Les barricades, dernier refuge de l'indépendance d'un peuple décidé à périr tout entier plutôt que de subir la loi du vainqueur ! Les barricades, enfin, ressource désespérée après laquelle Paris n'aurait plus qu'un asile : la mort !

Muraille suprême élevée entre leur barbarie et notre civilisation !

Ce ne sera pas la première fois, au surplus, que les barricades se seront élevées en France contre l'étranger.

Si nos convulsions intérieures les ont vues, par malheur, en plus d'une occasion, se former pour la guerre civile, elles ont joué aussi, dans nos luttes avec le dehors, un rôle glorieux.

Lorsque, en 1436, le peuple, fatigué du joug des Anglais, se souleva en fureur, les hommes d'armes du connétable de Richemont, pénétrant dans Paris qu'ils croyaient surprendre, furent assaillis par une pluie de tuiles, de poteries et de meubles qui tombaient de toutes les croisées. Arrêtés bientôt par des barrières soudaines que les habitants élevaient de toutes parts, ils durent se retirer devant l'indomptable énergie de cette résistance inattendue, laissant ainsi à la France, sinon sa liberté, au moins son indépendance nationale.

Si, depuis le quinzième siècle, les moyens d'attaque ont acquis une formidable puissance, l'art des barricades n'a pas été, lui non plus, sans faire de grands progrès, et le Paris de 1870 ne restera pas au-dessous du Paris de 1436!

Sans parler du système à talus et fossés adopté par le Gouvernement de la défense nationale, nos vieux faubourgs savent (et ils le montreront!) comment on descelle les pavés, comment on entasse le fer et la pierre, comment on élève des murs inébranlables, des montagnes de matériaux accumulés, derrière lesquels vingt-cinq tirailleurs exercés peuvent tenir en échec des régiments entiers.

Notre brave génie est là, lui aussi, pour aider chacun à se fortifier dans son quartier, à tirer parti d'un coin de rue, d'un accident de construction ou de terrain, à faire de chaque fenêtre, de chaque toit, une effroyable épée de Damoclès suspendue sur la tête des assaillants.

Si la guerre se transporte jusque dans les rues de Paris, si nous devons voir teintes en rouge les pierres de nos rues et les murailles de nos maisons, si nos ruisseaux sont prédestinés à charrier du sang, nos trottoirs à fléchir sous le poids des cadavres, qui sait où s'arrêtera notre fureur ?

Qui connaît même, à présent, les grands moyens de la dernière heure et les inspirations que peut nous suggérer le désespoir ?

Paris ne reculera devant rien !

En même temps que se dressent nos barricades, de nombreux corps-francs s'organisent de toutes parts. Les Amis de la France, les Éclaireurs de la Seine, les Tirailleurs de la République, les Guérillas de l'Ile de France, les Francs-Tireurs Aronssohn ; les Éclaireurs Franchetti, les Éclaireurs Poulizac et les Éclaireurs de Paindray ; les Francs-Tireurs de la Presse, les Éclaireurs des Ternes et les Chasseurs de Neuilly, — rivalisent déjà de prouesses dans nos environs.

Il n'est pas de jour qui n'amène ses escarmouches, dans lesquelles, presque invariablement, les nôtres ont le dessus.

Une compagnie des francs-tireurs du bataillon Aronssohn, partie en reconnaissance dans la direction de Choisy-le-Roi, dans une première rencontre, tue huit soldats allemands et fait un prisonnier. Ce prisonnier, ramené à Paris par le sous-lieutenant de la compagnie, est un jeune soldat du 4e dragons.

Des francs-tireurs de la garde nationale aperçoivent sur la rive de la Seine, au-dessous de Sèvres, un groupe de uhlans accompagnés par plusieurs individus habillés en bourgeois. Ceux-ci paraissaient guider les cavaliers dans leurs pérégrinations. Le commandant Bourger commande le feu à ses hommes qui tirent dans le tas, et l'on voit tomber trois cavaliers. Toute la petite troupe prussienne prend aussitôt la fuite.

Près de Villejuif, le mobile Vigneau, de la 2e compagnie du 8e bataillon, rencontre dans une reconnaissance des dragons bavarois. Ajustant, sans s'émouvoir, avec son chassepot, il tue tout d'abord l'officier commandant le détachement ennemi, puis blesse un dragon; il se saisit ensuite d'un troisième, qu'il ramène prisonnier. Inutile de dire avec quel enthousiasme il est reçu au bataillon en revenant avec sa capture!

Les soldats de toutes les armes prennent part à ces engagements avec une égale ardeur et un égal sang-froid.

La compagnie du 25e de ligne casernée au fort de l'Est, à Saint-Denis, et commandée par le capitaine Paulet, se signale particulièrement dans une reconnaissance au Bourget, où elle a été envoyée. Le sergent-fourrier Lachize, accompagné de deux hommes déterminés, était chargé d'éclairer les environs de nos avant-postes pour reconnaître la force de l'ennemi qui venait d'être signalé à quelque distance par des paysans. Ces trois hommes, arrivés à deux kilomètres de nos avant-postes, se trouvent tout à coup en face de huit uhlans, qui, à leur aspect, se groupent et poussent vivement une charge. Aussitôt le fourrier Lachize fait mettre ses deux soldats à genoux, ordonne de viser le chef et de ne faire feu qu'à son commandement. Il laisse ainsi arriver l'ennemi tenu en joue à 200 mètres; puis, commandant le feu, il étend raide mort le chef de la bande ; ses compagnons, effrayés de tant d'audace et d'adresse, tournent bride et s'enfuient; deux étaient blessés.

A Charenton, un combat a lieu entre trois cents uhlans et deux cents marins du fort. Après un quart d'heure de lutte, l'ennemi se retire, laissant aux mains des nôtres 28 morts, 30 blessés et 2 prisonniers. Les marins ont 10 hommes hors de combat ; vers midi, ils étaient rentrés au fort.

Dans une reconnaissance, le 8e bataillon de la mobile, interné au fort de Villejuif, tue six Prussiens sans perdre un seul homme et ramène quinze prisonniers.

En avant du fort de Nogent, une reconnaissance forte de cent cinquante hommes, composée de soldats de la ligne appartenant aux 31e et 91e régiments, et de gardes mobiles du 15e bataillon, se trouve en présence d'un fort détachement de uhlans. Des coups de feu sont échangés, et quinze uhlans frappés mortellement. A l'exception d'un garde mobile, qui a une balle dans la cuisse, aucun de nos soldats n'est atteint.

Un habitant du Bourget, M. Rouget, posté près de la route qui du Bourget se dirige sur Pont Iblont, attendait, caché dans un taillis, le passage des uhlans signalés aux environs; il était armé d'un fusil de chasse à deux coups. Bientôt il entend le trot des chevaux et aperçoit au loin un peloton ennemi qui s'avance de son côté. Sans se troubler, il ajuste, fait feu et voit tomber un cavalier, atteint au front; visant encore et faisant feu de nouveau, il en abat un second, touché en pleine poitrine. Les autres ont tourné bride et, cette fois... au galop !

Enfin, les canonnières échelonnées sur la Seine, en amont de Paris, exécutent à leur tour un brillant début.

Attaquées, entre Suresnes et Billancourt, par un feu très vif de mousqueterie et d'artillerie de campagne, que dirigeait sur elle une troupe ennemie embusquée dans les bois, elles parviennent à éteindre le feu des Allemands, soutenues par les adroits éclaireurs du corps d'armée de Ducrot, répandus sur les rives de la Seine.

Non loin de Charenton, une embarcation portant sept Prussiens est surprise par des francs-tireurs de la société des Sauveteurs embusqués près de la berge. Six sont tués, et le septième, ramené prisonnier, est reconnu pour un espion que, peu de jours avant, on avait vu rôdant aux environs et prenant sournoisement des notes.

Les espions! Espèce maudite dont la ville et ses environs sont infestés; race venimeuse qui partout soulève sur ses pas des sentiments de dégoût et d'horreur.

A chaque instant, dans les divers quartiers de la ville, sur nos promenades aussi bien qu'aux abords des monuments publics, autour des ministères comme le long des fortifications, on découvre quelques-uns de ces trop zélés serviteurs de la Prusse; hommes ou femmes, ouvriers ou bourgeois, prêtres ou laïques, soldats ou valets, tous les déguisements leur sont bons. Les signaux que jour et nuit ils échangent avec le dehors, ne demeurent pas inaperçus; des piquets de gardes nationaux sont sans cesse sur pied pour opérer des perquisitions dans les nombreux locaux que signale à leur vigilance l'indignation de la foule.

L'espionnage d'un côté, les recherches de l'autre, prennent de telles proportions, que nos braves gardes nationaux s'imaginent, à la fin, voir partout des espions.

Bien retors et bien fins ceux qui parviennent à échapper à leurs investigations réitérées. Ils incrimineraient deux innocents plutôt que de laisser échapper un coupable.

Au numéro 43 de l'avenue de Clichy, à quelque cinq cents pas de la statue du maréchal Moncey, la maison fait l'angle d'une rue étroite et mal pavée, — la rue Hélène.

Un café occupe le coin, et, porte à porte s'ouvre un bal public, aux musiciens duquel le siége de Paris faisait déjà des loisirs.

Par quatre ou cinq marches branlantes, on traversait ce qui avait été le vestiaire ; on frôlait la boîte où, naguère, la buraliste percevait ses dix sous, et l'on pénétrait dans la salle de bal.

Là, avait été établi un poste.

Les dorures, déjà depuis longtemps rongées et ternies, avaient à peu près disparu ; mais les tables de bois peintes en vert avaient résisté, ainsi que les escabeaux sur lesquels se reposaient tant bien que mal les gardes nationaux.

La scène qui s'élevait au fond de la salle, avec ses coulisses en carton peint et son plancher oscillant à chaque pas, était aussi transformée en dortoir, dont quatre ou cinq bottes de paille formaient tout le mobilier.

Le soir, les lustres, faiblement allumés, répandaient dans cette vaste salle une clarté douteuse, tamisée par la poussière du sol et l'humidité de l'atmosphère intérieure.

Quant au chef du poste, on lui avait consacré une petite pièce, — l'ancienne place du pompier de service, probablement, — dont la fenêtre s'ouvrait trop et dont la porte ne fermait pas assez.

Dieu sait combien de rhumes de cerveau en ont rapporté MM. les galonnés de la garde nationale !

Donc, un soir, au poste de la rue Hélène, un capitaine, deux lieutenants et cent cinquante gardes se trouvaient de service.

Il était neuf heures ; la pluie tombait drue et serrée. Bercés par le bruit monotone des gouttes frappant sur le vitrage des lucarnes, la plupart des hommes s'étaient endormis.

Le caporal venait de les secouer un peu en appelant les sentinelles de relevée; une patrouille venait de sortir, parcourant les rues malgré le vent et la pluie, lorsqu'un vacarme inusité amena tout à coup devant ce poste, ordinairement tranquille, les curieux et les gardes brusquement réveillés.

En même temps la patrouille s'annonçait, rentrait, et laissant s'ouvrir ses rangs, montrait les captures qu'elle venait de faire : trois hommes.

Le chef de poste était descendu au premier bruit.

— Qu'y a-t-il ?

— Trois arrestations, mon capitaine, et des gaillards qui ne sont pas précisément commodes à conduire.

Comme pour ajouter plus de poids à ces dernières paroles, les trois individus arrêtés, donnant leurs explications à leur manière, commençaient à pousser des hurlements qui n'avaient rien de commun avec le dialogue ordinaire qui s'établit entre instructeur et prévenus.

A peine quelques paroles avaient-elles été échangées, que la voix sombre et le geste menaçant de l'un des interlocuteurs avaient frappé le capitaine.

D'une haute stature, d'un visage aux pommettes

saillantes, aux yeux à fleur de tête, l'individu qu'accusaient ses deux compagnons avait tout à fait l'allure de ces gens dont on dit parfois :

« — Celui là, il ne ferait pas bon de le rencontrer, le soir, au coin d'un bois. »

Aussi, devant son poing fermé et ses traits crispés par la rage, le chef du poste n'hésita-t-il pas à s'écrier :

— Regardez donc si cet homme-là n'aurait pas des armes sur lui.

Ces paroles étaient à peine prononcées, que le prisonnier, dépouillé de son premier vêtement et pris d'un tressaillement subit, faisait pour s'échapper un énergique effort, contenu par la foule des gardes qui l'entouraient.

En même temps, la lueur scintillante du gaz, tombant sur la lame d'un large coutelas, faisait sortir comme un éclair de la poitrine du colosse.

En un clin d'œil, l'arme était saisie et passée au chef de poste, tandis qu'entre les mains de trois ou quatre vigoureux gaillards le porteur tentait vainement de se débattre.

— Enfin, nous en tenons donc un ! s'écriait-on.

— C'est pour sûr un espion prussien, appuyaient d'autre part quelques voix.

Le capitaine maniait le coutelas dans tous les sens, passant les doigts sur le fil de la lame grossière, collant son œil sur le métal pour lire le nom du fabricant et essayer de retrouver la provenance de l'arme.

Tout d'un coup, mû par une pensée bizarre, il porta brusquement la lame à son nez, aspirant avec soin.

Puis, approchant un flambeau du visage de chacun des prisonniers :

— Messieurs, fit-il, vous voyez que ces trois hommes

sont tout simplement gris à ne plus reconnaître leur chemin ; si vous voulez donc qu'un accident... fâcheux ne vienne déshonorer la paille où vous reposez vos têtes, le mieux est de les reconduire à leurs domiciles respectifs, sans plus vous inquiéter de l'affaire.

— Mais, capitaine... et le couteau ?

— Le couteau, loin d'avoir trempé dans le sang, je me porte garant qu'il n'a servi qu'à un usage des plus louables...

— C'est vrai ! s'exclama aussitôt l'assassin présumé, en retournant la tête sur le pas de la porte qu'il franchissait ; c'est vrai, toute la journée je suis resté aux portes de Paris à faire des provisions pour les bourgeois, — et sous le fusil des Prussiens, encore !

Un murmure incrédule accueillait cette apostrophe, quelques regards soupçonneux se portaient déjà sur le capitaine, et le mot de « connivence » circulait dans les groupes, lorsqu'un homme sortit des rangs :

— Capitaine, n'était-ce pas un signe de reconnaissance que vous faisiez à cet homme en portant au visage la lame de son couteau ?

— Du tout, mon ami, je le sentais.

— Et il flairait ?

— L'oignon !

Ah ! si tous les espions avaient été de la trempe de celui-là, nous n'aurions pas subi le sort qui, le 19 septembre, nous attendait à Châtillon.

Cette date tombait un lundi.

De la porte qui sépare la grande rue de Vaugirard de la route d'Issy, on avait aperçu, dès le dimanche soir, les lueurs d'un incendie dans la direction du mont Valérien : c'était le château des Landes qui brûlait.

Entre minuit et une heure, le bruit de quelques coups de feu lointains était parvenu jusqu'aux remparts : quelques rencontres de vedettes sans doute ou quelques tentatives de francs-tireurs.

Le reste de la nuit, calme absolu.

Jusqu'à l'aube, le général Ducrot avait préparé les mouvements des troupes qui devaient défendre les hauteurs s'étendant vers le sud de Paris.

L'aile gauche de notre petite armée, — une armée de quarante-cinq mille hommes environ, — sous le commandement du général Caussade, avait couronné les collines de Bagneux, dont la chaîne subsiste jusqu'à Montrouge.

Le centre, commandé par le général Ducrot lui-même, faisait front à la route de Versailles et se rangeait au-devant des ouvrages en terre de Châtillon.

L'aile droite enfin, ayant à sa tête le général d'Hugues, prenait position dans les petites plaines qui s'étendent devant les bois de Clamart.

C'est dans ces positions que nos soldats passèrent la nuit, sans camper et sans allumer de feux.

Les Prussiens, eux, couvraient de leurs masses les hauteurs qui dominent Plessis-Piquet, celles de Fontenay, et restaient en observateurs; tandis que d'autres régiments, défilant derrière et à travers le bois de Verrières, se dirigeaient sur Versailles.

L'artillerie française ouvrit le feu.

Les Prussiens, pour y répondre, attendaient que leur artillerie eût pris position.

Décimés d'abord par un tir d'une extrême justesse, ils ne tardèrent pas à nous envoyer une grêle de projectiles.

En même temps que le centre de nos troupes servait de mire à l'artillerie prussienne, les ailes étaient surtout en butte à une vive fusillade.

Nos jeunes soldats, allant au feu pour la première fois, ne se laissèrent troubler, cependant, que pendant quelques minutes. Déployés bientôt en tirailleurs, de façon à offrir plus de surface et moins de corps aux projectiles ennemis, ils ripostèrent vigoureusement de leurs chassepots.

Riposte insuffisante par malheur, et surtout à laquelle manquait le grand accompagnement du canon.

Le général Ducrot, devant le nombre sans cesse croissant des Prussiens, se replia avec ses troupes, sur le petit ouvrage en terre ou *redoute* de Châtillon.

Châtillon, pendant un instant, supporta presque tout l'effort des Prussiens. Le tir de leur artillerie redoubla de violence. Les obus à balles, les bombes crevaient sur la tête de nos soldats, environnés d'une pluie de fer.

La redoute devenait intenable.

Le général Ducrot ne voulut pas, pour prolonger de quelques heures la résistance, sacrifier tant d'existences dévouées.

Les gardes mobiles de Rennes et le bataillon du 87e de ligne, qui formaient la garnison de la redoute, reçurent l'ordre de battre en retraite.

Les braves mobiles bretons, dont les feux de file, depuis le matin, avaient semé de vides nombreux les rangs ennemis, n'abandonnèrent la place qu'à regret...

A quatre heures, ils tenaient encore !

Ce ne fut que lorsque le général Ducrot eut fait, devant lui, partir les attelages, les avant-trains et les munitions des pièces en batterie, et que ces pièces eurent été enclouées par ses soins, que nos défenseurs se retirèrent. Nos mitrailleuses étaient déjà sauvées après avoir accompli une terrible besogne.

Cinq mille hommes sur ce point venaient de résister pendant une journée contre trente ou quarante mille.

Durant toute cette journée, la fièvre était grande dans Paris, en proie aux rumeurs les plus diverses, suivant l'heure, le quartier, et surtout les soldats qui, de l'extérieur, rentraient dans l'enceinte.

Car, il faut bien le dire, hélas ! à côté des héros qui le soir au retour pleuraient parce qu'ils étaient obligés de dire : — Nous avons quitté la redoute ! des troupes sur lesquelles on comptait assez pour les mettre en première ligne s'étaient retirées... non, avaient fui dès les premiers coups de feu ! Le tonnerre de leur fusil était tout battant neuf !

Que s'était-il donc passé ?

Au petit jour, il pouvait être quatre heures et demie environ, une fusillade assez vive s'était fait entendre dans la direction des bois de Clamart, Meudon et Verrières. Le feu, de plus en plus nourri, avait continué sans interruption jusqu'à huit heures vingt minutes à peu près.

A ce moment, une sorte de panique se répandit, proche et jusque dans Paris, gagnant tout à la fois les communes d'Issy, Vanves et Montrouge.

Sur les routes qui s'étendent entre l'enceinte des remparts et l'enceinte des forts, régnait un désarroi général.

Des voitures de déménagement, des camions, des charrettes, accouraient de toutes les directions ; terrassiers employés aux travaux de défense, gendarmes départementaux, femmes, enfants, habitants de la banlieue, maraudeurs, gens de toute sorte, auxquels se mêlaient quelques blessés, se précipitaient vers nos portes avec des cris et des bousculades à faire croire que les douze mille Prussiens dont tous parlaient à la fois étaient sur leurs talons.

Des soldats même — ô honte — des hommes de la ligne, des tirailleurs et jusqu'à des zouaves figuraient parmi les fuyards !

Les forts, cependant, étaient demeurés jusque-là silencieux. Quelques instants plus tard, seulement, le canon commençait à se faire entendre.

Comment supposer, dès lors, que les troupes ennemies eussent pu franchir en plein jour la ligne que commandait notre formidable artillerie, sans être arrêtées par le feu des forts ?

Au milieu du désordre et des contradictions du premier moment, la garde nationale de service aux remparts s'était montrée admirable de calme et de présence d'esprit.

Le contre-amiral de Montagnac, commandant cette section, avait, sans perdre un instant, donné l'ordre de faire rétrograder au delà des fortifications tous les hommes armés, quel que fût leur uniforme.

Chaque voiture qui entrait était minutieusement fouillée par les gardiens du poste.

Excellente précaution en pareille circonstance, où tout peut cacher un danger.

Le pont-levis, relevé tout d'abord pour ne laisser entre les arrivants et la porte de Paris que le fossé béant, fut rabaissé aussitôt la première alerte passée. En moins de cinq minutes, toute la garde nationale était aux bastions, les artilleurs de l'armée active, accourus du poste du collége des Jésuites, debout près de leurs pièces ; et un bataillon de mobiles, caserné aux

Jésuites et près du chemin de fer de ceinture, se trouvait sous les armes, prêt à marcher.

A la barrière de Montrouge, quelques heures plus tard, la même fausse alerte amenait la même spontanéité de la part des troupes des diverses armes chargées du service.

Pour empêcher poltrons et fuyards d'aller répandre l'alarme au sein de la capitale, un cordon de gardes nationaux barrait, dans toute leur largeur, les principales rues qui avoisinent les remparts. Jusqu'au moment où cette sage consigne fut levée, il était défendu de passer outre.

Cependant, le commandant de section de Montagnac, monté sur la courtine, interrogeait l'horizon.

Pas le moindre vestige de Prussien, naturellement.

Seulement, venant par la route d'Issy, une file de cinquante ou soixante blessés accourant chercher asile dans l'ambulance établie à l'école des Jésuites.

De l'aveu de tous ces arrivants, nos pertes jusqu'alors étaient insignifiantes.

L'ennemi avait beaucoup de tués; nos mitrailleuses avaient couché sur le sol des bataillons entiers.

Entre dix et onze heures, une batterie de mitrailleuses mêla ses sinistres roulements aux décharges des forts canons d'Issy. L'ennemi s'arrêtait alors dans sa marche. A Clamart, le fortin, que la coupable incurie du ministère précédent avait négligé, n'avait pu être mis en état de complet achèvement.

Il était miné; malheureusement la mine ne rendit de services que sur un point où elle avait été disposée peu de jours auparavant par les soins et sous la direction d'un savant bien connu, M. Félix Hément, qui, du fort de Vanves, en assurait l'explosion, de concert avec le brave commandant Trève.

Vers midi, un long moment de silence.

Tout s'était tu, la fusillade au loin et le canon aux forts.

Ce n'était qu'un intermède.

Bientôt le grondement de la bataille se fit entendre de nouveau ; l'attaque et la défense de la redoute de Châtillon recommencèrent avec une fureur croissante.

Nos troupes furent admirables d'entrain et de courage.

Dans cette redoute, un charpentier, attaché au capitaine du génie, était au travail, à l'instant des premiers coups de canon. Il dépouille son vêtement, revêt son costume de garde national, et, à côté du capitaine du génie, M. Robert de Saint-Vincent, commence bravement à faire feu de son arme, et ne cesse qu'au moment où la garnison abandonne la place.

Nous avons vu comment, malgré des prodiges d'héroïsme, les nôtres, accablés par le nombre, durent abandonner le terrain.

Les Prussiens, maîtres de Châtillon, enveloppent désormais Paris de toutes parts.

Mais Paris sait à quoi s'en tenir sur le nombre des soldats que peut lui opposer l'ennemi.

Paris veut combattre.

L'armée allemande est loin de compter le nombre d'hommes qu'exigerait un investissement complet de la capitale.

Il en résulte que, pour se maintenir en force de certains côtés, l'ennemi est tenu de dégarnir d'autres points, à travers lesquels il serait facile à nos troupes d'exécuter des trouées.

C'est ainsi que les hauteurs de Châtillon sembleraient précisément être dans des conditions très favorables à une attaque de notre part.

Rien ne porte à penser qu'elles soient occupées par des forces suffisantes, et cela rend d'autant plus pénible l'inaction dans laquelle le pouvoir militaire se tient obstinément durant la seconde quinzaine de septembre.

C'est ainsi encore que l'on a la certitude que, depuis plusieurs jours déjà, Bellevue n'est occupé que par un millier d'hommes environ ; ceux-ci se fortifient dans leur position au moyen de barricades nombreuses qu'ont pu voir nos éclaireurs.

Et, pour un soldat prussien dont la tenue est vraiment militaire, il s'en rencontre trois qui ont l'air absolument démoralisé et l'aspect déguenillé de rôdeurs de grande route.

Sur la rive droite de la Seine, les lignes d'investissement sont généralement beaucoup plus éloignées de la place que sur la rive gauche.

La raison en est simple.

Nos lignes de défense couvrant non-seulement Paris, mais la ville de Saint-Denis, tiennent nécessairement l'ennemi à une distance considérable. Saint-Denis, du reste, est le seul point des environs qui ait conservé avec Paris des communications sûres. En avant, ses abords sont couverts par les forts de l'Est, de la Briche et un ensemble de redoutes formidables. Quant à l'intérieur de la place, il est admirablement fortifié. Les rues, dépavées, sont garnies de barricades formidables, défendues du côté de la Seine par le fort de la Double-Couronne.

L'ennemi occupe, entre le fleuve et la route de Paris au Havre, en aval du charmant village d'Epinay, les hauteurs d'Orgemont. De là, par Saint-Gratien et Montmorency, il s'étend jusqu'aux collines couvertes de bois qui abritent des vents d'est la vallée de Montmorency.

Enfin, les défenses de Saint-Denis ont en face d'elles, vers le nord, une butte assez élevée, qui, à une distance de treize kilomètres, fait comme vis-à-vis à Montmartre et qui était, il y a quelques jours, le théâtre de la lutte fort vive soutenue si bravement par nos soldats : c'est la butte Pinson.

Au nord-ouest de Paris, les Prussiens occupent, en arrière de la Celle-Saint-Cloud, les hauteurs de Bougival, de Louveciennes, de Marly et de Saint-Germain. En laissant la Celle-Saint-Cloud entre ses positions et le Mont-Valérien, l'ennemi, toujours habile, s'est mis à l'abri des feux du Mont-Valérien ; de là l'inaction de ce fort, inaction forcée, quant à présent, et dont il semble dès lors inutile de chercher ailleurs la cause.

Entre Saint-Germain et Asnières, les sinuosités de la Seine forment deux presqu'îles.

L'une, la plus rapprochée de Paris, est la presqu'île de Gennevilliers ; c'est une plaine absolument plate, au milieu de laquelle s'élève le village de Gennevilliers.

L'autre, celle de Croissy, fait face à Saint-Germain ; le fleuve, en la contournant, passe à Chatou, puis entre Croissy et Bougival, et enfin, après avoir coulé à quelques centaines de mètres du Vésinet, il s'étend sous la terrasse de Saint-Germain.

A Bougival, en face de la presqu'île de Croissy, campent des Badois et des Bavarois. Les avant-postes de ce côté sont établis entre Rueil et Bougival ; la route n° 13, de Paris à Cherbourg, l'un des prolongements de l'avenue des Champs-Elysées, après la bifurcation de Courbevoie, passe sous le Mont-Valérien, côtoie Nanterre, traverse Rueil et atteint la Seine à peu de distance de la Malmaison. Cette route est coupée en avant de la Malmaison par une énorme barricade, fortifiée de canons, et derrière laquelle s'abrite l'artillerie badoise.

C'est dans le village de Rocquencourt, sur la route de Saint-Germain à Versailles, qu'est établi le quartier général des corps qui occupent la Celle-Saint-Cloud, Bougival, et qui se répandent en avant-postes jusque dans la presqu'île de Croissy.

Les officiers de l'état-major ennemi peuvent, de là, voir jusqu'à Saint-Denis les différents points où leurs troupes sont campées, et leur envoyer les ordres que comportent les circonstances.

Ils sont, de plus, en relations constantes avec Versailles.

En arrière de Croissy, du Vésinet et de Chatou, dans la presqu'île de Croissy, se trouve sur une petite hauteur le village de Montesson. Les Prussiens ont essayé de s'y fortifier; ils ont voulu établir à Montesson une redoute et des batteries, mais ils comptaient sans la longue portée de l'artillerie du Mont-Valérien. Ces batteries ont été démontées.

Bougival, Croissy, Chatou... qui jamais nous eût dit...

Enfin !...

Toutefois, si ces localités sont occupées par l'ennemi, il n'a pas pénétré jusqu'ici dans la presqu'île de Gennevilliers, défendue par une redoute où sont massés des gardes mobiles en force considérable.

Tout autour de Paris, les abords de l'enceinte continue sont protégés par une ligne de forts détachés.

Cette protection ne fait défaut qu'au nord-ouest, entre le Mont-Valérien et Saint-Ouen. Mais la Seine est là, avec son triple circuit, fortification naturelle que dominent de loin, sur le côté qui regarde la plaine Saint-Ouen, les batteries de Montmartre. Sans compter les surprises qui attendent, en outre, les soldats du roi Guillaume, s'ils osent s'aventurer par là...

A l'ouest, Versailles, on le sait, est le centre d'une agglomération de troupes qui paraissent s'être déployées en éventail sous le couvert des bois, vers Bellevue, Meudon et Clamart. C'est surtout dans la direction de Montretout et de Meudon que nos regards sont fixés avec le plus d'attention. C'est là, pour le moment, que les hiboux font leur nid.

C'est de ce côté que les guettent nos canonnières croisant en avant de l'île de Billancourt jusqu'au pont du Point-du-Jour, que prolonge le viaduc d'Auteuil.

Et ici encore des piéges de toutes sortes les guettent au passage; ce sol miné de fougasses et creusé de fondrières habilement masquées, est littéralement un volcan.

Au sud, la formidable ceinture que forment les feux croisés des forts d'Issy, Vanves, Montrouge, Bicêtre, Ivry, Charenton, suffirait à tenir en respect une armée de trois cent mille hommes. Il ne paraît pas que de ce côté l'ennemi ait envie, du moins quant à présent, de renouveler ses tentatives.

Quelques groupes de soldats prussiens sont disséminés dans les dernières maisons du village de Châtillon, en avant du fort de Vanves.

Enfin, à l'est, c'est surtout le long de la Marne, vers Noisy-le-Grand, Neuilly-sur-Marne et Brie que se trouvent échelonnées les forces ennemies qui, jusqu'à ce jour, se sont prudemment abstenues de manifestations hostiles — ce qui ne veut pas dire du reste que, de ce côté pas plus que des autres, il faille s'endormir un seul moment.

Sans se risquer, donc, à de téméraires entreprises,— telle que l'affaire de Chevilly, dans laquelle le 30 septembre nous perdions le général Guilhem, — Paris voudrait, sur-le-champ, quelques reconnaissances vigoureuses.

Allant surprendre l'ennemi dans ses positions faibles, incommoder ses travaux sur les points importants, elles nous vaudraient de réels avantages. Tout le monde le comprend et tout le monde demande à être de la partie !

IV

Premières terreurs. — Le problème alimentaire. — Les comptoirs de consommation. — Nos caves. — Les Irlandais de la Villette. — Une heure à l'Académie. — La ligue contre la famine. — Le prophète Dorderon. — M. Richard et M. Riche. — La science et l'industrie. — Tous jardiniers ! — La récolte en douze temps. — Les pourvoyeurs de la mort.

Octobre arrive cependant, et des préoccupations d'un autre ordre se font jour dans l'esprit du public.

Certaines rumeurs commencent à circuler touchant l'état de nos approvisionnements.

Était-ce la nécessité d'apaiser ces terreurs qui avait dicté au maire de Paris la pensée de publier un *Bulletin de la Municipalité ?*

Toujours est-il que la capitale devait voir un beau matin, étalé sur ses murs, ce journal-affiche que, du fond de l'Hôtel-de-Ville, M. Étienne Arago lançait à ses administrés.

Le *Bulletin de la Municipalité* énumère complaisamment les quantités de farine et de bétail en notre possession.

De ces chiffres rassurants, il ressort que Paris assiégé a de quoi se nourrir pendant deux mois au moins. D'autre part, l'autorité compétente a pris les mesures les plus propres à assurer une répartition équitable des provisions entre tous les citoyens. Des taxes et des arrêtés relatifs à la vente du pain et de la viande de boucherie réglementent l'écoulement de ces produits.

La majorité de la population voudrait voir fonctionner un système plus radical. Divers projets ont été soumis au ministère de commerce, tendant tous à l'établissement du rationnement immédiat basé sur la réquisition générale de toutes les denrées alimentaires.

Le rationnement, décrété sans retard, permettrait de compter sur une durée maximum de nos approvisionnements, dont une commission spéciale prendrait l'initiative de déterminer incontinent les chiffres exacts.

Cette mesure très sérieuse, examinée d'abord superficiellement, se trouve, en fin de compte, à peu près repoussée.

Enfin, des comptoirs de consommation, dont le premier vient de s'ouvrir dans le neuvième arrondissement, sur l'initiative du peintre Pichio, prennent les dispositions nécessaires pour livrer au public la plupart des produits d'alimentation *au prix de revient*.

Un ingénieux système de cartes fonctionnera à cet effet; chacune d'entre elles portant au recto le nombre de rations à délivrer, et au verso une série de cases qu'on poinçonnera au fur et à mesure des distributions, contribuera à procurer une distribution équitable.

VERSO D'UNE CARTE D'ALIMENTATION
(fac-simile)

Toutes les denrées sont vendues aux prix fixées par le ministre; nul n'aura droit à plus d'un jour de vivres à la fois, et suivant le nombre de parts indiquées sur sa carte.										
Septemb	26	27	28	29	30	Octobre	1er	2	3	4
5	6	7	8	9	10	11	12	13	14	15
16	17	18	19	20	21	22	23	24	25	26
27	28	29	30	31	Novembr	1er	2	3	4	5
6	7	8	9	10	11	12	13	14	15	16
17	18	19	20	21	22	23	24	25	26	27
28	29	30	Décembr	1er	2	3	4	5	6	7
8	9	10	11	12	13	14	15	16	17	18
19	20	21	22	23	24	25	26	27	28	29
30	31	Janvier	1er	2	3	4	5	6	7	8
9	10	11	12	13	14	15	16	17	18	19
20	21	22	23	24	25	26	27	28	29	30
Cette carte étant rigoureusement personnelle, tout individu, autre que le titulaire, s'il en usait à son profit, serait mis en état d'arrestation.										

Comment donc expliquer que certains commerçants

maintiennent à des taux dont rien ne justifie l'élévation, des denrées de première nécessité qui abondent sur le marché? De quelle façon faut-il envisager ces spéculations hasardeuses qui tendraient à faire subir à la population de Paris une hausse qui n'est basée ni sur la rareté des comestibles, ni sur l'éventualité d'une disette prochaine?

On ne doit voir, dans ces tendances d'une portion du commerce parisien, que le symptôme, soit d'un doute sur l'issue des événements, soit d'une crainte exagérée sur la longueur du siége.

Il semble impossible de mettre en suspicion le patriotisme d'aucun de ceux qui, par état, sont les intermédiaires naturels entre les producteurs et les consommateurs.

L'attitude admirable que garde une population de deux millions d'âmes en des moments aussi critiques, affirme hautement que, tous égaux devant le danger, nous sommes tous égaux devant les obligations qu'il entraîne. Le péril commun nous fait frères.

C'est donc sur le compte d'une sorte de panique irréfléchie qu'il faut mettre les faits au sujet desquels des plaintes s'élèvent chaque jour. Probablement aussi l'empressement de certains acquéreurs à s'approvisionner au delà de leurs besoins est en partie cause de ce renchérissement.

Que craignent-ils donc, ceux-là? se demande-t-on à bon droit. Ne sommes-nous pas en présence d'une situation nettement définie?

Le pis qui puisse arriver, c'est que nos armées des départements subissent quelque retard dans leur formation.

Mais nous avons deux mois devant nous, c'est-à-dire

bien plus que le plus long délai supposé nécessaire pour que nos troupes de la Loire soient prêtes à entrer en ligne. Deux mois pendant lesquels nous n'avons qu'à tenir en échec les armées de Guillaume, puisque notre subsistance est assurée pour tout ce temps, — et pour bien plus encore si nous tenons compte des ressources immenses que renferme Paris.

Du pain, il est dès à présent démontré que nous pouvons en fabriquer jusqu'à février prochain ; du vin, nos celliers de Bercy et de l'intérieur en contiennent, chacun le sait, de quoi nous abreuver largement jusqu'en mai 1871.

Nous n'en avions plus pour longtemps, il est vrai, et, à en croire certains bruits partis on ne sait d'où, bientôt Paris allait compter deux millions de buveurs d'eau.

La nouvelle était inquiétante ; elle valait la peine d'être vérifiée. D'aucuns prenaient un parti auquel auraient bien dû songer ceux qui l'avaient mise en circulation, un parti énergique, un parti décisif.

Ils allaient à Bercy.

Aller à Bercy ! Tout le monde, au fait, ne pouvait pas penser à cela : voir de ses propres yeux avant de rien affirmer, examiner de près les choses, afin d'en juger sainement, fi donc ! Il était bien plus simple de décréter, soit d'un mot, soit d'un trait de plume qu'à dater de tel jour Paris n'aurait plus de vin, que toutes les réserves se trouveraient épuisées, et que nous ne tarderions pas à faire comme elles.

Si, au départ, on éprouvait quelques appréhensions, je puis affirmer ici, par expérience, qu'elles étaient, au retour, parfaitement dissipées ; la chose s'explique aisément : Paris, voué avant un mois à une pépie inévitable, au dire de quelques alarmistes, renfermait encore, après trois semaines d'investissement, quelque chose comme *quinze cent mille hectolitres* de vin de qualités ordinaire et moyenne ; ce chiffre ne comprend pas les vins fins qu'on se fût résigné pourtant, s'il l'avait fallu, à boire à la dernière extrémité, imitant ces malheureux qui, n'ayant pas de pain, mangent de la brioche.

La plus grande partie de ces liquides se trouvait emmagasinée dans les entrepôts du quai de Bercy et du quai Saint-Bernard, d'où avaient été retirés, du reste, tous les alcools, rhums, eaux-de-vie et autres spiritueux. Bonne précaution, que recommandait l'éventualité d'un bombardement.

Transportés et centralisés dans les caves dites de Lyon, ces spiritueux y séjournaient à l'abri de la bombe sous des voûtes indestructibles; une immense travée de 250 mètres de longueur sur 12 de largeur avait été dévolue à cet usage, et l'on peut se faire une idée de la quantité de liqueurs qui s'y trouvaient emmagasinées, en calculant que, sur toute cette étendue, des tonneaux étaient empilés jusqu'à une hauteur de cinq mètres.

Quant aux prix, ils étaient alors peu sensiblement supérieurs à ceux des bonnes années, pour les alcools aussi bien que pour les vins.

— En 1854, me disait un négociant, la barrique se vendait 30 fr. plus cher qu'aujourd'hui et pourtant, alors, on ne pensait guère à la Prusse !

— Mais, lui demandai-je, quel est donc actuellement le prix d'une pièce de Bordeaux ?

— 85 à 100 francs les 228 litres, *en entrepôt.*

— Celui d'une pièce de Mâcon ?

— 90 à 110 francs, les 215 litres ; ni l'un ni l'autre

ne manqueront de longtemps ; les Roussillon non plus qu'on se procure aisément à 45 francs l'hectolitre, et bien d'autres encore.

— Il existe cependant des sortes dont vous êtes démunis ?

— Oui, chez les commissionnaires, mais non chez les marchands en gros qui ont encore en cave de quoi fournir longtemps aux détaillants et à l'armée. C'est ainsi que tout ce qui se trouvait disponible en vins du Midi, de 22 à 28 francs l'hectolitre, s'est enlevé en un clin d'œil ; mais tout cela n'est pas bu et ne le sera pas de sitôt, quel que soit le nombre incommensurable de canons que prennent sur les comptoirs; — en attendant qu'ils prennent ceux de l'ennemi, — les défenseurs de la patrie.

— De sorte que les marchands de vin et les débitants de boisson...

— Sont encore approvisionnés pour bien des semaines, — sans compter aussi les futailles pleines qui attendent leur tour dans les celliers bourgeois.

Je m'en retournais fort rassuré, quand je rencontrai trois hommes ivres.

Un brave charcutier, sur le pas de sa porte, les contemplait tristement, et je l'entendis, en passant, qui se murmurait à lui-même :

— On dit qu'il y a des gens qui accaparent, — mais les vrais accapareurs, les voilà !

Cependant un compte qui n'a pas été fait encore, c'est celui des subsistances qui, en dehors de celles qu'énoncent les statistiques du Gouvernement, se trouvent, au commencement d'octobre, entreposées dans les magasins de nos marchands de comestibles : légumes secs, poissons salés, pâtes, épices, chocolat, café, sucre, gelées, confitures, charcuterie, conserves de fruits, conserves de légumes, conserves de bouillon, conserves de homard.

Sans contredit, c'est une perspective peu séduisante que celle de manger des conserves de homard à tous les repas. Qu'on veuille bien cependant faire le relevé exact des quantités énormes des denrées dont nous sommes détenteurs, — y compris celles qui se cachent, bien à tort du reste. En les additionnant avec les chiffres déjà connus du pain, du vin et de la viande, il est impossible de croire que si jamais Paris devait être pris, ce pût être par la famine.

Tout le monde, néanmoins, ne paraît pas convaincu. Plus que jamais, ici, l'observateur est forcé de s'apercevoir qu'à côté des sujets élevés qui transportent nos âmes dans les régions éthérées où elles se plaisent parfois à planer loin de notre pauvre hémisphère, il est certaines préoccupations matérielles qui, quoi que nous en ayons, nous ramènent malgré nous à la réalité.

L'une de ces préoccupations, pour ainsi dire la plus grave et peut-être la plus palpitante, c'est ce que l'on peut appeler, puisque après tout il faut lui donner un nom, la *question de la viande*.

Une étude publiée dans le *Français* produit, à son apparition, une certaine sensation.

« Paris, y lit-on, a l'habitude de manger de la viande, et en pareille matière le maintien des habitudes est une nécessité de santé publique.

« La consommation de la viande a, d'autre part, une importance militaire considérable. L'armée régulière, la garde nationale mobile, la garde nationale sédentaire, représentent dans le contingent de la consommation parisienne un chiffre très considérable.

« Or si, à la rigueur, les femmes, les enfants, les vieillards peuvent se passer de l'alimentation substantielle que procure la viande, cette privation serait, au contraire, fatale à des hommes forcés de fournir un service laborieux, fatigant, et dont beaucoup n'ont pas l'habitude.

« On sait la différence, au point de vue de la puissance des efforts à obtenir, entre le régime de l'alimentation par la viande et le régime de l'alimentation par les céréales.

« A l'époque où l'on construisait le chemin de fer de Rouen au Havre, on mit côte à côte et l'on fit travailler ensemble des ouvriers anglais et des ouvriers français. Ces derniers, malgré leurs efforts, malgré l'amour-propre qui les talonnait, n'arrivaient qu'à grand'peine à faire la moitié de la besogne que leurs compagnons achevaient facilement. Les encouragements, les menaces échouaient : il y avait là une sorte d'impuissance physique qu'il fallait reconnaître et subir.

« Un médecin, consulté sur ce fait, s'enquit de la nourriture des ouvriers.

« Les Français vivaient avec de la soupe, un plat de légumes, du fromage, beaucoup de pain et de l'eau. Les Anglais buvaient de la bière et mangeaient de la viande.

« Le problème était résolu.

« On mit nos compatriotes au régime de leurs rivaux. Quinze jours après, ils les avaient égalés ou même surpassés. »

Quoiqu'il en soit, dans les régions officielles, nul ne semble redouter que la nourriture animale puisse venir à manquer à nos défenseurs.

Nos parcs et nos étables, abondamment pourvus sont là pour témoigner de la sollicitude qui a présidé aux approvisionnements de Paris.

Toutefois, si le bétail, qui de tous les coins de la France est venu affluer chez nous, a rencontré l'hospitalité la plus large ; si bœufs, vaches, moutons et porcs se trouvent bien soignés, abondamment nourris et suffisamment abrités, on doit cependant reconnaître que ces pauvres bêtes, dépaysées, n'ont que peu d'espace pour se mouvoir, qu'elles respirent un air différent de celui au milieu duquel elles ont été élevées, et qu'enfin la nourriture fraîche leur doit faire défaut à une saison où d'ordinaire elle est abondante.

Tout comme nous, le bœuf a une patrie ; tout comme nous, le mouton aime à humer l'air natal.

Et qui sait ? Peut-être un observateur pourrait-il voir plus d'une fois des larmes s'échapper des yeux de ces infortunées bêtes, auxquelles l'implacable destin a arraché jusqu'à la triste consolation de mourir aux lieux qui les ont vu naître.

Or, moutons et bœufs maigrissent à vue d'œil. Les hommes du métier évaluent en moyenne à deux kilogrammes par tête et par jour le déchet des bœufs et des vaches.

La rareté des fourrages n'est pas, il faut le dire étrangère à ce résultat. Et plus nous irons, plus cette rareté s'accentuera, malgré les entassements énormes répartis dans les divers quartiers de la ville.

Car tout est relatif. Le foin, denrée commune en des temps ordinaires, devient un élément précieux dès qu'il est avéré que nous ne pouvons, quant à présent compter que sur les ressources emmagasinées dans Paris. Dès maintenant, paraît-il, l'on évalue à plus d cent francs le prix des cent bottes qui, dans les bonnes années, se vendent vingt-huit ou trente francs.

C'est au point que bientôt l'on ne pourra plus dire : « Bête à manger du foin. » Il faudra plus que de l'esprit pour se procurer cet aliment cher aux herbivores !

En outre, on ne doit pas perdre de vue un danger qui, à mesure que la saison s'avance, devient plus imminent.

Des personnes compétentes assurent que si la pluie venait, les bestiaux établis sur les boulevards et dans les squares seraient exposés à contracter, en quelques heures, des maladies susceptibles d'acquérir un développement funeste.

Et les Prussiens pourraient bien un jour se vanter de nous avoir fait manger.... de la vache enragée !

Eh bien ! pour éviter jusqu'à l'apparence des maux qui pourraient fondre sur nous de ce côté, un moyen à la fois simple, efficace, pratique et peu coûteux, nous est offert par un homme qui a consacré à cette question les études les plus suivies. M. Wilson, un Irlandais que vingt ans de séjour en France ont fait presque notre compatriote, met au service du Gouvernement l'expérience dont maintes fois déjà il a donné des preuves.

Son système consiste uniquement à conserver les viandes à l'aide de la salaison.

Non pas la salaison telle que la pratiquent les braves gens qui, envahissant de grand matin les étaux de bouchers, achètent de la viande bien au delà de leurs besoins réels, et, arrivés chez eux, salent ce qu'ils ne peuvent consommer.

Tandis qu'ils s'imaginent avoir ainsi un approvisionnement pour les mauvais jours, ces inexpérimentés ne font que dépenser leur argent en pure perte, en même temps qu'ils privent leurs concitoyens d'une part d'alimentation indispensable.

J'ai vu, à La Villette, fonctionner l'établissement créé dans le local même des abattoirs.

J'ai visité tour à tour la vaste salle où l'on procède au découpage des animaux ; la pièce largement aérée où pendant vingt-quatre heures les morceaux sont mis à *rassir* ; les tables sur lesquelles on dépose les quartiers de viande pour y introduire le sel par des entailles qui permettent à l'élément conservateur de pénétrer la chair dans ses fibres les plus profondes ; les cuves de saumure glacée où les morceaux restent plongés pendant un laps de temps qui varie de trois jours à un mois, soit qu'on veuille obtenir de la viande demi-salée ou de la viande salée ; les barils dans lesquels, après qu'ils ont été lavés à grande eau, l'on empile les morceaux revêtus d'une couche fraîche de sel additionné de salpêtre.

J'ai vu les robustes ouvriers irlandais qui président à ces divers travaux avec une dextérité et une sûreté de coup-d'œil que peut seule donner une longue habitude de ce genre d'opérations.

Jusqu'à présent, notre administration n'a fourni à l'établissement de La Villette qu'une quantité quotidienne de trente bœufs.

Pourquoi ne porterait-elle pas ce nombre à un chiffre qui assure la conservation de toutes celles de nos viandes de boucherie qu'il y aurait inconvénient à garder sur pied ?

Voilà ce que les craintifs se demandent — et aussi les savants — car il n'est pas jusqu'à l'Académie des

Sciences qui ne s'occupe de cette grave et importante question de l'alimentation.

Et en séance publique encore !

C'était en plein Institut que, le 13 octobre, s'agitait ce sujet qui, traité au point de vue scientifique, eût pu sembler aux profanes bien sec et bien aride, si les profanes, en écoutant, n'avaient su qu'il y allait.... de leurs estomacs.

L'auditoire s'attendait à des révélations rassurantes.

Un rapport de M. Dorderon en ouvre la série.

Ce rapport roule sur la préparation des graisses de bœuf et de mouton.

Graisse de bœuf, graisse de mouton; autant de mots peu accoutumés à retentir sous la majestueuse coupole du quai Conti. Mais à combien de singularités ne nous accoutume pas ce siége !

Jusqu'à ce jour, paraît-il, on n'avait jamais pu utiliser culinairement que la graisse de rognon. M. Dorderon, par des procédés spéciaux, enlève à toutes les graisses d'animaux de boucherie l'odeur et l'âcreté qui en rendaient l'emploi impossible.

Bien plus, il parvient à leur donner l'aspect, le goût et le parfum des beurres les plus fins. Il métamorphose en laiteries les abattoirs de Villejuif et de Grenelle; il transplante à Paris la Normandie et la Bretagne. Si bien que, malgré l'absence des produits que nous envoyaient ces provinces, nos ménagères désormais pourront, rien qu'avec de la graisse, mettre, comme par le passé, du beurre dans leurs épinards.

Pendant que M. Dorderon obtenait ces résultats, le maire de la Villette, M. Richard, achevant des expériences concluantes, parvenait à tirer parti de matières et résidus animaux que jusqu'ici l'on avait rejetés comme non-valeurs, et qui, pourtant, affirme le savant M. Dumas, resteront dans l'alimentation.

Ne nommons pas M. Dumas sans citer un de ses élèves, M. Riche, essayeur à la Monnaie et chimiste distingué, qui lui aussi est venu apporter sa pierre à cet édifice... gastronomique.

M. Riche transforme le sang de bœuf en une sorte de boudin qui, bien supérieur au boudin de porc, au point de vue de l'hygiène, ne le cède en rien à celui-ci quant au goût.

L'ingénieux inventeur du Boudin-Riche avait tenté d'appliquer les mêmes procédés au sang de mouton qui, malheureusement, se divisant en parcelles, se refuse à la cohésion qu'exigerait la confection de bons et solides boudins. N'y pouvant parvenir, il s'est borné à le mélanger, en terrines, avec du riz ou des pâtes, constituant ainsi un mets des plus nourrissants.

Et veut-on savoir de quelle importance est pour l'alimentation de Paris la découverte de M. Riche?

Cette utilisation d'une matière dont, autrefois, une bonne partie était entièrement perdue, ajoute à nos subsistances un appoint quotidien de 10,000 kilogrammes.

En temps ordinaire, la quantité de sang que fournit l'abattage à Paris, est même supérieure à ce chiffre. Un bœuf en donne environ vingt-quatre litres ; un veau treize litres, un mouton sept ou huit. Les fabricants d'albumine, les raffineurs de sucre, etc., achetaient précédemment certaines portions de ces matières. Dès la fin de septembre, M. Chevalier démontrait que le sang frais peut fournir à la charcuterie, pour la fabrication du boudin dont Paris consomme d'assez grandes quantités, un aliment sain, nutritif et d'une conservation facile. Mélangé à d'autres produits comestibles, on en obtient des ragoûts que de véritables gourmets n'ont pas hésité à déclarer exquis.

Nous savons, en effet, qu'en Suède, on prépare pour la classe peu aisée un pain fort nourrissant fait de sang d'animaux mêlé à de la farine.

En Italie, on frit à la poêle le sang frais, qu'on mange chaud en tartines.

En France même, son emploi dans l'alimentation est loin d'être inconnu. Dans le département de l'Allier, on l'accommode sous le nom de *sanguine*, et dans le Languedoc, ce mets a de nombreux partisans.

Des recherches consciencieuses ont amené à utiliser d'autres parties des animaux tués dans nos abattoirs.

Ainsi les muffles, les pieds, les oreilles des bœufs, échaudés avec soin, dépouillés du poil ou séparés du sabot, fournissent un aliment qu'on s'étonne d'avoir jusqu'à présent négligé, tandis qu'on faisait une consommation régulière du pied de veau.

Le tout forme encore un poids de 10,000 kilogrammes par jour.

Le docte cénacle agite ensuite la question de la gélatine.

La gélatine des os a eu ses partisans et ses détracteurs. Les manipulations au moyen desquelles on en opérait l'extraction, entraînaient à leur suite des causes d'altération graves.

Les fanatiques, cependant, soutenaient *mordicus* qu'aucun aliment n'était plus riche en principes nutritifs, que nulle substance ne possédait mieux la propriété de rétablir promptement les forces des malades auxquels les médecins recommandaient un régime réconfortant.

On n'a pas oublié que quelques spécialistes voulurent en faire l'objet unique de l'alimentation dans les hôpitaux. Essai malheureux qui donna lieu, dans le monde médical, à de furieuses controverses.

Le docteur Gannal, le célèbre embaumeur, avait été un de ceux qui s'étaient élevés avec le plus de force contre l'espèce d'engouement dont la gélatine était l'objet. Comme il s'agissait avant tout de confondre ses adversaires par un exemple flagrant, il se soumit lui-même, avec sa famille, au régime gélatineux.

Les personnes vouées à cette expérience ne tardaient pas à en éprouver les effets : affaiblissement général de l'organisme, perte de forces, maigreur, éthisie. Au bout de quelques jours, chaque heure de ce régime était un pas vers la tombe.

Alors, quand lui ou un de ses proches se trouvait parvenu à cet état de consomption extrême, signe précurseur d'une fin prochaine, on faisait venir des experts, et, d'un accent de triomphe :

« Voilà, s'écriait le docteur Gannal, voilà où nous a conduits la gélatine ! »

Aujourd'hui, grâce au procédé Gorje, la gélatine est réhabilitée, paraît-il.

Entre autres recettes diverses, M. Payen cite l'invention simple autant qu'ingénieuse de M. Martin de Lignac, à l'aide de laquelle on règle, par une balance, la quantité de sel injectée dans les viandes.

M. Wurtz, l'illustre doyen de la Faculté, fait l'éloge de la viande de cheval qui prend bien le sel, assure-t-il.

Sur quoi un auditeur fait le serment de ne manger que du cheval... sans selle.

Quant au mouton, ajoute M. Wurtz, il se prête peu volontiers à l'action saline... sauf pourtant dans les prés salés !

On voit que, même en temps de siége, messieurs de l'Académie ont quelquefois le petit mot pour rire.

Le tour des végétaux vient ensuite.

Déjà nos ménagères constatent, non sans des regrets légitimes, la difficulté de mêler à notre pâture, dans des proportions raisonnables, l'élément végétal.

Les légumes frais se font rares; la culture maraîchère, notre dernière ressource, se restreint de jour en jour.

Un aimable professeur du Jardin des plantes démontre qu'il ne tient qu'à nous, pourtant, d'accroître sensiblement, en peu de jours et presque sans frais, les produits savoureux que l'homme sait tirer des entrailles de la terre.

Il prêche avec une ardeur si convaincue la culture des plantes à végétation rapide, que, dès le lendemain, d'innombrables prosélytes de ce savant s'en allaient en tous lieux préconisant l'exploitation des pâturages avec devanture sur la rue et la culture des prairies artificielles en chambre.

Au fait, au milieu des petites misères qui nous accablent, — car il faut bien avouer que nous n'avons jusqu'ici connu que les petites misères du siége, — pourquoi négliger de mettre à profit les moyens propres à nous soulager, qui n'ont pas cessé d'être à notre portée ?

Il n'est pas indispensable, pour obtenir certains produits végétaux, de posséder un parc, un champ, voire même un jardin. Sans sortir de chez soi, et presque sans bourse délier, chacun peut se procurer, par exemple, du cresson, du pourpier, du cerfeuil, de la rave, et faire venir à point de beaux et bons champignons.

Les caves, les pots, la terre et le fumier ne manquent pas à Paris. Ajoutons-y un peu de graine, et en voilà suffisamment pour nous établir tous jardiniers.

Or, des jardiniers, Paris n'en aura jamais plus qu'il n'en faut dans les circonstances actuelles. Tout ce qui ressemble à un légume ne saurait être recueilli avec trop de soin. Qui sait si bientôt un trognon de chou, une carotte ou un navet ne seront pas cotés à la Bourse ?

On va livrer, il est vrai, à la culture maraîchère les terrains vagues qui entourent la ville intérieurement.

Mais, en attendant l'effet de cette mesure excellente, comme quelques semis de cresson alénois feront admirablement notre affaire ! Une caisse remplie de terre, posée sur un balcon ou au bord d'une fenêtre, voilà notre jardin. Jenny l'ouvrière n'en avait pas davantage, et la charmante enfant savait s'en contenter.

Si le cresson recherche la lumière, le champignon, au contraire, la fuit avec soin. Le grand air l'incommode, le grand jour lui fait mal... tout comme à une coquette. C'est dans les caves que ce cryptogame aime à prendre ses ébats. C'est dans les endroits sombres, humides et tièdes, qu'il se développe avec une rapidité merveilleuse.

Chacun pratique ainsi son petit cours de jardinage... à domicile.

Les circonstances n'excusent-elles pas ce léger empiètement sur le domaine de l'horticulture ?

Nous luttons pour une cause sacrée qui veut toute notre énergie, toutes nos forces combinées. Or, pour combattre, il faut manger ; on ne saurait nier qu'il existe un rapport intime entre l'idée de subsistance et l'idée de victoire, et les défenseurs de Paris ne trouvent pas par trop étrange de faire rimer, pour cette fois, *cresson* et *champignon* avec *patrie* et *liberté*.

Heureusement, grâce à l'existence de la zone intermédiaire qui s'étend entre les forts et l'enceinte de Paris, la ville a pu se conserver, en guise de poire pour la soif, un potager d'une assez respectable étendue.

Jusqu'à ces derniers jours, la récolte s'était faite un peu bien en désordre, le maraudage n'étant pas absolument le meilleur mode d'exploitation.

Depuis, on a mis à exécution une idée aussi simple que pratique.

On a organisé les compagnies de pourvoyeurs.

Ces compagnies, d'ailleurs, se trouvaient en partie recrutées par suite du manque de fusils, qui n'avait pas permis d'armer entièrement les derniers venus parmi les bataillons de la garde nationale.

En attendant que les travaux d'armement qui se poursuivent dans toutes nos usines avec une fébrile activité aient pu pourvoir aux nécessités de la guerre, de beaucoup de ces soldats nouveaux on a fait des travailleurs.

Aux uns on a donné la pioche et la pelle du terrassier, à d'autres la serpette et la bêche du cultivateur.

Aussi, le factionnaire appuyé sur son arme, sur la banquette du bastion, ne s'étonne-t-il point, quand le vent apporte de son côté comme un écho de ces commandements d'un nouveau genre :

— Portez... hotte !

— Chargez... panier !
— Tirez... navets !

Aujourd'hui que Paris entier est debout, les opérations toutes champêtres de la récolte se font elles-mêmes, suivant les principes de la discipline militaire.

On avait déjà parlé, il y a quelque trente ans, du soldat laboureur.

Nous avons maintenant le soldat jardinier.

Ne perdons pas de vue que les Halles centrales, depuis un mois, ont perdu quelque chose de leur ancien aspect.

Les bottes de cresson et de salade, rangées sur les hottes artistement alignées, ne présentent plus au petit jour leurs longues files de verdure, aux soupeurs attardés ou aux ouvriers matineux.

Les caves s'ouvrent bien, ou peu s'en faut, avec autant de régularité ; mais on en voit sortir plus de sacs de riz et de tonnes de salaisons que de caisses d'oranges ou de poulardes grasses.

Ce qui n'empêche pas les fervents de la philosophie optimiste de pouvoir s'écrier :

— Après tout, ce nouvel état de choses a du bon ; voilà que nous achetons de première main aujourd'hui !

L'œuvre des compagnons de la bêche, toute pacifique qu'elle paraisse, est loin d'être dépourvue de dangers. Quoique, dans la plupart des cas, nos déterreurs de carottes et de pommes de terre n'aient pas à affronter directement le feu des avant-postes prussiens, ils n'en doivent pas moins, en mainte occasion, s'exposer aux balles des sentinelles perdues. Heureusement que jusqu'ici les balles presque toujours ont été comme les sentinelles !

Pour habiller ces nouveaux régiments, l'État ne s'est pas mis en frais exagérés d'uniformes.

Un képi noir à liserés, une ceinture rouge enroulée autour de la blouse ou de la veste, forment la partie la plus caractéristique du costume. Mais cette simplicité n'enlève rien à l'organisation toute militaire du corps. D'un jour à l'autre, ces braves gens peuvent être soldats pour tout de bon, et si leurs mains ne sont pas encore accoutumées au maniement du fusil, du moins se trouvent-ils déjà tout préparés aux mouvements, aux marches, aux déploiements qu'ils exécutent chaque jour sous le commandement de leurs chefs.

Pour l'instant, ils sont comme ces servants des pièces d'artillerie, dont le rôle se borne à faire passer aux servants de tête les boulets et les gargousses. Ne peuvent-ils passer jusqu'à un certain point, en effet, pour les distributeurs de nos plus essentielles munitions ?

L'analogie n'existe pas seulement là. Les pourvoyeurs ne sont pas uniquement voués à la distribution des munitions de bouche. Parmi eux, on en a pris un certain nombre dont les fonctions sont toutes spéciales à la répartition des munitions de guerre.

La distribution des cartouches aux gardes nationaux armés, qui occupent les postes difficiles, peut, en cas d'alerte, devenir la source de bien des inconvénients.

Le Gouvernement a eu l'idée, pour cette distribution, de s'adresser aux gardes non armés, et c'est eux qui, le cas échéant, se chargeraient, en fournissant un piquet à la poudrière, de s'approvisionner et de parcourir rapidement les rangs des pelotons pour munir chaque combattant de ses paquets de cartouches. Même l'action engagée, ces pourvoyeurs, libres du souci de la lutte, allégés de tout poids, continueront à faire alternativement le voyage de la poudrière au terrain, du terrain à la poudrière, et le combat ne pourra cesser, comme cela est arrivé trop souvent, avec la provision de cartouches renfermée dans les gibernes.

Pour le moment, les compagnies de la première catégorie sont seules en fonctions.

Chaque matin, elles se rendent en bon ordre au dehors des portes de la ville et se dirigent respectivement vers les terrains qui ont été dévolus à leurs soins. Elles se répandent dans la campagne, se divisent en pelotons — comme à la manœuvre — et se disséminent dans les champs et les jardins qui forment notre maigre garde-manger.

Là, sous la direction de leurs officiers, — des gens qui ne boudent pas à la besogne, savent montrer l'exemple et mettent volontiers la main à la pâte; — nos pourvoyeurs déterrent, arrachent ou coupent rapidement et en bon ordre racines et tubercules, qui s'amoncellent bientôt sur le sol en tas réguliers pour passer de là dans les hottes, les voitures à bras ou les charrettes, toutes préparées en arrière.

— Besogne de femme, disent quelques-uns.

Non, besogne d'homme et de soldat ; dur travail, labeur parfois dangereux, et dont la distribution nouvelle est une des plus simples et cependant des plus remarquables applications de ce grand principe de régularité et de promptitude : la division du travail.

Que ceux qui sont arrivés assez tôt pour être armés combattent; que les vieillards veillent à la sécurité des rues et des habitations ; que les enfants se tiennent prêts à les seconder ; que les soldats momentanément désarmés, enfin, en attendant de donner libre cours à leur énergie dans la lutte active, contribuent aussi à la défense générale.

Les extrêmes se touchent, dit un proverbe. Jamais il ne fut mieux en situation.

Car les gardes nationaux des compagnies non armées, en permettant à leurs frères de combattre, sont à la fois les pourvoyeurs de la vie — et les pourvoyeurs de la mort !

V

Rêveries d'un factionnaire. — La garde nationale et sa gaieté. — Contrastes. — Trochu voudra-t-il ? — Départ de Gambetta. — La revanche de Châtillon. — Le rapport de Vinoy. — Nos braves. — Incendie du château de Saint-Cloud. — Le 21 octobre. — Engagement de Rueil. — Mesdames les amazones. — Les ambulances et leurs comités. — Infirmières et docteurs. — Les barbares du Nord. — Un faïencier de Bourg-la-Reine.

La garde nationale s'était organisée. Officiers et soldats, dans ce corps si rapidement improvisé, s'étaient mis à l'œuvre, et le service journalier de la garde aux postes intérieurs ou aux bastions leur donnait bien vite la pratique militaire. A peine s'apercevait-on, au passage des bataillons qui chaque matin allaient relever la garde, à peine s'apercevait-on que l'uniformité du costume laissât parfois à désirer, et que blouses, vareuses et tuniques se montrassent souvent côte à côte. La couverture roulée en sautoir, seule, donnait un caractère commun à tous ces braves défenseurs de l'enceinte.

Quels souvenirs pour notre vie entière que ces gardes montées aux remparts pendant les froides nuits d'hiver! Souvent, comme dans un songe, je me vois encore, au petit jour, relevant de faction. Les détonations lointaines et assourdies par l'épaisseur de l'atmosphère, qui nous parviennent des redoutes avancées, troublent seules le calme solennel des alentours. Nos environs se dessinent vaguement et comme enveloppés dans la brume matinale.

Qu'ils semblent transformés déjà, tous ces riants villages semés çà et là autour de Paris, comme des étapes chères à tous nos souvenirs de jeunesse!

L'heure est peu opportune, sans doute, pour rappeler les jours de calme et de quiétude ; cependant, aux seuls noms de ces paisibles vallées, où les uns et les autres nous sommes tous allés autrefois rire de la gaîté de nos vingt ans, il nous revient des bouffées printanières que les âcres senteurs de la poudre ont de la peine à faire oublier.

Il semble vraiment que certains coins de terre ne sont pas faits pour le carnage, de même que certains noms ne sont pas faits pour l'histoire.

Aussi c'est à peine si l'on entrevoit la stratégie savante s'exerçant dans tous ces charmants et heureux villages, où tout respirait la vie, et où rien ne faisait supposer qu'un jour on sèmerait la mort.

Mais, bah!...

Que le village s'appelle Asnière ou Fontenoy, Vanves ou Montmirail, nous nous battrons avec le même courage!

Je consulte à ce sujet mon vis-à-vis, un canonnier

du bastion voisin, qui semble partager de tous points cette opinion.

Car ils sont là les braves artilleurs, solides au poste, veillant à leurs pièces, — larges bouches muettes qui attendent avec impatience le moment de prendre part à la conversation.

Plus bas, sur le chemin militaire, les gardes nationaux, environnés d'une nuée d'ouvriers achevant la voie ferrée circulaire qui transportera plus rapidement soldats et munitions vers les points menacés.

La nuit a été fraîche.

Enroulés dans leur tartan — le tartan de madame, s'il vous plaît! — ou dans leur couverture, mes compagnons sont tous debout; il leur tardait de quitter l'oreiller de terre sur lequel reposait leur tête, ou la tente qui les abritait. Heureux ceux qui ont pu camper sur une botte de paille dans une de ces jolies villas qui, par endroits, bordent les fortifications, et que leurs propriétaires mettent à la disposition des soldats citoyens.

Mais l'exercice, tout à l'heure, va réchauffer les plus engourdis.

Attention, cependant; voici une troupe qui s'avance.

Chacun regarde.

C'est une patrouille qui fait sa ronde, ou bien ce sont des mobiles qui passent.

Alors de toutes parts s'entrecroisent des vivats : « Vive la garde nationale! Vive la garde mobile! Vive la République ! Vive la France! »

Les moblots continuent leur route en chantant les airs de leur pays.

C'est comme cela qu'ils iront au combat!

Parfois, on entend retentir tout à coup le cri :

— Aux armes!

Un mouvement général se produit ; chacun s'élance sur son fusil avec un entrain admirable ; les lourds sacs à terre sont portés à la hâte sur l'épaulement dont ils forment les créneaux. Puis, après un moment d'attente fiévreuse, la main sur la cartouchière, on reconnaît que rien ne vient... C'était une fausse alerte.

Comme il est interdit de quitter un seul instant les alentours du poste, il faut, l'heure du repas venue, préparer soi-même sa petite *popote*, si on ne préfère manger les aliments emportés de chez soi la veille.

Dame ! les habitués de la Maison-Dorée ne sont pas absolument à la noce, et pourtant plus d'un jeune vicomte et plus d'un fils de banquier s'acquittent à merveille de cette partie culinaire du service.

Et puis, pour ces détails et bien d'autres encore, il y a le tambour. A l'occasion, il remplace avec avantage la soubrette la plus dégourdie.

Nul mieux que lui ne sait comment on place une giberne, de quelle manière on redresse un ceinturon.

— Tambour ! ma baïonnette ne tient pas...
— Tambour ! mon ceinturon est trop serré...

Et le tambour est là qui aide les maladroits et corrige les imperfections de leur toilette.

Les heures de garde, en somme, s'écoulent assez rapidement: on est bien vite fait à ce service dont chacun prend sa part avec un entrain du meilleur aloi.

La nuit, ceux qui ne sont pas de faction et que le sommeil ne tente point, causent entre eux, à voix basse, l'oreille au guet, toujours sur le qui-vive. Le jour, on examine l'horizon, on regarde du côté des forts, on interroge le bruit sourd du canon et la fumée des escarmouches, en se demandant :

— Sera-ce pour aujourd'hui ?

Au corps de garde, les réflexions sont moins belliqueuses. Les conversations ne chôment point et c'est un peu sur tout qu'elles s'étendent.

On parle des assiégeants, qui n'ont pas tous des abris et qui ne sont pas près de revoir leurs foyers... On parle des assiégés, aussi, enfouis jusqu'aux oreilles sous leurs chauds édredons ; et en contemplant dans la brume la ville calme et silencieuse que pointillent les becs de gaz, chaque garde national a le droit de penser qu'il contribue pour sa part à cette sécurité.

C'est au corps-de-garde que, la faction terminée, l'on songe un peu à soi. Après avoir piétiné deux heures de long en large et de large en long, le désir de trouver un refuge contre les intempéries est assurément fort naturel.

Mais il est rare qu'il y ait place pour tous sous les tentes ou dans les postes ; ce sont alors mille ruses plus ingénieuses les unes que les autres pour parvenir à trouver un coin et à s'étendre ailleurs que sur la terre nue.

On usait les premières nuits d'un subterfuge bien simple.

On appelait du dehors l'un des dormeurs et pendant qu'il s'en allait trébuchant et cherchant dans l'obscurité le chef qu'il supposait avoir prononcé son nom, on se glissait en tapinois pour s'emparer de sa place.

Presque toujours, au début, ce moyen réussissait.

Mais il faut aujourd'hui plus d'imagination ; on cherche mieux, et l'on trouve... quelquefois.

Tout cela au milieu des rires des victimes elles-mêmes et toujours de la meilleure humeur du monde.

Au corps de garde encore, on joue le piquet ou le bézigue — en attendant que l'on joue à la balle.

Au dehors, on cultive le tonneau ou le bouchon :

excellent amusement pour ceux qui veulent tromper leur inaction et que dévore le besoin de travailler et de se produire. Et de tous côtés les joyeux propos vont leur train.

Je ne parle que pour mémoire des visites d'amis.

Autrefois, quand on voulait rencontrer un individu ailleurs que chez lui, il fallait aller à son bureau, à son café ou à son cercle ; aujourd'hui, on ne le trouve plus qu'à l'exercice ou bien au corps de garde, à moins qu'il ne soit de service à son secteur, de sentinelle à son bastion.

Bastions ! secteurs ! Qui diable se serait douté, il y a trois mois, que ces mots feraient partie de la langue usuelle ?

Qui se serait douté aussi qu'auprès de ces remparts la France guerrière ressusciterait bientôt dans ses chansons les troubadours du moyen âge; qu'on entendrait l'air retentir de couplets chauvins nés des circonstances ?

Il faut écouter avec quel ensemble un bataillon entonne le refrain :

> C'est grâce à nous, défenseurs de la France,
> Que le pays ne sera pas déchu.
> Méritons tous, grâce à notre vaillance,
> Les compliments du général Trochu.

Les compliments du général Trochu !

C'est trois mois plus tard qu'il aurait fallu reprendre ce couplet, dont l'ironie sanglante ne nous apparaissait pas encore.

Déjà, cependant, les gardes nationaux, dans tous les bataillons, demandaient avec instance qu'on les fît participer aux honneurs et aux périls des sorties.

Déjà aussi le Gouvernement éludait toutes les demandes et se contentait de répondre par des proclamations empreintes de toute l'énergie que l'on aurait voulu apercevoir dans ses actes.

Aussi, dans les entretiens du corps de garde, ce n'était pas toujours la gaîté de la garde nationale qui s'épanouissait. Les discours enflammés et les appels au concours de tous y trouvaient place à côté des historiettes comiques ou des petites nouvelles du jour. Parfois on devenait sombre et l'on se demandait combien de temps encore l'autorité militaire maintiendrait la milice citoyenne dans son rôle quasi-platonique. On allait jusqu'à commenter des façons les plus diverses, et souvent les plus désavantageuses aux membres de « la défense nationale, » le départ du plus actif et du plus remuant d'entre eux. La mission de Gambetta, parti le 7 octobre par le ballon *Armand-Barbès*, laissait alors volontiers croire à une division fâcheuse.

« — C'est lui qui les a lâchés, disait l'un.

« — C'est eux qui s'en sont débarrassés, disait l'autre.

Bref, d'une manière ou de l'autre, chacun reprochait aux généraux chargés de la défense une inaction trop prolongée, en même temps qu'un dédain injustifiable pour les services militaires des citoyens armés.

Qui sait si l'affaire du 13 octobre n'eût pas été la revanche de Châtillon, si les quelques brigades de ligne et de mobiles dont nous disposions avaient été convenablement appuyées par vingt ou trente mille gardes nationaux pris parmi les mieux armés ?

L'affaire du 13, néanmoins, si elle ne constitua pas pour nos armes un succès complet, fut glorieuse. Elle nous montra que nos soldats étaient capables de refouler les assiégeants, et que, pour nous, il n'y avait plus qu'une question d'effectif.

Voici, d'ailleurs, le rapport plus que modéré envoyé le lendemain au gouverneur de Paris par le général Vinoy, qui avait été placé à la tête des troupes :

Monsieur le Gouverneur,

Dans la soirée du 12 courant, vous m'avez prescrit d'opérer une grande reconnaissance sur Bagneux et Châtillon et de tâter fortement l'ennemi vers ces positions.

J'ai transmis immédiatement vos ordres, et, pour en diriger et en surveiller l'exécution, je me suis transporté le lendemain, dès six heures du matin, au fort de Montrouge.

Mes instructions n'ont pu parvenir au général Blanchard qu'à une heure assez avancée de la nuit, et les dispositions à prendre nécessitant un certain temps, l'attaque des villages n'a pu commencer que vers neuf heures. Cette circonstance n'a pas été défavorable au résultat de la journée, car l'attention de l'ennemi est surtout éveillée au point du jour : plus tard, il se relâche un peu de sa surveillance.

A neuf heures précises, toutes les troupes étaient postées aux points qui leur avaient été assignés d'avance ; elles se mettaient en mouvement à un signal convenu, deux coups de canon tirés par le fort de Montrouge.

La 3e division du 13e corps, général Blanchard, était spécialement chargée de l'action : elle devait être soutenue par la brigade Dumoulin, de la division Maud'huy, et par la brigade de la Charrière, division Caussade.

Deux bataillons du 13e de marche, avec cinq cents gardiens de la paix, devaient s'emparer de Clamart, s'y maintenir, surveiller Meudon, et pousser ses avant-postes jusque sur le plateau de Châtillon.

Le général Susbielle, avec le reste de sa brigade (le 14e de marche et un bataillon du 13e), renforcée par cinq cents gardiens de la paix, devait attaquer Châtillon par la droite ; les mobiles de la Côte-d'Or et un bataillon des mobiles de l'Aube devaient forcer Bagneux, s'y établir solidement, tandis que le 35e de ligne, avec un autre bataillon de la Côte-d'Or, devait aborder Châtillon de front et occuper Fontenay, pour surveiller la route de Sceaux.

Le 42e de ligne, avec le 3e bataillon de l'Aube, recevait l'ordre de rester en réserve en arrière de Châtillon, vers le centre des opérations, au lieu dit la Baraque.

La brigade La Charrière avait pour mission de se porter sur la route de Bourg-la-Reine, et de maintenir les forces que l'ennemi dirigerait de ce côté pour essayer de tourner notre gauche.

La colonne de droite s'empare, sans coup férir, de Clamart, s'y maintient, mais trouve près du plateau de Châtillon des positions fortement occupées. Elle s'arrête donc sans pousser plus avant.

Le général Susbielle attaque vigoureusement Châtillon, soutenu par son artillerie de campagne et par celle des forts d'Issy et de Vanves; mais il est arrêté dès l'entrée du village par des barricades qui se succèdent, et par une vive fusillade partie des maisons crénelées. Il est obligé d'emporter une à une toutes ces maisons et de faire appel à l'énergie de ses troupes, tout en usant d'une extrême prudence, pour continuer cette guerre de siège. Le général reçoit un coup de feu à la jambe, mais la blessure est heureusement sans gravité; il reste à cheval et continue à commander sa brigade

La colonne de gauche enlève rapidement Bagneux, après une vive résistance; les mobiles de la Côte-d'Or et de l'Aube, sous la conduite du lieutenant-colonel de Grancey, se montrent aussi solides que de vieilles troupes. C'est dans cette attaque que le commandant de Dampierre, chef du bataillon de l'Aube, est tombé à la tête de son bataillon.

Pendant ce temps, le 35e de ligne et un bataillon de la Côte-d'Or, sous les ordres du colonel de la Mariouse, tentent de se frayer un passage entre Bagneux et Châtillon; mais ils sont arrêtés par la mousqueterie et l'artillerie ennemies; ils sont obligés, eux aussi, de faire le siège des maisons et des murs de parc, crénelés et vigoureusement défendus, et ils parviennent jusqu'au cœur du village.

La brigade Dumoulin, qui avait pris position à la grange Ory, reçut ordre de se porter en avant pour appuyer le mouvement du colonel de la Mariouse; elle occupa le bas de Bagneux, tandis que le 35e cheminait par le centre pour forcer la position de Châtillon.

La brigade de La Charrière s'acquittait convenablement de la tâche qui lui avait été confiée. Elle faisait taire, par son artillerie judicieusement dirigée, le feu d'une batterie ennemie postée vers l'extrémité de Bagneux et qui s'efforçait d'inquiéter nos réserves dans le but de tourner notre gauche.

Après cinq heures de combat, vous avez ordonné la retraite;

elle s'est effectuée dans le plus grand ordre. L'ennemi a essayé de reprendre rapidement ses positions et il a engagé un feu très vif de mousqueterie et d'artillerie; mais nos batteries divisionnaires et les pièces des forts de Vanves, de Montrouge et d'Issy l'ont arrêté court dans cette tentative. Les troupes laissées en réserve ont appuyé la retraite avec calme.

Le but que vous vous étiez proposé a été complètement atteint; nous avons obligé l'ennemi à montrer ses forces, à appeler de nombreuses troupes de soutien, à essuyer le feu meurtrier de nos pièces de position et de notre excellente artillerie de campagne. Il a dû subir de fortes pertes, tandis que les nôtres sont peu sensibles, eu égard aux résultats obtenus. J'estime que nous n'avons pas eu plus de trente hommes tués et quatre-vingts blessés.

Vous avez pu juger vous-même, monsieur le gouverneur, par l'attitude des troupes qui reprenaient leurs campements, de l'élan et de la vigueur qu'elles avaient dû déployer dans l'attaque.

Le général commandant en chef le 13ᵉ corps,

VINOY.

Entre deux et trois heures, pendant que, sur la ligne qui s'étend du fort d'Issy au fort de Montrouge, la lutte vigoureuse de la matinée semblait toucher à sa fin, au moment où le fort de Vanves lançait ses dernières bordées, le Mont-Valérien envoyait sur Saint-Cloud une grêle d'obus et de bombes.

Saint-Cloud, depuis quelques jours, était devenu menaçant. Il servait de refuge et de poste d'observation à un nombreux état-major ennemi. C'était du château même, paraît-il, que les officiers prussiens dirigeaient la construction des batteries que nos canonniers avaient à plusieurs reprises jetées à bas. On savait en outre qu'une aile du monument contenait des munitions et des approvisionnements destinés aux troupes qui opéraient aux alentours.

Aux premiers projectiles lancés du Mont-Valérien, on vit s'élever une flamme, extrêmement faible d'abord et que de prompts secours eussent aisément maîtrisée.

Ce ne fut qu'après l'envoi successif de plusieurs bombes énormes, lancées de la direction de la Seine, par la canonnière *Farcy*, que l'incendie sembla prendre un caractère alarmant.

Des hauteurs du viaduc du Point-du-Jour on apercevait, — il était alors quatre heures, — une épaisse fumée qui montait vers le ciel en tourbillons immenses et qu'un vent violent chassait dans la direction de Sèvres. Bientôt la flamme se fit jour, et, montant peu à peu à travers la fumée, prit un éclat dont les lueurs se projetaient sur tous les bois environnants.

A cinq heures, l'incendie était à son apogée. Le feu, semblant se propager jusqu'aux habitations voisines du château, offrait tout à la fois un spectacle grandiose et sinistre. A six heures, il faisait presque nuit noire. Le château tout entier paraissait embrasé et même quelques arbres des allées qui y confinent.

L'embrasement formait comme trois vastes arcades de feu se détachant sur le fond sombre de l'horizon. Le vent s'était apaisé et la fumée allait se perdre en spirales vers les bois qui dominent le coteau.

Entre neuf et dix heures seulement, l'incendie commença à diminuer d'intensité.

Le château de Saint-Cloud était à moitié détruit. Triste ouvrage de nos canons, mais exécution nécessaire.

Huit jours plus tard, nouvelle sortie, nouveau succès, et, faut-il l'ajouter maintenant, nouvelle retraite en bon ordre de nos troupes, engagées en nombre insuffisant et privées de soutien.

C'était l'engagement de Rueil, où, comme nous l'avons appris plus tard de la façon la moins douteuse, quelques régiments de plus et un peu d'audace nous menaient infailliblement à Versailles.

Le rapport militaire, lui, se contentait de moins.

Voici, en effet, ce qu'écrivait le général Ducrot, cette fois, à la fin de sa narration officielle :

En résumé, le but a été atteint, c'est-à-dire que nous avons enlevé les premières positions de l'ennemi, que nous l'avons forcé à faire entrer en ligne des forces considérables, qui, exposées pendant presque toute l'action au feu formidable de notre artillerie, ont dû éprouver de grandes pertes ; le fait est d'ailleurs constaté par les récits de quelques prisonniers que nous avons pu ramener.

Mais ce que je me plais surtout à reconnaître avec un sentiment de grande satisfaction, c'est l'excellente attitude de nos troupes : zouaves, gardes mobiles, infanterie de ligne, tirailleurs Dumas, francs-tireurs des Ternes, francs-tireurs de la ville de Paris, tout le monde a fait son devoir.

Les batteries du commandant Miribel ont poussé l'audace jusqu'à la témérité, ce qui a amené un incident fâcheux : la batterie de 4 du capitaine Nismes a été surprise tout à coup près de la porte de Longboyau par une vive fusillade qui, presque à bout portant, a tué le capitaine commandant la compagnie de soutien, dix canonniers et quinze chevaux; il en est résulté un instant de désordre pendant lequel deux pièces de 4 sont tombées entre les mains de l'ennemi.

[*Signé* : général A. DUCROT.

P. S. En terminant, je dois mentionner particulièrement les éclaireurs Franchetti, qui avaient été placés dans ces différentes colonnes et qui, comme toujours, se sont montrés aussi dévoués qu'intelligents et intrépides.

Ce qui contribuait surtout à faire prendre en patience aux Parisiens les tâtonnements malheureux de leurs chefs militaires, c'étaient les dépêches brûlantes qui de temps à autre leur parvenaient de la délégation de Tours.

Comment l'enthousiasme aurait-il pu se refroidir,

lorsque, sur nos murs, nous pouvions lire, par exemple, sous la signature de M. Steenakers :

> Beaucoup de renseignements prouvent qu'il y a une grande démoralisation dans l'armée ennemie ; elle trouve la guerre longue et s'en plaint ; elle est inquiète et tourmentée.
> La résistance de Paris remplit la France et le monde entier d'admiration. Que Paris tienne bon, et le pays sera sauvé. Gambetta déploie la plus grande énergie. On sent déjà sa présence et le résultat de son travail. Nous espérons bientôt vous en donner des preuves.

Les événements ont parfois entre eux d'étranges contrastes.

Tandis que la fièvre du combat faisait battre tous les cerveaux, tandis que, devant la porte des mairies, la foule attendait chaque soir avec une impatience nerveuse les bulletins officiels, ou se portait vers les forts du Sud pour connaître de nouveaux détails ou de nouveaux projets, une idée des plus étranges se faisait jour et trouvait dans le public un accueil plus grave qu'on ne serait tenté d'imaginer.

C'est sous la forme d'une affiche vert tendre, placardée à profusion sur les murailles de Paris, que se présentait la chose ; et, en parcourant les lignes attrayantes de cette proclamation, le moins ambitieux ne pouvait se défendre d'une velléité de commandement.

Voici ce qu'on y lisait :

1er BATAILLON DES AMAZONES DE LA SEINE

Pour répondre aux vœux qui nous ont été exprimés par de nombreuses lettres et aux dispositions généreuses d'une grande partie de la population féminine de Paris, il sera formé successivement, au fur et à mesure des ressources qui nous seront fournies pour leur organisation et leur armement, dix bataillons de femmes, sans distinction de classes sociales, qui prendront le titre d'*Amazones de la Seine*.

Ces bataillons seront principalement destinés à défendre les remparts et les barricades, concurremment avec la partie la plus sédentaire de la garde nationale et à rendre aux combattants, dans les rangs desquels ils seraient distribués, tous les services domestiques et fraternels compatibles avec l'ordre moral et la discipline militaire.

Ils se chargeront en outre de donner aux blessés sur les remparts les premiers soins qui leur éviteront le supplice d'une attente de plusieurs heures.

. . . . . . , ...

Ils seront armés de fusils légers ayant au moins une portée de 200 mètres, et le Gouvernement sera prié de les assimiler aux gardes nationaux pour l'indemnité de 1 fr. 50 c.

Le costume des *Amazones de la Seine* se composera d'un pantalon noir à bande orange, d'une blouse de laine noir à capuchon et d'un képi noir à liserés orange, avec une cartouchière en bandoulière.

. . . : . . . .

Un bataillon d'enrôlement est ouvert rue Turbigo, n° 36, de neuf heures du matin à cinq heures du soir, pour la formation du premier bataillon, sous la direction d'un officier supérieur en retraite.

Le chef supérieur du bataillon,

FÉLIX BELLY.

C'étaient, certes, de généreux sentiments exprimés en très bons termes ; restait à réaliser les conditions assez délicates du programme.

Le chef du premier bataillon féminin Belly pourrait-il aisément arriver à concilier les exigences et les prétentions presque rivales de son effectif ? C'était ce que l'on se demandait volontiers, tout en souhaitant bonne chance et bonne fortune au chef hardi des amazones qui devait se préparer sans doute à répéter, plus souvent que la théorie ne l'indique, le commandement de : « Silence dans les rangs. »

Mais la police se mêla de l'affaire ; elle n'eut pas de

suites. Je ne sais même au juste combien de représentants du beau sexe vinrent s'enrôler sous la bannière nouvelle. Cet élément ne serait certes point l'un des moins curieux dans la statistique du siége.

Je préférerais de beaucoup, cependant, pouvoir compter et nommer toutes les femmes qui, comprenant mieux la nature des services qu'elles pouvaient rendre à la cause nationale, savaient trouver leur véritable place, et se consacraient, au chevet des blessés, à l'adoucissement des souffrances de nos combattants.

Telles les dames infirmières composant l'un des comités de la *Société française de secours aux blessés.*

Mmes la comtesse de Flavigny, présidente ; la maréchale Canrobert, Blain des Cormiers, la baronne de Bourgoing, Bertier, Buffet, Cahen, la vicomtesse de Flavigny, Hocquigny, Louis Kœnigswarter, Le Fort, la maréchale de Mac-Mahon, la comtesse de Nadaillac, Nélaton, la comtesse Sérurier, Vilbort — que nous retrouvons avec madame la baronne de Pages, directrice du service des officiers, mesdames Baric, de Beauvoir, de Carayon-Latour, Farre, Léon Faucher, de Guiraud, de Poix, Ronat, Sainte-Claire Deville, Thureau-Dangin, Usquin, Vilbort et bien d'autres nobles cœurs, vaillamment attachés à cette noble mission.

Tandis que ces dignes femmes se prodiguaient auprès des blessés dans les vastes ambulances établies par les soins de la Société de secours, les *Sœurs parisiennes* allaient jusque sur les champs de bataille se consacrer aux premiers soins que réclamaient nos soldats tombés au feu. Ces sœurs parisiennes, aussi bien que les infirmières de la rue Turbigo, qui s'étaient vouées à un rôle analogue, n'étaient cependant point des religieuses, mais des femmes libres de tous vœux monastiques, et dont la plupart comptaient un mari, un frère, un fils parmi les combattants.

Je n'énumère pas toutes celles qui, de leur hôtel ou du simple appartement qu'elles occupaient, avaient fait un asile hospitalier et rivalisaient de zèle, auprès des malades qu'elles obtenaient de soigner, avec les infirmières des ambulances centrales. Les femmes, pendant toute la durée du siége, furent de précieux et dévoués auxiliaires pour les diverses sociétés médicales, et en particulier pour la *Société française de secours aux blessés*. Le conseil de cette société, présidé par M. de Flavigny, ayant comme secrétaire général M. de Beaufort et comme trésorier M. A. de Rothschild, comptait, parmi ses membres : MM. Bartholony, le général de Chabaud-la-Tour, Drouyn de l'Huys, le vice-amiral Fourichon, le vice-amiral Jurien de la Gravière, le baron de Pages, le général Mellinet, le vicomte de Melun, le docteur Nélaton, président de la section médicale ; le docteur Reynaud, l'intendant général Robert, le comte Sérurier, etc., etc.

Outre messieurs Nélaton et Reynaud, les docteurs Blain des Corniers, Chenu, Collineau, Gordon, Le Fort, Mœstig, Piotrowsky, Wurtz, Wyatt, faisaient partie du conseil et partageaient leur temps entre les soins donnés aux malades et la discussion des mesures dont la Société se proposait de prendre l'initiative.

Dès les premiers préparatifs de la guerre, au mois de juillet, la presse parisienne avait, de son côté, lancé une souscription qui, en peu de semaines, avait atteint un chiffre élevé. A mesure que les sommes affluaient, un comité central, dont M. Dardenne de la

Grangerie et M. Armand Gouzien étaient les secrétaires, les transformait en matériel, en médicaments, en indemnités données à un nombreux personnel.

Le docteur Ricord avait tenu à honneur de diriger le service médical des *Ambulances de la Presse,* que l'intendance militaire s'adjoignit bientôt comme une annexe des services publics.

Grâce au concours de tous, les blessés n'eurent donc pas trop à souffrir de l'investissement, si l'on en juge du moins par les chiffres suivants, que j'emprunte au rapport du docteur Mundy, chirurgien distingué, auquel la Société de secours avait confié la direction de l'ambulance établie au Corps législatif.

En effet, on comptait là, en moyenne, par jour et par blessé :

1/2 litre de bouillon ;
250 grammes de viande ;
500 grammes de pain ;
200 grammes de légumes ;
40 grammes de sucre ;
1/4 litre de lait ;
1/6 litre de café, thé ou chocolat ;
Plus 100 grammes d'aliments divers.

Ce qui ne constitue guère moins que la consommation quotidienne d'un homme valide.

Il serait plus difficile de se faire une idée nette des dépenses que supportèrent les ambulances privées, et qui devraient, elles aussi, entrer en ligne de compte dans le bilan de la charité.

Mais, ce que l'on ne saurait en aucune façon évaluer, c'est la somme de désagréments, non prévus par eux, auxquels s'exposèrent ceux qui tenaient à planter au-dessus de leur porte le drapeau blanc à croix rouge :

telle, par exemple, l'obligation de donner asile à des ennemis.

Un jour que je m'entretenais de ce sujet avec mon ami, le docteur R...

— Croyez-vous, me disait-il, que certains particuliers doivent avoir de la vertu ? Pour moi, si je n'étais médecin, je ne pourrais oublier la nationalité d'un Prussien ou d'un Bavarois, et Dieu seul sait ce qui arriverait !

— Mais, répondis-je, c'est justement là le propre de la charité, et je suis bien sûr que vous ne mettriez pas à la porte un adversaire blessé et prisonnier.

— Ma foi, je ne sais trop ; je craindrais, parfois, il me semble, de recevoir un de ces Vandales tueurs et pillards dans le genre de celui que soignait mon ami E...

Et, comme je le regardais d'un air interrogatif :

— M. E..., fit-il, habitait Bourg-la-Reine. Rentré à Paris peu de jours avant l'investissement, il avait, de concert avec quelques amis, fondé une ambulance d'une douzaine de lits, donnant asile à un certain nombre de blessés, parmi lesquels se trouva un Saxon. Cet ennemi, très grièvement atteint, avait été, de la part des personnes appelées à lui donner leurs soins, l'objet d'une sollicitude d'autant plus méritoire que celui auquel elle s'adressait semblait n'en éprouver qu'une médiocre reconnaissance. Sombre, taciturne, défiant, le Saxon ne répondait que par monosyllabes aux questions qu'on lui adressait, soit en français, soit en allemand.

Ce fut seulement après plusieurs semaines de séjour dans l'ambulance que, subjugué enfin par le dévouement qu'on lui prodiguait, l'étranger se décida à échanger avec ses hôtes quelques paroles, toutes banales du reste. M. E..., lui entendant prononcer le nom de Bourg-la-Reine, comprit que le blessé avait tenu garnison dans cette localité ; il lui demanda quelque détails, que l'autre — voyez comme ces Allemand comprennent la gratitude — se refusait obstinémen à lui donner. Or, on comprend quel intérêt M. E... pouvait avoir à obtenir certains renseignements. En quittant Bourg-la-Reine, il avait dû abandonner une vaste fabrique de poteries et de faïences dont il était propriétaire, et un stock considérable de marchandises dont il n'avait pu rentrer dans Paris que les plus précieuses, faïences d'art et porcelaines peintes, parmi lesquelles quelques pièces de grand prix. Ce fut seulement peu à peu que, devenant plus confiant, le Saxon se décida à entrer dans la voie des aveux.

Or, jugez de la surprise de l'industriel bienfaisant en apprenant que celui-là même auquel son toit offrait une sainte hospitalité avait été l'un des occupants de l'usine de Bourg-la-Reine et participé au pillage en règle dont les magasins et les ateliers de M. E... avaient été, paraît-il, le théâtre récent. Notre prisonnier, évidemment, avait plutôt intérêt à pallier qu'à amplifier la vérité ; cependant le récit fait par lui des déprédations commises dans la propriété dont il s'était trouvé l'un des habitants de hasard, était fait pour épouvanter tous ceux de nos compatriotes obligés de laisser leur bien à la merci de l'ennemi. Tout ce qui, dans l'usine, représentait une valeur de quelque importance, avait été emballé avec soin dans des caisses, que les pillards n'avaient eu qu'à prendre sous une remise, affectée, en temps ordinaire, aux expéditions commerciales. L'emballage, auquel ni la paille, ni le papier ne manquaient, s'effectuait sous la surveillance d'un officier spécialement délégué à cet effet; des escouades de soldats étaient commandées pour cette corvée comme pour un service ordinaire. La besogne terminée, les caisses enlevées sur camions, avaient été dirigées vers une destination que le Saxon ne put ou ne voulut pas indiquer. Aux porcelaines fines et autres marchandises expédiées par cette voie, avaient été joints quelques meubles oubliés par M. E..., ainsi que des rideaux et des pendules, pour lesquels, décidément, les Prussiens semblent avoir un goût tout particulier.

Quant aux poteries et aux faïences de qualités communes, elles auraient été laissées complétement à la discrétion des soldats, qui paraîtraient, du reste, en avoir fait un singulier abus ; car certains vases utilisés par eux pour le service de bouche avaient, dans l'origine, une toute autre destination; mais les soudards de Guillaume ne sont pas comme Brid'oison; ils s'inquiètent peu de la forme.

Il est vrai, ajouta en manière de péroraison l'excellent docteur, que cette forme-là leur sied à merveille!

VI

La confiance renaît. — La question des théâtres. — Sarcey et Thomas Grimm. — Le premier concert. — Victor Hugo à la Porte-Saint-Martin. — Patria. — L'art et la charité. — Des canons ! — M. Legouvé et l'alimentation morale. — Les comédiens ordinaires de son ex-majesté. — Souvenirs de 92. — Les volontaires de 70.

Il arrive souvent qu'aux plus furieuses tourmentes succède un calme soudain. Le cœur de l'homme, pas plus que l'Océan, n'est exempt de ces apaisements subits qui viennent entre deux orages, comme un sourire d'enfant vient entre deux sanglots. Paris, ce grand et éternel enfant, peut-il rester longtemps sans sourire? Il a banni le plaisir; a-t-il le droit de bannir aussi l'art qui, pour son esprit cultivé, en est la source la plus pure?

Aussi, dès le milieu d'octobre, la question des théâtres est-elle à l'ordre du jour et chacun dit-il son mot pour ou contre.

Les uns verraient avec satisfaction, dans la réouverture de quelques salles, l'occasion, pour une notable fraction du public, d'oublier, au moins momentanément, des préoccupations dont rien jusqu'à présent n'est venu la distraire.

Examinant le côté piquant de ces réunions qui emprunteraient aux circonstances une certaine crânerie tout à fait dans l'esprit du caractère français, ils citent l'héroïque exemple des habitants de Lille qui, en 92, allaient assister impassibles aux représentations de la Comédie et de l'Opéra, tandis que du dehors les bombes et les obus pleuvaient sur la ville assiégée.

« Quoi qu'il arrive, dit Sarcey au *Gaulois*, l'art doit
« planer au-dessus des événements ; le théâtre n'est
« point un plaisir plus inconvenant que la lecture d'un
« bon livre, et c'est justement aux heures les plus tris-
« tes de son existence que l'homme a besoin d'une di-
« version qui, pour un instant du moins, bannisse la
« pensée de ses maux. »

Les autres, au contraire, font ressortir l'inconvenance de ces plaisirs mondains dans une conjoncture aussi grave et n'envisagent qu'avec une sorte d'effroi la possibilité que des citoyens s'en aillent rire et battre des mains, pendant qu'à quelques pas d'autres tombent frappés à mort pour la cause sacrée du pays.

« Si j'osais prendre parti dans une discussion aussi
« grave, réplique Thomas Grimm dans le *Petit Jour-*
« *nal*, je ne craindrais pas d'avancer que l'heure des
« jeux et des chants ne me semble pas encore venue.

« On pourrait à bon droit redouter, ce me semble,
« que l'esprit des spectateurs fût la plupart du temps
« ailleurs qu'aux scènes qui se dérouleraient devant
« leurs yeux.

« Et dans les instants où l'auditoire pourrait être le

« plus vivement captivé par d'agréables fictions, le bruit
« lointain du canon ou de la fusillade viendrait plus
« d'une fois, malgré tout, le rappeler à la réalité. »

A tout prendre, aller s'asseoir au théâtre en un pareil moment, c'est là une bravade qui n'est pas sans grandeur ; c'est un témoignage de mépris pour le danger, capable d'exciter chez notre adversaire un sentiment de crainte respectueuse.

Affronter le feu de la rampe, ce serait encore affronter le feu de l'ennemi.

Je ne sais trop pourquoi l'image de cette situation me rappelle une scène admirable, du domaine du théâtre précisément.

C'est au cinquième acte des *Huguenots;* le vieux Marcel vient d'unir comme époux Raoul et Valentine, prêts à mourir ensemble plutôt que vivre séparés, et l'on entend au loin, dans la coulisse, une troupe d'hommes et de femmes chantant le magnifique choral :

> Seigneur, rempart et seul soutien
> Du faible qui t'implore,
> Vois, le tentateur s'arme. Oh ! viens,
> Viens nous sauver encore.

Tout à coup, une bande d'archers court sur eux et leur crie :

— Abjurez !

— Non ! répondent-ils tous à la fois.

Et sans se laisser émouvoir par l'aspect des armes qui les menacent, hommes et femmes reprennent en chœur :

> Seigneur, rempart et seul soutien,
> Du faible qui t'im.....

Une effroyable décharge d'arquebuses leur coupe

la parole ; tous tombent et meurent... mais ils meurent en chantant !

Ce n'est pas sans motif que j'emprunte à l'art musical cette comparaison.

C'est par la voie de la musique, en effet, qu'à cette heure nous nous acheminons vers le théâtre.

Le dimanche 23 octobre, le Cirque national ouvrait ses portes au public.

On rendait de l'argent aux bureaux ; et les plus déçus n'étaient pas ceux qui avaient payé leurs places.

Aussi, avant la fête musicale qui se préparait audedans, assistait-on, au dehors, à un véritable concert — d'imprécations.

Heureusement, la scène changeait d'aspect dès qu'on avait franchi la porte ; si le seuil était témoin de quelques discordances, l'harmonie la plus pure régnait à l'intérieur, et M. l'abbé Duquesnay qui venait plaider la cause de l'*œuvre des fourneaux*, obtenait un véritable succès.

En voyant monter en chaire, — pardon ! sur l'estrade, — M. l'abbé Duquesnay, plus d'un spectateur, à coup sûr, s'attendait à un de ces sermons d'où trop souvent l'esprit religieux exclut toute pensée mondaine et dans lesquels l'éloquence sacrée plane bien au-dessus des petitesses humaines.

Aussi quelle n'était pas l'agréable surprise de l'assistance en entendant, au lieu d'une homélie, tomber des lèvres du digne abbé le *speech* le plus humoristique, dit avec un entrain qui, aux premiers mots, ralliait tous les suffrages.

C'était prédisposer admirablement l'auditoire à applaudir, ensuite, l'ouverture de *la Muette*, enlevée par l'orchestre de Pasdeloup avec une énergie entraînante.

Le costume militaire dont étaient revêtus la plupart

des exécutants trouvait ainsi sa justification immédiate. Ces vaillants musiciens montaient littéralement à l'assaut... de la mélodie.

L'ouverture du *Freischütz* et la symphonie en *ut mineur* allaient bientôt montrer Weber et Beethoven dans deux de leurs pages les plus sublimes. Beethoven et Weber! Deux Allemands dont les mélodies exquises viennent charmer nos oreilles et apaiser nos cœurs, tandis que l'armée allemande est à nos portes, prête à nous exterminer... si nous la laissions faire. Non! Weber et Beethoven ne sont pas allemands. Ces compositeurs immortels n'ont rien de commun avec la race barbare en lutte à cette heure contre la civilisation. Weber et Beethoven sont du pays des génies.

Victor Hugo le savait bien lorsqu'il écrivit les paroles de *Patria*, ce cantique étrange, mystérieux, dont les strophes, bientôt, allaient devenir populaires.

Beethoven en avait composé la musique, sans se douter, certes, que ces quelques mesures intercalées dans une de ses œuvres, deviendraient, un jour, un chant consolateur de Paris assiégé, — grâce au poète et grâce aussi à cette rare bonne fortune d'avoir pour interprète une artiste d'élite comme madame Ugalde, capable du premier coup d'en révéler les beautés.

Patria, d'ailleurs, a son histoire que le maître dit volontiers.

Victor Hugo était jeune alors; mais la célébrité n'avait pas attendu « le nombre des années » pour déployer son auréole au front du poète que, dès longtemps déjà, Châteaubriant avait appelé *enfant sublime*.

L'affiche du Gymnase, à cette époque *Théâtre de Madame*, annonçait la première représentation d'une pièce de Scribe, *la Chatte métamorphosée en femme,* dans laquelle Jenny Verpré tenait un rôle dont il se faisait d'avance grand bruit parmi le public.

Sans être un admirateur de Scribe, Hugo avait quelque estime pour le talent de l'auteur dramatique qui fit les délices de nos pères.

Il retint une stalle au théâtre de Madame.

La pièce, toutefois, — c'est le poète qui raconte, — ne l'intéressa que médiocrement.

Il n'écoutait le dialogue que d'une oreille distraite. Il suivait l'action vaguement, péniblement, comme un homme dont l'esprit est ailleurs. Tout à coup, des sons étranges frappèrent son attention.

Sur un motif bizarre, d'un rythme saisissant, les choristes venaient d'entonner une sorte d'invocation Hindoue, d'une originalité qui tranchait avec la monotonie des scènes précédentes.

Aux premiers accords, le poète fut charmé ; puis, à mesure que le chant se déroulait, la mélodie le pénétrait de ses effluves; vers la fin du morceau, il se sentit enthousiasmé.

Victor Hugo sortit de la salle en fredonnant l'air qui venait de le bercer si délicieusement.

Cet air s'était gravé dans sa mémoire ; il persistait à revenir sur ses lèvres, presque malgré lui...

Le lendemain, Hugo rencontrait sur le boulevard des Italiens, — on prononçait alors boulevard de Gand, — son ami Joseph Dartigues.

Dartigues était un musicien émérite, un érudit surtout, et tenait déjà avec honneur la plume de critique musical au *Journal des Débats.*

— Tiens! c'est vous ? fit le poète. Ma foi, vous arrivez à propos. J'ai entendu hier, intercalée dans la nouvelle pièce de Scribe, une ravissante mélodie. C'est de votre ressort, cela ; je vous engage à en aller goûter les douceurs.

— J'irai, dit le critique.

A quelques jours de là, nouvelle rencontre.

— Eh bien ! questionne Hugo, que dites-vous de mon morceau ?

— Parbleu ! répond Dartigues, vous ne me surprenez point ; c'est du Beethoven !

— Beethoven ! qu'est-ce que c'est que ça ? fait Hugo tout surpris.

Il faut dire qu'en ce temps-là le nom de Beethoven était aussi inconnu en France que si ce maître n'eût jamais existé. La musique classique restait presque ignorée chez nous, et le premier flon-flon venu était mieux apprécié que les pages les plus sublimes des maîtres.

Aussi Victor Hugo ne fut-il point médiocrement étonné d'apprendre de son interlocuteur que Beethoven était tout simplement le plus vaste génie musical de l'Allemagne.

Les années s'écoulèrent.

Puis, l'exil vint pour le poète.

L'exil, mais non l'oubli ; car, sur son rocher de Guernesey, un vent lointain lui ramena un jour cet air qui avait charmé sa jeunesse.

Et ce fut en suivant note à note la mélodie du grand compositeur que Victor Hugo écrivit les admirables strophes de *Patria*.

Il faut entendre la chanteuse entonner cette première strophe de la sublime vision :

> Là-haut, qui sourit ?
> Est-ce un esprit,
> Est-ce une femme ?
> Quel front sombre et doux ..

> Peuple à genoux !
> Est-ce notre âme
> Qui vient à nous ?

Un frisson d'enthousiasme parcourt tout l'auditoire, et chaque fois que madame Ugalde arrive à ce couplet :

> C'est l'ange de nuit,
> Rois, il vous fuit,
> Marquant d'avance
> Le fatal moment
> Au firmament...
> Son nom est France
> Ou Châtiment !

des bravos frénétiques interrompent l'admirable artiste dont les accents entraînent tous les cœurs.

Tout cela n'était point fait, tant s'en faut, pour décourager les partisans de la muse.

Peu à peu, les murailles se revêtissent d'affiches de toutes couleurs et de toutes dimensions.

Tantôt c'est Arsandaux, Melchissédec, ou bien Bosquin le chanteur aimé de l'Opéra, ou Caron, Devoyod ou Leroy qui viennent, entre deux gardes au rempart, en képi et en vareuse, sur une scène improvisée. Tantôt c'est Berthelier, le comique désopilant, qui après avoir passé vingt ans de sa vie à imiter les *pioupious*, en porte pour de bon le costume ; ou Hustache, un sympathique accompagnateur, dont les états de service devaient, au bout du siége, se chiffrer par trente-huit concerts ! ou Constantin, l'excellent chef d'orchestre ; et Febvre, et Saint-Germain, et Talbot, et Prudhon, Rey, Daubray, Lutz, Lhéritier, Geoffroy, Victor, Montjauze, Parade, — et tant d'autres ; ou madame Gueymard, mesdemoiselles Agar, Duguéret, Julia

Borghèse, mesdames Priola, Sanz, Morio, de Lagrange, Davril — toujours prêtes pour quelque bonne œuvre.

Au milieu de nos préoccupations, de nos soucis, de nos graves travaux, voilà donc une petite place retrouvée pour les plaisirs de l'âme et les délassements de l'esprit.

Si une pensée peut rallier à cette cause jusqu'à ses derniers adversaires, c'est la satisfaction de savoir que les recettes ainsi obtenues assurent un refuge contre la misère à des malheureux qui souffrent de la faim et du froid.

Et puis la souffrance n'est pas seule à bénéficier de l'art; le patriotisme y trouve aussi son compte.

Des canons ! des canons ! Que la fournaise flamboie ! Que le bronze en fusion coule à flots dans les moules ! Que les forges retentissent du bruit des marteaux ! Que le fer, l'acier, le cuivre, se tordent sous l'effort des travailleurs ! Que la flamme éclate ! Que les scies grincent ! Que l'enclume et l'étau geignent près du vaste soufflet attisant sans cesse le feu où les canons se fondent !

Des canons ! des canons ! Chaque bataillon de la garde civique veut avoir les siens, chaque quartier organise des souscriptions. Dans les rues, sur les places, des tables se dressent en plein vent sur lesquelles tout citoyen tient à honneur d'apporter son offrande. On voit des hommes donner leurs montres, des femmes arracher leurs boucles d'oreilles et leurs bagues pour les mêler aux pièces d'or et de cuivre qui s'entassent dans le plateau. Des représentations théâtrales s'organisent. La Société des gens de lettres donne le signal avec les *Châtiments*.

De qui sera-ce le tour après elle ?

De tout le monde, eût pu dire M. Jules Claretie

dans les quelques phrases applaudies qui ouvrirent la solennité de la Porte-Saint-Martin.

Quel changement dans cette salle, pour ceux qui se reportaient au temps où la féerie y trônait en souveraine! Que nous voilà loin des soirs de la *Biche au Bois* et du *Pied de Mouton !*

Quels interprètes aussi ! Et comme les vers tombaient brûlants dans l'âme des auditeurs !

Il fallait entendre M. Taillade lancer l'*Ultima verba*, ce cri superbe du poète qui défie le destin, le tyran et l'exil; il fallait entendre M. Lafontaine soupirer l'*Hymne aux transportés;* mademoiselle Rousseil réciter la pièce : *aux Femmes;* madame Marie Laurent déclamer, superbe et indignée, le *Manteau impérial ;* M. Berton dire l'*Expiation*; madame Périga pleurer *Pauline Roland;* mademoiselle Favart murmurer *Stella*; il fallait entendre surtout — et entendre n'est rien, il fallait *voir* — Frédérick Lemaître dans le *Souvenir de la nuit du 4 décembre.*

Toujours sur la brèche, les artistes !

Le soir à la scène – et le jour, les hommes aux remparts, les femmes dans les ambulances. Tandis que nos forgerons et nos fondeurs faisaient sortir de leurs ateliers des montagnes de projectiles de toute sorte; tandis que dans nos grandes usines se moulaient les pièces de canon ou s'écrasait le grain dont la ville assiégée attendait sa subsistance quotidienne, les foyers de nos théâtres se métamorphosaient en asiles hospitaliers.

L'actrice s'improvisait infirmière dévouée, et savait trouver dans son cœur des inspirations pour jouer ce rôle, le seul parfois qu'elle n'eût jamais appris.

Aussi, si au Théâtre-Français les regards de la foule

s'arrêtaient fréquemment, humides et émus, sur la plus belle loge du théâtre, celle qu'on appelait naguère « la loge de l'empereur, » c'est que, par une attention délicate dont chacun se sentait touché, on en avait fait la loge d'où les blessés soignés dans la maison de Molière et en voie de guérison, pouvaient assister au spectacle.

Parfois, c'était un acte de tragédie qu'on jouait sans décor, les hommes en habit noir, les femmes en robe montante. Parfois une scène d'actualité, signée Manuel ou Bergerat, ou bien une poésie que Coquelin venait dire de ce ton dont lui seul a le secret. Parfois encore une conférence, telle par exemple que cette *Alimentation morale* de M. Legouvé, qui fit le tour de Paris.

Vogue, d'ailleurs, largement justifiée, puisque, livrée à l'impression, la thèse de l'*Alimentation morale* devait devenir comme le bréviaire de l'assiégé.

Dans les circonstances critiques que nous traversons, il n'est pas moins utile de songer à alimenter son âme qu'à nourrir son corps. — Telle est la doctrine de M. Legouvé.

Le corps, lui, est à la ration. Mais l'âme ? L'âme est à jeun, à jeun de tout ce qui la console ou la touche. Elle est atteinte de toutes parts : les terreurs l'affolent, l'abattement l'accable, les séparations la déchirent !

Ce qu'il faut, alors, c'est se jeter en plein courant, agir et réagir de toutes façons, et surtout ne pas se résigner.

Se résigner, quand on est cloué sur son lit par la maladie, très bien ! Se résigner quand on est enfermé dans un cachot et qu'il n'y a pas de moyen humain de se sauver, à merveille ! Se résigner quand la pauvreté vous condamne à un travail dur et utile aux autres, c'est admirable. Mais se résigner dans les moments de lutte, non ! Se résigner pendant le siége, c'est accepter, c'est subir, c'est courber la tête. Ce qu'il faut aujourd'hui, c'est la relever !

M. Legouvé, il est vrai, prêche des convertis. Il suffit, pour en être convaincu, de sentir bouillonner, autour des mairies, la fièvre patriotique des enrôlements volontaires.

Il semble qu'on se retrouve au mois de juillet 1792, alors que la France voyait ses sillons arrosés du sang de ses enfants; alors que, déchirée et meurtrie, elle offrait à l'Europe des rois coalisée contre la jeune République le spectacle d'une agonie qu'à chaque instant on s'attendait à voir finir par la mort; alors que, semblant prête à succomber, elle était entourée de noirs oiseaux de proie, avides de se partager ses dépouilles; — à ce moment suprême, enfin, où les représentants venaient de déclarer la patrie en danger.

Même appareil, mêmes sentiments, même émulation, même enthousiasme se retrouvent dans les divers quartiers de Paris.

A l'extérieur des mairies, sur la façade du monument, deux écriteaux se montrent côte à côte :

République française   *Enrôlements des volontaires*
Une et indivisible   *de la garde nationale.*

Au-dessous se détache cet appel, auquel jamais Français ne demeura indifférent :

AUX ARMES, CITOYENS,
FORMEZ VOS BATAILLONS.

Une foule innombrable stationne sur les trottoirs, avide de voir et d'acclamer ceux qui vont passer tout à l'heure.

Au dedans, la plus grande salle, ornée de tentures,

ruisselle de drapeaux et de guirlandes de feuillages, entremêlés de médaillons sur lesquels se détachent les noms des hommes illustres à qui la France dut son salut : Hoche, Marceau, Kléber, Desaix, Villaret de Joyeuse, Carnot, Rouget de Lisle, Picot de Dampierre, Dugommier, Jourdan, Joubert, etc.

Autour d'une estrade, les autorités ont pris place.

Alors commence le défilé des volontaires qui, tour à tour, aux applaudissements de l'assistance, viennent s'inscrire sur le registre d'enrôlements. Les clairons retentissent, les tambours battent aux champs, et la foule au dehors crie : Vive la République ! Vive les volontaires ! et reprend en chœur les hymnes patriotiques que font entendre les fanfares de la garde nationale. Le spectacle est réellement grandiose, et plus d'un œil se mouille de larmes en voyant signer côte à côte des enfants de seize ans et des vieillards de soixante.

Car le vieillard et l'enfant se coudoient devant cet autel de la patrie, où chacun apporte sa vie en holocauste.

Au 3ᵉ arrondissement où, auprès du maire Bonvalet, des adjoints Chavagnat, Clairet et Murat, on remarque MM. Etienne Arago, Tirard, le général Tamisier, Brisson, Floquet, Siebecker, etc.; — à un jeune homme imberbe, nous demandons son nom et son âge :

— Hippolyte Beauvais, répond-il; dix-sept ans.

La même question est adressée à un homme auquel ses cheveux blancs font déjà comme une auréole de gloire :

— Il s'appelle Bongrain ; il a soixante-trois ans.

Avec de tels défenseurs, un pays comme le nôtre ne saurait périr. Et auprès des volontaires de 92, superbes dans leur immortelle splendeur, l'histoire, un jour, placera les volontaires de 70 !

VII

Vrais et faux inventeurs. — Le génie civil. — L'extermination fantaisiste. — Dynamite et feux grégeois. — Plus de mystère ! — Réunions et expériences. — Le major des plastrons. — L'Alcazar de Thérésa. — Une pompe sans incendie. — Le télégraphe de poche. — M. Trouvé. — Les soirées des Folies-Bergère. — La province nous attend !

Ce n'était pas seulement les bras qui s'offraient à la défense. Toutes les intelligences s'étaient mises à l'œuvre, tous les cerveaux s'exaltaient dans l'enfantement de projets destinés à ajouter, à tous ces éléments, des découvertes nouvelles, — fléaux opposés par la science à cet autre fléau : le Prussien.

Le génie militaire était trop peu nombreux. Sous l'impulsion du ministre des travaux publics, M. Dorian, s'était constitué un corps d'ingénieurs civils, dont l'insigne distinctif était une casquette bleu sombre, galonnée d'or, sur le devant de laquelle se détachaient en lettres d'or les mots : *Génie civil*.

Partout où il y avait un point menacé à fortifier, une voie à défendre, un puits à creuser, un canon à fondre, on trouvait ces nouveaux collaborateurs, toujours infatigables et toujours dévoués. Toutes les sommités, toutes les énergies prenaient place dans leurs rangs, où se rencontraient côte à côte, sous la présidence du savant M. Tresca, des hommes de la valeur de MM Camille Laurens, Louis Martin, Joseph Martellet, Muller, Morel, Lefèvre, Paul Antoine, Prosper Vidal, Dubuisson, Bricogne, ingénieur du chemin de fer du Nord; Chabot, garde-mines; Guillaumin, Flaman, Bonnet, ingénieurs du chemin de fer de l'Est; Jacquet, d'Angers; Worms de Romilly, Petitgand, ingénieurs des mines; Dumoulin, chef de la fabrication des mitrailleuses; Schwaeblé, directeur de l'Ecole du commerce; Vincent, directeur des ponts et chaussées...

Le nombre de propositions plus ou moins réalisables qui affluent au comité central des arts et métiers est inimaginable, ou plutôt on se le pourra figurer si l'on songe que, un jour dans l'autre, le ministre de la guerre reçoit trois cent cinquante projets, tous destinés, plus ou moins, à réduire en poussière les trois cent mille Allemands qui enveloppent Paris.

Ce sera dans l'avenir un des enseignements les plus étranges de la campagne sans précédent de 1870, que cette substitution des règles de la science aux vieilles lois de la guerre usitées jusqu'alors.

L'art de combattre et de s'entretuer est désormais bouleversé de fond en comble; les belles lignes de bataille qu'affectionnait l'antique stratégie, ont fondu comme neige sous les feux de l'artillerie moderne; les tacticiens les plus habiles ne sont plus les généraux résolus qu'anime une indomptable vaillance, mais les savants placides et convaincus qui, du fond de leurs laboratoires, lancent des armées où l'élément chimique remplace le soldat, et conquièrent à leur pays l'alliance de ce pouvoir avec lequel désormais auront à compter les gagneurs de batailles : — la Science.

Aussi n'est-il pas un jour où quelqu'un de ces messieurs ne voie défiler une demi-douzaine de ces faiseurs de découvertes, dont chacun est persuadé qu'il possède seul le secret d'une victoire définitive et sans remise, et qu'en dehors de lui il n'est point de salut.

Parmi les plans dont on leur fait la confidence, il s'en trouve souvent de bien singuliers; on est, malgré soi, tenté de sourire à l'aspect de certains appareils et des explications dont leurs auteurs les accompagnent.

Un autre sentiment prédomine toutefois.

Si, parmi ces propositions insensées ou simplement burlesques, il allait s'en trouver quelqu'une qui pût contribuer au succès? Si, de ce fatras d'idées saugrenues, une seule pensée lumineuse et pratique devait surgir?

Le patriotisme fait donc un devoir de tout entendre, d'examiner les inventions les plus singulières, de jeter les regards sur des dessins extravagants, de prêter l'oreille à des discours qui font que, parfois, l'on regarde son interlocuteur en se demandant avec anxiété si vraiment il jouit de son bon sens.

Les tristes victimes se consolent avec cette idée qu'un seul projet sage et d'une application nettement démontrée les consolera en une minute de toutes les heures perdues à écouter d'interminables sornettes; qu'une seule goutte de sens commun dans cet océan de fadaises compensera les innombrables calices qu'il aura fallu boire jusqu'à la lie.

Le Gouvernement, qui s'intitule *de la défense nationale*, n'a pas toujours, il s'en faut, fait aux idées utiles l'accueil qu'elles méritaient. Il est hors de doute que, dans la quantité des plans éliminés par lui, un assez bon nombre étaient dignes d'un meilleur sort.

Aussi est-ce sur les particuliers surtout que tombe le déluge des inventions de toute espèce.

Grâce aux scrupules que vous suggère la situation, vous voilà donc, vous qui n'avez d'autre tort que d'être un ingénieur célèbre, vous voilà en butte aux plus inqualifiables des obsessions.

Vous êtes, par exemple, tranquillement assis devant votre bureau, occupé à écrire, à revoir des épures ou à tracer des plans, et faisant de votre mieux pour que la besogne accomplie ne soit point inutile.

Un inconnu, tout à coup, fait irruption dans votre cabinet. Vous levez la tête vers lui; il vous regarde d'un air inspiré, et, déroulant une feuille de carton qu'il porte sous le bras :

— Monsieur, dit-il, j'anéantis la Prusse!

Pour peu que vous ayez déjà quelque habitude des allures de ces pourfendeurs qui écrasent des armées du fond de leur fauteuil, involontairement vous manifestez quelques signes d'impatience. Il n'y prend garde, toutefois, et continuant :

— C'est simple, fait-il, terrible, impitoyable et prompt comme la foudre !

Enhardi par l'apparente attention qu'on lui prête, le visiteur s'échauffe peu à peu, précipite son débit, et à grands renforts de démonstrations sur la pancarte où l'on voit çà et là des chiffres et des signes auxquels on ne comprend rien :

— Voici Paris, poursuit-il, Paris avec ses quatre-vingt-seize bastions ; voici les forts et voici les redoutes. Je trace trois lignes : par la première ligne j'envoie vingt-cinq mille hommes qui simulent une attaque au nord ; par la deuxième, je fais avancer un corps d'armée égal, pour simuler une attaque au sud ; mes cinquante mille hommes sont visibles à l'œil nu, et ont commencé leur marche offensive à une heure assez avancée de l'après-midi, mais cependant alors qu'il faisait jour encore. Pendant qu'ils feignent leur mouvement, la nuit arrive. C'est le moment que je choisis pour expédier, par la route de l'Est, cent cinquante mille hommes, dissimulés derrière un rempart mobile, en zinc noirci au feu, dont je suis l'inventeur. Les cent cinquante mille hommes arrivent jusqu'au milieu de l'armée prussienne, se couchent sur le dos, tirent dans le tas, à raison de douze coups par homme et par minute, dix-huit cent mille balles. L'ennemi ignore d'où part le coup ; il ne voit rien. Mais en supposant une riposte de quelques Prussiens restés encore debout, leurs projectiles viendront s'amortir contre le rempart de zinc. Au besoin, les cent cinquante mille hommes se lèvent alors et fondent sur les derniers ennemis, qu'il ne reste plus qu'à tailler en pièces.

Notez que je n'invente rien — je ne suis point un inventeur ; — ce projet fut soumis tout au long à un ingénieur que je pourrais nommer.

Et nous en avons vu bien d'autres !

Par exemple, le fabricant qui propose un marteau de six kilomètres de diamètre, pesant dix millions de tonnes, qu'on monterait par ballons jusqu'au-dessus.

de Versailles, où on le laisserait choir pour écraser du même coup le quartier général, les chefs et le gros de l'armée de la Prusse.

Ou le promoteur de la *mitrailleuse à musique*, qui, tandis que l'ennemi s'avancerait pour écouter les airs, —choisis parmi ceux que l'Allemagne préfère,—vomirait tout d'un coup la mort par mille bouches habilement dissimulées dans l'instrument.

Ou l'entrepreneur qui se charge de décimer des régiments bavarois, silésiens, wurtembourgeois et autres, à l'aide de la petite vérole mise en bouteille et lancée comme un obus dans les rangs ennemis, où elle exercerait ses terribles ravages.

Que conclut, de tous ces projets, le souverain juge, le public?

Que si les inventeurs ont du bon, il ne faut pas toujours s'en rapporter à eux.

Nous luttons contre des armées qui, au courage, ont substitué les mathématiques.

Tout en mettant en œuvre les moyens scientifiques propres à aider au succès, n'est-il pas beau de montrer au monde que jamais, dans notre pays, la valeur ne sera reléguée parmi les accessoires? Et que, même contre un ennemi fertile en ressources traîtresses, avec du fer, du plomb, un bras solide et un cœur vaillant, la France sait encore remporter la victoire !

Heureusement, d'ailleurs, tous les inventeurs ne sont point de cette trempe-là.

Justement, le ministère vient de publier un rapport résumant l'effort immense grâce auquel, en quelques semaines, Paris est devenu une place imprenable. Ce rapport, tout le monde l'a lu; tout le monde a remarqué le paragraphe relatif aux travaux de la commission de pyrotechnie, à la mise en train de la fabrication de la *dynamite*, et plus d'un s'est demandé quelle est cette substance dont l'usage, inconnu jusqu'ici, se révèle tout à coup à la suite d'essais concluants.

Les journaux commentent à qui mieux mieux la découverte nouvelle. La dynamite, ignorée la veille, est passée tout à coup à l'état de célébrité, comme le chassepot, la mitrailleuse et le picrate. Ils expliquent comment elle représente l'un des produits destructeurs les plus prodigieux, les plus épouvantables dont il ait été donné à l'intelligence humaine de pénétrer le secret. Ils dépeignent les effets de cette forme de la nitro-glycérine, rendue inoffensive pour les mains qui l'emploient; grâce aux recherches de l'Italien Sobrero et du Suédois Nobel, l'indomptable liquide, asservi par l'intelligence humaine, obéit maintenant au gré de nos désirs, comme ces bêtes féroces qu'un belluaire audacieux a dressées à ramper à ses pieds. La dynamite, c'est la nitro-glycérine apprivoisée.

Nous verrons bientôt à l'épreuve ce nouvel engin de destruction. Jamais occasion plus propice ne s'offrit pour une semblable expérience. Mais la défense, de même que de tant d'autres éléments, n'en tirera, hélas ! qu'un bien faible parti.

Que de merveilles, pourtant, n'engendrent pas les nécessités du moment, au milieu de ce foyer d'intelligences qui s'appelle Paris !

Nous sommes aux avant-postes prussiens. Sous les arbres émondés par le vent et la mitraille, les sentinelles se promènent de long en large, grelottant sous leurs manteaux trempés. Pour quelques heures, le canon s'est tu; les pas se font à peine entendre sur la terre détrempée, et le silence de la nuit n'est troublé de temps à autre que par les deux syllabes brèves et précipitées :

— « *Wer dà !* »

Le « Qui vive ! » des factionnaires allemands.

Le paysage se perd dans les ténèbres de la nuit ; la lune, dégageant un instant le ciel des brumes qui le couvraient, a parcouru sa course de quelques heures et disparu derrière les collines environnantes. L'horizon est à vingt pas. L'instant semble propice à nos ennemis. Nos canons, dont ils ont soigneusement relevé la position, ne sauraient être pointés contre eux.

Les commandements des officiers prussiens, répétés sourdement de proche en proche dans la plaine, semblent répercutés comme par un écho sombre, et se mêlent aux cris des oiseaux nocturnes. Des masses noires s'agitent sous bois, des colonnes se forment, puis s'ébranlent et se mettent en marche. De nos forts, on n'a rien pu voir, rien entendre.

Les régiments prussiens s'avancent lentement, prudemment, sondant le terrain à chaque pas, et viennent impunément, croient-ils, reconnaître nos forces et nos dispositions.

Soudain, le terrain perdu dans les ténèbres s'inonde de clarté, le voile sombre qui le recouvrait semble se déchirer brusquement ; sur tout le front de la colonne en marche, l'espace s'illumine. A travers cette sorte d'éclair, un autre éclair rapide et plus éblouissant encore, se fait jour ; et la troupe ennemie n'a pas encore eu le temps de s'arrêter, qu'un ouragan de fer passe sur elle, brisant, anéantissant tout sur son passage, couvrant le sol de cadavres et de débris.

C'est une bordée d'obus ou une volée de mitraille qui, partie de nos murs, a trouvé son chemin à travers un faisceau de lumière électrique.

L'assiégeant, aujourd'hui, ne peut plus compter sur on auxiliaire d'autrefois : la nuit. Il n'y a plus de uit. Entre nos mains, l'électricité, devenue déjà un oyen merveilleux de communications, un agent terrible et sûr pour la guerre des mines, a pu offrir une ide puissante et docile pour la défense des lignes vancées.

Que faut-il pour cela ? Peu de chose : une pile électrique ou tout autre appareil producteur d'électricité, deux fragments de charbon taillés en forme de crayon et convenablement disposés dans un appareil d'une forme particulière.

Rien de plus simple que la manœuvre de ce nouvel engin de guerre, sur les remparts de l'enceinte ou des forts. L'opérateur, déplaçant la lampe à son gré, peut ainsi diriger tour à tour le faisceau lumineux à droite ou à gauche, éclairer les glacis, les ouvrages extérieurs, la zone, les routes et les champs. Suivant qu'il incline plus ou moins l'appareil vers le sol, il porte la lumière sur des points rapprochés ou à une grande distance des remparts.

Tous nos forts possèdent des lanternes électriques, malgré l'indifférence de quelques officiers et l'opposition de l'administration des phares, qui a mis quinze jours à se décider à ne rien faire. Par contre, un capitaine qui a voulu demeurer anonyme, a généreusement consacré 10,000 fr. à l'achat et à l'installation d'un certain nombre d'appareils, et M. le colonel de la Gréverie, du corps du génie, s'occupe activement de ce service, secondé par de jeunes officiers ou des élèves de l'Ecole polytechnique, sans cesse au premier rang quand il s'agit de donner leur concours à la défense.

Partout et toujours les recherches vont leur train ; des artificiers expérimentent le *feu grégeois*, grâce auquel, disent-ils, on pourra porter, dans les parcs de munitions et les campements ennemis, des flammes inextinguibles.

Dans les réunions publiques, il n'est question que d'engins destructeurs, d'appareils terribles et foudroyants. Il n'est pas jusqu'à l'Alcazar, ce sanctuaire des bocks dont Thérésa jadis faisait tressaillir les échos, qui ne consacre sa salle à des projets belliqueux.

Exposition et expériences d'engins de guerre, dit chaque soir le programme.

Mais tout programme n'est point parole d'évangile. On s'en aperçoit bien en prenant au hasard l'une des séances. Elle s'ouvre par une exhibition de plastrons dont la vue n'a rien de terrifiant, quelques efforts qu'ils fassent pour se donner l'apparence d'*engins de guerre*.

Ces appareils sont présentés à « l'honorable assemblée » par un major — il y a donc encore des majors ? — dont l'accent italien donne à la démonstration qu'il fait entendre une saveur toute particulière. Expliquant, commentant, louangeant, exaltant ses plastrons, le major cherche à prouver que, grâce à eux, le soldat le moins brave peut impunément marcher au feu ou essuyer les atteintes de l'arme blanche.

Joignant l'exemple à la parole, l'inventeur, appliquant contre une cible l'un de ses appareils, tire, à trois ou quatre pas de distance, un coup de revolver dont la balle, entamant l'étoffe, ne peut toutefois la traverser d'outre en outre.

Les spectateurs, néanmoins, ne semblent nullement convaincus. L'un d'eux demande à l'Italien s'il consentirait à être lui-même la cible. Grimace significative du major, qui, pourtant, n'ose trop dire non. Un autre auditeur se lève :

— N'avez-vous jamais, questionne-t-il, eu l'occasion de faire des expériences sur des animaux vivants ?

— Parfaitement, réplique le major, — j'ai tiré sur mon commis !

Explosion de rires dans la salle; on réclame le commis, il n'est pas là Mais son maître entreprend d'expliquer par quelle suite de circonstances il en est arrivé à tirer sur ce digne employé.

— Figurez-vous, dit-il (je supprime la prononciation italienne), figurez-vous que depuis longtemps cet excellent garçon me tourmentait pour que je fisse sur lui une expérience décisive. A force de me voir viser des mannequins, il fut pris d'une idée qui l'obsédait sans cesse. Bref, il me supplia un jour avec tant d'insistance, que je me décidai...

Et, au milieu de la belle humeur croissante de l'auditoire, le major, — puisque major il y a, — se met à décrire l'opération, dont, paraît-il, son commis n'est pas seulement sorti intact, mais même guéri d'une légère infirmité qui l'avait incommodé jusqu'alors.

L'épreuve de l'exercice à feu est faite ; reste celle par l'arme blanche, qui semble n'inspirer qu'une confiance modérée aux gardes nationaux lorsqu'ils voient qu'un vieux sabre en va faire tous les frais. Un caporal se lève et demande à tenter l'assaut du plastron avec la baïonnette au bout du chassepot. La salle entière appuie cette motion. O magie ! à peine le mot baïonnette a-t-il été prononcé, que major, cible, plastron, pistolet et vieux sabre sont, comme par enchantement, rentrés dans la coulisse.

On voit que, malgré sa détresse, Paris n'est point ennemi d'une douce gaîté.

A autre chose maintenant.

On apporte une table ; sur cette table est un vase cylindrique en métal, hermétiquement fermé, muni d'un robinet et d'un tuyau en caoutchouc : cela s'appelle un *extincteur*. L'industriel qui a imaginé cet instrument vient lui-même en fournir l'explication : elle est simple, du reste ; le principe de l'*extincteur* repose sur l'application du gaz acide carbonique à l'extinction de la flamme.

Par malheur, il est impossible de pousser plus loin la démonstration : l'inventeur a oublié d'apporter avec lui le plus petit incendie. Quelques personnes proposent de mettre le feu à la salle. Les dames commensent à pousser des cris d'effroi. Pour les rassurer tout à fait, l'inventeur disparaît avec son ustensile.

Un jeune homme s'avance alors vers la tribune ; sa parole est d'abord un peu embarrassée, son geste gauche et timide n'accentue qu'imparfaitement les explications qu'on saisit cependant, à mesure que, la bienveillance de l'auditoire aidant, elles deviennent plus claires et plus précises. Au bout de peu d'instants, tout le monde est subjugué. M. Trouvé, l'orateur, a découvert, ou plutôt perfectionné, un ingénieux appareil qu'il fait fonctionner devant nous. Qu'on se figure une montre dont les heures, sur le cadran, seraient remplacées par les lettres de l'alphabet. A l'anneau de cette montre s'accroche un fil enroulé sur une bobine et qui se déroule à mesure que l'expérimentateur marche ; divers accessoires forment le complément des parties qui constituent un télégraphe ; télégraphe de poche, perfectionné pour les observations militaires !

Après M. Trouvé, un ingénieur attaché à la manu-

cture anglaise des canons Withworth, apporte à la
tribune quelques détails instructifs touchant la fabriation des projectiles et des bouches à feu, la portée
es diverses sortes de pièces, les calibres qui donnent
es plus remarquables résultats, les poids et formes les
lus en rapport avec les progrès actuels de l'art de la
guerre. Il termine par une étude comparée entre les
qualités des poudres en usage dans l'artillerie prussienne et dans l'artillerie française ; les poudres prussiennes, plus comprimées, donnent aux projectiles une
portée plus grande.

A peine l'orateur a-t-il achevé ses observations,
qu'une sorte d'énergumène lui succède à la tribune.
Sous prétexte qu'il a été en Prusse, ce nouveau venu,
à grand renfort de mouvements de bras et de tête, soutient que la poudre prussienne ne diffère en rien de la
poudre française.

— En avez-vous mangé? crie un loustic.

Mais ces sortes d'incidents sont rares, hâtons-nous
de le dire. Le public nombreux qui se presse dans les
clubs est animé des préoccupations les plus sérieuses ;
il n'entrevoit qu'un but : l'organisation sûre et rapide
de la victoire.

Si tous ceux qui montent à la tribune ne se montrent
pas également éloquents, tous en revanche sont animés d'un sentiment qui remplace l'éloquence avec
avantage; qui, à l'heure présente, dépasse même l'éloquence en utilité : le patriotisme.

Ceci ne veut pas dire qu'il suffise d'être bon patriote
pour se faire bien comprendre.

J'ai vu des aspirants aux palmes oratoires s'avancer vers leurs auditeurs d'un pas qui n'avait rien de
timide, porter sur l'assistance un regard assuré, ac-

centuer un geste ferme, ouvrir la bouche avec résolution... et rester coi ! Incapables de dire une parole ni même d'articuler un son ! Ce qu'on éprouve à cet instant suprême où l'on se sait le point de mire de toute une salle, où l'on sent dardés sur soi des milliers de regards, l'orateur qui a escaladé la tribune et l'artiste qui a affronté le feu de la rampe le connaissent seuls. Il n'est pas rare, pourtant, que ces timides de la dernière heure s'en tirent à leur avantage ; et c'est ici que le patriotisme triomphe ; car s'il est une pensée faite pour rendre le courage aux plus craintifs, c'est la conscience que ce qu'ils ont à dire peut être utile à leurs concitoyens, rendre service au pays.

Nous étions deux mille à constater ce fait, aux *Folies-Bergère*, dans les fréquentes occasions où des orateurs consommés et d'autres qui de leur vie n'avaient prononcé un mot en public, prenaient tour à tour la parole pour exposer leurs vues sur les moyens les plus propres à assurer le triomphe final.

La salle s'ébranlait sous les sarcasmes quand on entendit, par exemple, un certain citoyen Crémieux s'écrier du haut de la tribune, avec un fort accent qui dénotait son origine gasconne :

— Citoyens ! vous attendez ici la province ? Eh bien ! pendant ce temps, la province vous attend !

Mais on faisait accueil à toutes les propositions sages — surtout quand elles étaient brièvement exprimées. Car chacun convenait que le moment était venu, non plus de parler, mais d'agir. Si quelques divergences se produisaient dans des questions de détail, une même pensée unissait tous les cœurs : l'extermination de l'ennemi. Et l'on ne se séparait qu'aux cris de :

— Vive la France ! mort aux Prussiens !

VIII

Le triangle. — Monotonie des rapports militaires. — De l'Étoile à Courbevoie. — L'affaire du Bourget. — Metz. - Pas d'armistice! — Jules Favre et Bismark. — La journée du 31 octobre. — Oui ou non? — Autour du vote.

Pendant l'intervalle qui s'écoula entre le désastre de Sedan et les débuts du siége de Paris, pendant les premières journées de l'investissement, la plus grande incertitude régnait sur le mode et le point d'attaque que choisiraient les généraux prussiens.

Les plans publiés à l'avance par eux, croyaient les uns, avaient bien peu de chances d'être suivis.

N'étaient-ils pas éventés par le fait même de leur publication ? pensaient quelques autres.

Peut-être serviraient-ils cependant, feintes dès longtemps préparées, à masquer les tentatives véritables et décisives ; à moins que, comptant sur nous, pour raisonner ainsi, le vieux Moltke ne se réservât de nous attaquer comme quelques-uns de ses généraux l'avaient annoncé, à la façon des diplomates qui disent la vérité dans l'espérance qu'on ne les croira pas.

Le moment est venu de jeter un coup d'œil sur les préparatifs de nos ennemis, préparatifs qu'ils ne sauraient maintenant modifier largement sans compromettre la suite de leurs opérations.

A l'époque où nous arrivons, c'est-à-dire vers les derniers jours d'octobre, le ban et l'arrière-ban de leurs forces militaires ont été levés, amenés jusqu'ici; leur armée, qui a reçu ses derniers renforts, est complètement organisée pour le siège.

Dans quelques-uns des villages que nos mobiles et nos troupes de ligne ont repris depuis huit ou dix jours; dans d'autres localités, que l'ennemi a abandonnées de son propre mouvement, à Clamart, à Villejuif, les habitants se souviennent des dernières conversations prussiennes.

C'est par eux que nous savons l'arrivée des nouvelles recrues de Bavière, de Wurtemberg, de Saxe et de Bade; c'est par eux que nous avons appris qu'une grande partie de ces recrues, arrivées à Versailles, ont été dirigées vers Choisy et Meudon, où elles occupent une sorte de camp retranché.

Par les récits de nos éclaireurs, par les rapports émanés de nos observatoires fixes ou aériens, nous connaissons d'une manière nette et précise la distribution des troupes prussiennes autour de Paris.

C'est en suivant les côtés d'un gigantesque triangle, que les généraux du roi Guillaume ont échelonné leurs forces.

Aux trois pointes : Montmorency, Satory, Chennevières, — des camps retranchés que chaque jour ils travaillent à hérisser d'obstacles nouveaux sont occupés par des noyaux considérables de troupes.

Le long des côtés, ces camps se relient par une série de positions qui, en général, répondent à ceux de nos forts qui font intérieurement face aux lignes du triangle d'investissement.

Parcourons rapidement ces lignes, en commençant par le sud, le côté sur lequel se livrent les plus fréquents combats, celui où les camps retranchés semblent se multiplier davantage.

A Versailles, position extrême au sud et à l'ouest, nous trouvons le quartier général des principaux chefs prussiens. Le camp de Satory abrite de nombreux régiments, dont les avant-gardes, se dirigeant vers la Seine et Paris, occupent les coteaux de Viroflay, de Sèvres, de Chaville, d'une part ; de l'autre, les bois et les parcs qui s'étendent vers Saint-Cloud. De ce premier sommet du triangle, l'on se dirige vers le Point-du-Jour, en faisant une seule fois la traversée de la Seine.

Le second grand camp prussien se développe derrière Choisy-le-Roi et jusqu'à Chennevières, au sud-ouest, et suit à peu près la boucle que forme le cours de la Marne, de Joinville et Champigny jusqu'à la Varenne et Créteil.

De nombreuses positions relient le cordon sud de l'armée prussienne.

Si nous partons de Versailles, après Viroflay et Chaville, nous rencontrons successivement Meudon et Vélizy, vis-à-vis le fort d'Issy ; le Plessy-Piquet, en face du fort de Vanves ; Bourg-la-Reine et Sceaux, opposés au fort de Montrouge. Puis l'Hay et Chevilly, théâtres de récents combats, faisant face au fort de Bicêtre.

Derrière ces deux villages, les Prussiens ont établi de nouveaux retranchements et des réserves de troupes à Fresnes et à Rungis.

Sur la ligne du fort d'Ivry, les positions ennemies sont à Thiais, Choisy-le-Roi ; là encore elles sont soutenues en arrière par des retranchements, élevés vers Athis et Villeneuve-Saint-Georges.

Enfin, contre le fort de Charenton et la ligne de défense naturelle que forme la Marne, nous trouvons les positions ennemies à Mesly, à Bonneuil, à Ormesson et au grand camp de Chennevières.

Nous le voyons, sur la plus grande partie de ce parcours les Prussiens ont doublé leurs lignes.

Depuis le combat de Châtillon, ces parages n'ont cessé d'être le théâtre principal des attaques de part et d'autre. Il faut donc reconnaître que c'est toujours le plateau étendu qui s'élève au sud de Paris — le plateau de Villejuif — dont l'ennemi veut s'assurer la possession.

Cela s'explique facilement, car sur trois côtés, la ligne des forts est à une telle distance de l'enceinte, que l'ennemi ne peut songer à une entreprise contre cette dernière sans s'être assuré des forts élevés au-devant. Une attaque multiple, dirigée à la fois sur les forts et les remparts, l'exposerait à être sûrement foudroyé dans tout le parcours de la zone intermédiaire.

Un seul front, le front sud, fait exception.

Heureusement, contre une attaque combinée, les canons des remparts peuvent atteindre l'assaillant avant même qu'il se trouve à hauteur des positions qu'il attaque.

Si nous continuons à parcourir les lignes prussiennes, nous voyons que de Chennevières à Montmoency elles sont peu menaçantes et semblent disposées urtout en vue d'assurer à l'ennemi sa ligne de retraite ers l'est.

La série des forts qui leur répondent se compose de incennes, la Faisanderie, Nogent, Rosny, Noisy, omainville.

Si maintenant nous remontons vers le nord, nous trouvons des localités opposées à Aubervilliers, au fort de l'Est et aux défenses puissantes de Saint-Denis : la Briche et la Double Couronne.

Pour achever le circuit, il nous faut enfin traverser la presqu'île que forme la Seine, d'Argenteuil à Croissy, et arriver à Louveciennes, près Versailles. A la presqu'île d'Argenteuil répond la presqu'île de Gennevilliers, avec sa redoute et le formidable Mont-Valérien.

Telles sont les deux enceintes qui se déroulent autour de nous : enceinte défensive, enceinte d'assaillants.

Ainsi, nous savions où les assiégeants étaient en nombre; nous connaissions leurs points faibles.

Paris espérait bientôt les attaquer dans leurs camps, les troubler dans leurs travaux, les forcer à des déplacements continuels, par un harcèlement incessant.

Mais, fidèle à sa tactique, le Gouvernement n'usait des sorties qu'avec une modération que quelques-uns commençaient déjà à traiter tout haut de négligence coupable. Il ne faudrait pourtant point croire que pour cela Paris manquât de rapports militaires. Tous les jours ou à peu près, durant cette période du siége, on se pressait aux mairies et à l'état-major de la place Vendôme pour entendre lire à haute voix des documents se résumant ainsi :

« Quelques obus ont été lancés ce matin par la r
doute de A. »

Ou bien :

« Quelques coups de canon ont été tirés cette nu
par le fort de B. »

L'on s'en contentait, dans l'attente d'une prochai
grande affaire. Cependant la population s'habituait
ne plus guère accorder d'attention aux détonations
l'artillerie.

« Le canon tonne dans la direction de.... »

Cette phrase était passée à l'état de cliché dans l
littérature aussi bien que dans la conversation; et so
qu'on ouvrît un journal ou qu'on rencontrât un am
c'étaient là les premiers mots qu'invariablement o
lisait ou l'on entendait.

Parfois l'on s'en allait où tonnait le canon. Mais, l
plupart du temps, de ces excursions, l'on ne rapportai
que des souvenirs auxquels les résultats de la canon
nade étaient complètement étrangers.

Je me souviens, pour ma part, d'un jour où c'étai
au tour du Mont-Valérien de gronder. Je n'avais, e
remontant l'avenue des Champs-Elysées, oublié qu'un
chose, c'est que le Mont-Valérien, ce colosse qui do
mine tout le pays environnant, frappait tantôt à droite
tantôt à gauche, et qu'à moins d'être déjà sur le
lieux, il n'était guère possible de se rendre compte de
la direction des coups.

Aussi, ne m'étonnai-je point si, pendant que le for
canonnait Brimborion et Saint-Cloud, de la place de
l'Arc-de-Triomphe une foule avide de voir fouillait
du regard, à grand renfort de télescopes et de jumelles, les hauteurs opposées de Bezons et de Sar-
trouville.

On se sentait très rassuré en jetant les yeux sur l'Arc-de Triomphe. Jusque-là, nul ne pouvait passer auprès du monument qu'a immortalisé le ciseau de Rude et d'Etex sans éprouver, malgré soi, un sentiment d'appréhension en le voyant livré, nu et sans défense, aux outrages des projectiles qui pourraient être lancés du dehors.

Mais, depuis quelques jours, de large revêtements en planches recouvraient les bas-reliefs, et entre les sculptures et le bois, un épais blindage de terre formait comme un mur dont l'épaisseur défiait la bombe.

A quelques pas, vers le haut de l'avenue de la Grande-Armée, une barricade formidable défendait les abords de la place de l'Etoile ; elle se trouvait répétée à l'entrée de chacune des avenues extérieures qui viennent rayonner sur le vaste rond-point.

A la porte de Neuilly, passage complètement libre pour les *pékins*, avec une petite restriction cependant : Naguère, quand on passait là, l'employé de l'octroi accourait faire sa visite ; c'est un factionnaire maintenant qui s'approche curieux, et sa question : « Pas de journaux ? » remplace sans trop de désavantage l'antique : « N'avez-vous rien à déclarer ? »

Là, comme à toutes les autres issues de l'enceinte, se renouvelait chaque soir un spectacle qui ne manquait pas de pittoresque.

A six heures sonnant, le poste tout entier, sous les armes, venait se ranger en arrière du fossé dans la cour palissadée.

— Trois hommes sans armes ! criait le capitaine.

Trois gardes nationaux s'avançaient et saisissaient la chaîne du pont. Les tambours battaient aux champs ;

les soldats présentaient les armes; et lentement, majestueusement, les lourds tabliers se relevaient, venant fermer les ouvertures, et les poutres des leviers se dressaient vers le ciel comme deux bras désespérés.

Paris vivait depuis quinze jours au bruit intermittent de la canonnade, comme un port de mer au bruit des vagues, lorsqu'un soir une rumeur se répandit, rapide comme une traînée de poudre. Le Bourget était à nous !

Cette rumeur était bien l'expression de la vérité.

Dans la matinée du 28 octobre, le bataillon des francs-tireurs de la Presse avait complètement surpris le village du Bourget, à peine gardé par les assiégeants. Après une fusillade d'une demi-heure à peine, ceux-ci avaient été débusqués du village, et les nôtres, auxquels étaient venus se joindre deux bataillons de mobiles, envoyés de Saint-Denis, se préparaient à le mettre en état de défense.

Deux bataillons de mobiles pour garder cette position, l'un des anneaux les plus précieux, pour l'adversaire, de la chaîne d'investissement ! Voilà ce qui n'eût pu échapper à l'appréciation du moins expérimenté ! Et cependant, ces deux bataillons, avec les francs-tireurs qui avaient exécuté la surprise, on les laissait deux jours entiers, sans renforts, sans vivres, avec quelques pièces de canon à faible portée...

Ces détails, on ne les connaissait pas encore à Paris, où tous, avec une joie d'autant plus légitime que c'était la première fois que nous surprenions l'ennemi, se contentaient de commenter à notre avantage cette phrase qui terminait orgueilleusement le rapport du général de Bellemare :

« Nous y sommes, et nous nous y tenons ! »

Pendant la journée du 29, l'aspect de la grande ville avait totalement changé. Les groupes ne chuchottaient plus, mais remplissaient les rues et les places de leur animation ; on ne s'abordait que le verbe haut et le visage triomphant ; pour un peu plus, on se fût volontiers embrassé... lorsque tout à coup une rumeur nouvelle vint jeter comme une douche d'eau glacée sur cet enthousiasme éphémère.

Un journal, dans un entrefilet encadré de noir, venait d'annoncer, comme « fait vrai, sûr et certain, » que Bazaine avait rendu Metz.

Mais la population ne pouvait pas croire. Son premier mouvement était de décréter d'infamie le rédacteur de cette funeste note, en le sommant de produire des preuves officielles de son dire. Toute la journée du lendemain se passa en un ballottement étrange des esprits, se manifestant dans toutes les conversations ; car, dans ces moments de fièvre intense, la vie privée elle-même s'absorbe dans la vie publique.

Nous avions pris le Bourget, cela était positif ; donc Metz ne pouvait être rendu, — singulière association d'idées, qui pourtant trouvait son explication dans la fourberie bien connue des Prussiens et leur désir de tuer, sous une fausse nouvelle, l'espoir que nous ouvrait notre triomphe de la veille. C'est ainsi du moins que l'*Officiel* traduisait le démenti qu'il n'osait pourtant infliger franchement au journal en question, tandis que Rochefort, encore membre du Gouvernement, et pris à partie par le *Combat*, se défendait furieusement d'avoir donné la funeste nouvelle, rejetée alors sur un autre, puis sur un troisième. Toute la journée se passa dans un choc étrange de sentiments et d'opinions contraires ; curieux motif d'études pour le philosophe qui eût pu, en de semblables conjonctures, faire encore de la philosophie.

Dans toutes ces appréciations, on se ressentait également, il faut bien le dire, des bruits d'armistice qui depuis une semaine n'avaient pas peu contribué à amollir les cœurs en faisant naître des espérances de calme momentané. A l'inverse, ceux qui acceptaient le plus facilement les mauvais présages se rappelaient, eux, la première entrevue de Jules Favre et de Bismark à Ferrières. Ils se souvenaient des déceptions qui avaient été le fruit de cette entrevue et de la longue discussion diplomatique où circulaires sur circulaires n'avaient réussi qu'à témoigner de la profonde duplicité du chancelier allemand, aussi bien que de la candeur de notre homme d'Etat.

Ils se souvenaient et auguraient mal des démarches nouvelles que le ministre des affaires étrangères réitérait à Versailles.

L'avenir, — un avenir bien proche, — devait leur donner raison.

Dans la soirée du 30, on apprenait que le Bouget avait été repris par l'ennemi. — « Ce village, disait en guise d'excuse le rapport militaire, ne fait point partie de notre système de défense. »

L'instinct des masses, plus subtil que toutes les explications officielles, n'entrevoyait qu'une chose : l'incurie sans précédent des chefs de la défense. L'agitation était grande partout ; cependant on voulait compter encore sur un retour offensif de notre part, ou tout au moins sur quelque mouvement nouveau,

Le lendemain, 31, voici ce que contenait le *Journal officiel* :

Le Gouvernement vient d'apprendre la douloureuse nouvelle de la reddition de Metz. Le maréchal Bazaine et son armée ont dû se rendre après d'héroïque efforts, que le manque de vivres et de munitions ne leur permettait plus de continuer. Ils sont prisonniers de guerre.

Le désastre était donc complet! Ce texte désolant, cette communication laconique provoquaient une indicible explosion de douleur et de rage.

L'affaire du Bourget avait irrité la population parisienne. La nouvelle de la reddition de Metz vint l'exaspérer.

Le récit des dernières tentatives de Jules Favre et l'annonce d'un armistice comblent la mesure.

Quoi! Paris seul ne se battrait pas! Après l'exemple de la province, après Strasbourg, Toul, Phalsbourg, Metz, Verdun, Bitche, Mézières, Châteaudun!

Pourquoi la province viendrait-elle alors au secours de Paris ?

Pas d'armistice! tel est le cri du cœur des Parisiens.

Des groupes se forment, on commente les nouvelles, on les transforme et on les dénature sans le vouloir. Dès le matin, une députation composée de quelques officiers de la garde nationale se rend à l'Hôtel de Ville pour demander des explications.

Reçue par M. Etienne Arago, elle s'en retourne avec

8.

la promesse que, vers deux heures, le Gouvernement fera connaître ses intentions.

A deux heures, on entend le rappel. A l'Hôtel de Ville, trois coups de feu tirés par un homme ivre ont alarmé la foule et failli produire des accidents.

Des bataillons de la garde nationale affluent de tous les côtés et débouchent sur la place. Les uns sont armés, d'autres sans armes.

On se presse. La circulation devient difficile et bientôt impossible. Les rangs sont confondus.

En somme, le moment de désarroi occasionné par les coups de feu partis sans atteindre personne, avait été fort court. Il n'avait causé sur les lieux même qu'une émotion bien vite réprimée. Mais quelques gardes nationaux, qui se trouvaient les plus éloignés du centre, et par conséquent d'autant plus disposés à s'exagérer la portée de l'incident, s'étaient éloignés en désordre.

Une vingtaine d'entre eux se mettent à fuir dans la rue du Temple, arrivent, toujours courant, jusqu'au Château d'Eau, enfilent le faubourg et parviennent ainsi jusqu'au boulevard extérieur. Là, ils rencontrent des groupes de leurs camarades qui, comme eux sans armes, se dirigent sur l'Hôtel de Ville.

— Vos fusils! vos fusils! leur crient-ils. On a tiré sur nous!

De toutes parts alors retentit le cri :

— Aux armes!

Les pelotons déjà en marche rompent leurs rangs ; on se disperse ; chacun court chez soi pour chercher son fusil; les tambours commencent à battre une générale endiablée.

Plus on monte le faubourg, plus les rumeurs prennent un caractère grave : et, pendant que devant l'Hôtel de Ville tout est rentré dans l'ordre et redevenu calme, au bas de Ménilmontant on ferme en toute hâte les boutiques, tandis que de bouche en bouche retentit ce cri sinistre :

— On se bat rue du Temple et rue de Rivoli !

Mais c'est bien pis encore à mesure qu'on gravit les hauteurs.

Les femmes, sur le seuil des portes, pleurent et se lamentent. L'une parle de son frère, l'autre de son mari.

— Ils sont blessés déjà, affirment-elles; *quelqu'un qui en vient* les a vu emporter.

Plus haut, une queue énorme se presse vers la boutique d'un boulanger. On achète du pain pour trois jours; car, paraît-il, de trois jours les magasins ne pourront pas rouvrir !

O peuple de Paris, quand donc apprendras-tu à te défier de ton premier mouvement ?

Retournons à l'Hôtel de Ville.

Des drapeaux, des pancartes énormes, dominent toutes les têtes, et l'on y lit des inscriptions diverses :

Vive la République !

Pas d'armistice !

La Commune !

Ou bien :

Vive la Commune !

Mort aux lâches !

Ou encore :

Vive la République !

La levée en masse !

Pas d'armistice !

Plusieurs membres du Gouvernement de la défense, entre autres Rochefort, paraissent devant la grille principale de l'Hôtel de Ville, dont une ou deux compagnies de mobiles gardent l'entrée.

Le général Trochu, en petite tenue, arrive à son tour et harangue la foule.

— Les gardes nationaux qui veulent sortir en masse iraient à une boucherie, dit-il ; il faut s'aguerrir d'abord et s'armer de canons ; nous allons en avoir !

Mille cris lui répondent :

— Vive Trochu ! hurlent les uns.

— A bas Trochu ! vocifèrent les autres.

Un certain tumulte règne au milieu de cette foule, mais sans désordre, sans violence...

Il est deux heures et demie.

Des mobiles, quelques gardes nationaux, mais surtout un grand nombre de gamins, ornent les croisées de l'Hôtel de Ville. La garde nationale, qui croit voir le Gouvernement aux croisées, pousse des cris que les gamins répètent; mais il est difficile de rien distinguer au milieu du tumulte.

A chaque instant on lance des feuillets de papier sur lesquels des noms sont inscrits. Les listes varient ; quelques noms surnagent au milieu du nombre. Je lis : Dorian, président ; Schœlcher, Delescluze, Ledru-Rollin, Félix Pyat, Martin Bernard.

Une personne demande si le Gouvernement est dans l'Hôtel de Ville.

— Il n'y a pas de Gouvernement, répond un assistant, puisque l'Hôtel est envahi.

Mot caractéristique !

Dans l'Hôtel de Ville, les gardes nationaux remplissent la cour, les salles, les galeries. A travers les flots pressés, il n'est pas impossible de se glisser. Les uns gémissent sur le désordre ; les autres causent, crient, répandent les plus invraisemblables nouvelles.

Je pénètre dans la pièce qui fut l'ancien cabinet du préfet. Autour d'une table se trouvent des officiers qu'on dit être des éclaireurs : mot vague. Il y a un colonel, un commandant, des officiers de la garde nationale, qui font motions sur motions.

— Il faut, dit l'un, envoyer des députations dans les forts pour s'assurer contre une trahison possible.

— Il faut, reprend un autre, demander au Gouvernement sa démission.

Un commandant se lève, et ce n'est pas chose facile, — on piétine pas mal sur le velours des fauteuils. — Il demande qu'on double les postes des remparts et veut être le premier à s'y rendre. On applaudit.

On insiste particulièrement sur la démission du Gouvernement. On va la lui demander. On revient. Le Gouvernement ne veut pas donner sa démission.

Des listes d'un nouveau pouvoir circulent dans les groupes. Tantôt les uns, tantôt les autres s'improvisent les maîtres de la situation. Il ne s'agit que de s'asseoir sur un fauteuil de l'Hôtel de Ville et de faire sa liste.

On propose l'arrestation du Gouvernement, puisqu'il ne veut pas se retirer de bonne grâce.

— C'est cela. Arrêtons-le !

Un officier s'élance pour procéder à l'arrestation.

— Monsieur, fait un bourgeois, au nom de quoi agissez-vous ?

— Au nom du peuple.

— Où l'avez-vous consulté ?

— Ah ! voilà bien... Il faut consulter ; c'est toujours la même chose.

Il s'en va, un peu ébranlé.

Un commandant vient après.

— Allons, en avant ! s'écrie-t-il.

Il entraîne les hommes de garde du côté de la salle où siége le Gouvernement.

— Monsieur, lui dit un assistant, avez-vous réfléchi à la grave responsabilité que vous allez assumer ?

— Je m'en f... pas mal !

Il continue son chemin.

On revient annoncer que le Gouvernement est arrêté.

Un mouvement se produit autour de la table. Le citoyen Blanqui vient de s'y asseoir. Il se lève et demande qu'on veuille bien évacuer la salle, afin de laisser la commission délibérer.

Quelle commission ?

On proteste timidement dans quelques groupes; mais il n'en est pas de même dans la grande salle voisine, où un homme qui vient de crier :

— Vive Blanqui !

est soudain entouré par un groupe considérable de gardes nationaux. Une clameur immense couvre sa voix.

Deux cents bras le saisissent, le poussent, l'enlèvent de terre, et si on ne lui fait pas un plus mauvais parti, c'est qu'il est seul et désarmé.

Cette dernière salle est le théâtre d'un va-et-vient indescriptible. On ne laisse plus entrer personne à la vérité, et le 106ᵉ bataillon, chargé de la garde intérieure, fait vigoureusement exécuter la consigne.

Mais il y a déjà tant de monde au dedans, qu'une confusion inévitable se produit. On s'appelle, on se cherche, on crie de tous côtés. M. Ledru-Rollin veut traverser un couloir; les factionnaires lui barrent le passage.

Deux tables chargées de plumes et d'encriers servent de rendez-vous à tous ceux qui rédigent les listes que l'on fait circuler.

A huit heures seulement le tumulte commence à s'apaiser; un peu d'ordre règne au dedans, tandis qu'à l'extérieur la place semble onduler sous une multitude qui s'agite sous la pluie, dans l'obscurité.

Dans la cour de l'Hôtel-de-Ville, plusieurs voitures stationnaient depuis les premières heures de l'après-midi : celles de MM. Garnier-Pagès, Magnin, Edmond Adam, Dorian, etc.

Un piquet de gardes nationaux et de francs-tireurs descend intimer l'ordre aux cochers de rentrer chez eux :

— Le Gouvernement est gardé à vue !

Au milieu du tumulte, cependant, des gardes nationaux du 106e ont pu pénétrer jusqu'à la pièce qui sert de prison aux membres du Gouvernement. Après une courte lutte, sans effusion de sang, ceux-ci sont délivrés et parviennent successivement à s'échapper au dehors et à regagner soit la place Vendôme, soit les ministères.

Vers deux heures du matin, les choses ont complétement changé d'aspect; le 106e a achevé de balayer l'Hôtel-de-Ville; de nombreux bataillons sous les armes forment la haie sur la place, dans la rue de Rivoli, les voies avoisinantes et jusqu'à la place de la Concorde. Le général Trochu parcourt le front de ces bataillons, et, une heure après cette revue nocturne, tout rentre dans l'ordre habituel. Au matin, Paris apprend sans trop se troubler qu'il vient de traverser deux révolutions.

Le gouvernement, lui, ne pouvait rester sous le coup de son incarcération de quelques heures. Après la tentative dont il venait d'être l'objet, il voulait retremper son autorité dans le suffrage universel. Le 1ᵉʳ novembre, de nombreuses affiches nous conviaient, pour le surlendemain, à voter par oui ou par non sur cette simple question :

Le peuple de Paris maintient-il les pouvoirs du Gouvernement de la défense nationale?

Une réaction énergique s'était manifestée déjà contre les auteurs de l'affaire du 31 octobre.

Dans l'expression du sentiment commun, chaque quartier, cependant, le jour du vote, gardait cet aspect particulier qui fait de Paris vingt villes formant une ville.

Si, par exemple, aux mairies du Louvre et de la rue de la Banque, les bulletins venaient tout naturellement et comme d'eux-mêmes tomber dans l'urne votale, déjà, à la mairie du Temple, la scène prenait un caractère différent.

C'est que, tandis que dans le premier et dans le deuxième arrondissement, patrons, employés et ouvriers, comprenant la solidarité qui confond les intérêts, arrivaient au scrutin mus par une pensée commune, le troisième arrondissement savait, d'avance, que quelques divergences se feraient jour parmi ses habitants. Aussi, dès les premiers instants on s'observait, on se scrutait, on cherchait à lire dans le regard les uns des autres, et à chaque nouveau venu la foule des votants semblait se demander : Est-ce un *oui* ou un *non* qu'il va mettre dans l'urne ?

Au quatrième, mêmes épreuves et mêmes interrogations.

Des groupes nombreux se sont formés de toutes

parts ; des apôtres du *non* et des fervents du *oui* y tentent des conversions ; chacun pérore en faveur de sa doctrine, — sans résultat possible, bien souvent, car il n'est pas rare que ceux qui composent l'auditoire aient voté déjà.

Plus loin, place du Panthéon, une scène piquante : Un adepte du *non* fait des prodiges d'éloquence pour entraîner un disciple du *oui*. L'autre le laisse dire, l'écoute patiemment, lui réplique à son tour, et si heureusement, que le convertisseur devient le converti.

La place Saint-Sulpice est houleuse ; on pourrait presque croire qu'*il y a du tirage*, comme on dit vulgairement.

Aux septième et huitième arrondissements — faubourg Saint-Germain et faubourg Saint-Honoré — la foule des votants n'est pas considérable comme ailleurs. Les nombreuses portes d'hôtels closes et les contrevents fermés en expliquent le motif. Quartiers d'absents, — le second surtout, qu'habitaient la plupart des dignitaires de l'empire.

Rue Drouot, on vote *oui* ; le gamin qui distribue les bulletins à la porte, peut à peine suffire à sa besogne. Un passant veut prendre la parole en faveur de Pyat et Blanqui. Nul ne consent à l'entendre. Il est mis en fuite par cette apostrophe énergiquement formulée :

— Eh ! va donc, commis-voyageur en Commune !

Au dixième arrondissement, au onzième et au douzième, les *communeux* ont plus de succès : aussi affluent-ils dans ces parages, — mais il n'y manque pas de contradicteurs.

— Nous la voulons comme en 93 ! s'écrie l'un de ces descendants des adversaires de la Convention.

9

— Comme en 93? réplique un ouvrier : mais rendez-nous alors les lapins de 93 ; ils demandaient ceux-là du pain et du fer. Aujourd'hui, il vous faut du vin et de la viande !

Aux Gobelins, à l'Observatoire, à Vaugirard, à Passy, aux Batignolles, chacun fait acte de citoyen avec calme et dignité.

Montmartre, La Chapelle et Ménilmontant, — dix-huitième, dix-neuvième et vingtième arrondissements, — se conduisent de façon à faire complètement oublier les... légèretés de ces jours passés. On entend, il est vrai, retentir quelques cris de : Vive la Commune ! mais ils n'empêcheront pas les *oui* de triompher, car le lendemain, la proclamation des résultats se résume ainsi :

557,995 *oui*.
62,638 *non*.

Le Gouvernement est donc maintenu à une majorité de près des neuf dixièmes de la population.

IX

La guerre de partisans et ses apôtres. — Odyssée d'un substitut. — La levée en masse. — Le décret du 13 novembre. — Joseph Prud'homme fantassin. — Nos vivandières. — Exemptions plus ou moins légales. — Où sont les jeunes? — Aux Champs-Élysées. — La petite garde. — La réserve.

En plus d'une occasion, depuis le début de cette campagne, devenue, pour notre malheur, la campagne de France, on a fait l'apologie de la guerre de partisans ; de cette guerre de pièges et d'embuscades qui se pratique à coups de surprises et d'audacieux coups de main ; qui harcèle l'ennemi la nuit, le jour, en tous lieux, à toute heure, sans lui laisser jamais un instant de répit.

Un soir de novembre, un orateur applaudi exposait dans un club cette conviction ardente, que le salut de la France était dans *la guerre de partisans*.

Le capitaine Quesnay de Beaurepaire n'était pas seulement un patriote, mais encore un apôtre à la foi véhémente.

Curieuse histoire, du reste, que celle de ce soldat improvisé, que son amour de la patrie soutient depuis trois mois au milieu des plus amères déceptions.

Substitut du procureur impérial dans une petite ville du département de la Sarthe, M. de Beaurepaire, lorsqu'arriva la nouvelle de nos désastres du mois d'août, comprit, l'un des premiers, qu'il n'était plus qu'un moyen pour la France de rétablir l'égalité dans une lutte aussi tristement commencée : grouper sous les drapeaux tous les fils du pays et marcher tous ensemble pour repousser l'invasion.

Quittant aussitôt la robe du magistrat, il revêtit la tunique militaire, et, au bout de peu de jours, il réussit à organiser une compagnie franche.

Suivi de ses compagnons, il arriva à Paris.

A Paris, on devait donner des armes aux volontaires, les pourvoir d'instruction et les diriger sur l'Est.

Mais ici commence une odyssée dont, malheureusement, le dernier chapitre ne sera pas meilleur que la préface.

Renvoyés de ministère en ministère, reniés partout, partout envisagés comme des intrus, les courageux pionniers venus pour s'enrôler dans une guerre à mort contre les Prussiens, furent incorporés... devinez dans quel corps ?

Parmi les pompiers de la Sarthe !

On se rappelle qu'à cette époque quinze mille pompiers environ avaient été appelés de province à Paris... pour être, peu après, réexpédiés de Paris en province.

Nous étions sous l'empire, et le courageux solliciteur faisait souvent antichambre chez les puissants du jour.

Hélas ! sous la République — qui le croirait ? — l'antichambre même allait lui être interdite.

Après une interminable série de déconvenues, l'ancien procureur impérial, renonçant de guerre lasse à toute initiative, s'engagea avec sa compagnie dans le régiment d'éclaireurs « Lafon-Mocquart » qui se formait à l'Élysée par voie de souscription. Il était, depuis le 8 septembre, capitaine dans le 4ᵉ bataillon.

Rien pourtant, dans ses paroles, n'accusait les déboires d'une vanité froissée.

Ce qu'il voulait, c'était, à côté des armées régulières, introduire hardiment la *nation armée*.

« Comment organiser cette armée irrégulière ? disait-il. En utilisant comme noyau les corps irréguliers qui existent, et en obtenant à l'aide de ce noyau le soulèvement général.

« Nous sommes dans Paris et autour de Paris plus de trois mille francs-tireurs, quelles que soient les dénominations multiples dont la vanité de nos chefs nous a baptisés. Nous sommes habitués au feu. Nous sommes braves. Nous sommes exclusivement destinés à faire la guerre de partisans, tant en raison de notre esprit général qu'aux termes mêmes de notre contrat d'engagement, que nul n'a le droit de biffer. Nous sommes prêts. Qu'on laisse, dans tous les corps de l'armée assiégée, des volontaires se faire inscrire sur nos contrôles et nous apporter leur expérience et leur discipline. Nous formerons ainsi, en peu de jours, une troupe de dix à douze mille hommes, honorables, dévoués et entreprenants.

« Alors et aussitôt, qu'on nous permette de quitter Paris. Cette évasion est facile ; l'investissement n'est — sur certains points — que *fictif*. Le secret de nos intentions est nécessaire ; mais nous nous chargeons de passer.

« Une fois en pays libre, les bataillons de francs-tireurs se jetteront, par un grand arc de cercle, et suivant le plan adopté, sur les flancs de l'ennemi, en éventail ; et sur ses derrières, en fer à cheval. Ils attireront immédiatement à eux toutes les compagnies de même ordre éparpillées en province ; et inaugureront aussitôt ce système de destruction incessante, qui — seul — peut affaiblir d'immenses colonnes d'invasion. »

Voilà ce que disait M. de Beaurepaire, et ce qu'il proposa au général Trochu. Après bien des pas et des démarches, il obtenait le droit de faire appel aux hommes de bonne volonté. Mais voilà que sa petite troupe formée, — 15,000 hommes environ — de nouvelles difficultés surgissaient encore. Le Gouvernement avait d'autres soucis. Il préférait, — un peu tard, — une organisation régulière et subissant la pression de l'opinion publique qui demandait la levée en masse, il venait de répondre à la nouvelle de la capitulation de Metz, par la mobilisation des gardes nationaux et la répartition en trois armées des forces militaires sous Paris.

Le 12 novembre, paraissait un décret. Les deux cent soixante-six bataillons de la garde nationale prenaient le titre de : première armée.

Quelques-uns haussaient les épaules ou esquissaient un geste de doute à la lecture de la mention dont l'arrêté du Gouvernement qualifiait les soldats-citoyens. Mais presque tout le monde se sentait *empoigné* par l'énergie que le pouvoir déployait pour la première fois ; et Joseph Prud'homme lui-même, ce type éternel de bonhomie et de naïveté, se prenait tout d'un coup pour un vrai fantassin, et offrait, avec une abnégation qu'il trouvait toute simple, son existence à la cause de la patrie.

Il est peu d'exemples, en somme, d'une organisation aussi rapidement effectuée. En trois jours, plus de *mille* compagnies de guerre se formèrent, avec leurs cadres complets d'officiers et de sous-officiers.

Un jour pour le classement des hommes par catégories. Un autre pour leur répartition dans les quatre compagnies de guerre de chacun des bataillons. Le troisième pour l'élection des officiers.

Il faut dire toutefois que, dans les compagnies de la garde nationale bien dirigées, la moitié du travail se trouvait faite d'avance. De longue main, en effet, les sergents-majors devaient avoir en leur possession les noms, prénoms, qualités, adresses, etc., des gardes de leur compagnie.

Mais tous n'étaient pas dans ce cas ; et, au dernier moment, il en résultait, en maint endroit, une hâte et une confusion d'où naissait plus d'un incident comique.

Ainsi, il est onze heures du soir.

Le capitaine de la... compagnie du... bataillon dort à poings fermés depuis une heure, lorsqu'un violent ébranlement de la porte vient interrompre les douceurs de son sommeil.

— Qui va-là ?

— De la part de l'adjudant-major... Ouvrez vite.

— Mon Dieu ! qu'y a-t-il encore ? On n'a pourtant pas battu le rappel ni la générale !

— Non, c'est pour la liste.

— Quelle liste ?

— Vous savez bien, les catégories... la liste des hommes de guerre, quoi !

— Je croyais que ce n'était que pour demain !

— Oui, pour demain matin, et à huit heures au plus tard. Nous n'avons que le temps d'envoyer aux renseignements.

Effectivement, il faut bien faire la liste et le classement; on demande dans le voisinage deux ou trois hommes de bonne volonté, réveillés par le même procédé, et voilà en campagne nos chercheurs d'informations, courant de porte en porte et mettant successivement en branle toutes les sonnettes du quartier.

— Qu'est-ce que vous voulez? demande le concierge.

— Monsieur ***

— Je suppose bien qu'il est chez lui, à une pareille heure.

— Non, ce n'est pas ça que je demande... Ce monsieur est-il marié ? Quel âge a-t-il ?

— Qu'est-ce que ça vous fait ?

Et les explications d'aller leur train jusqu'au moment où, de guerre lasse, on se décide à grimper au quatrième étage, réveiller toute la famille dont le chef est en question.

A deux heures du matin, les éléments de la fameuse liste sont prêts. La besogne finale commence et se termine au petit jour.

Incidents comiques, disais-je à l'instant ; j'avais peut-être tort.

Car, après tout, le travail était fait en temps utile, grâce au dévouement de chacun.

Il n'était pas jusqu'aux cantinières qui ne fussent jalouses d'apporter leur aide aux compagnies de guerre à peine organisées, en se disputant l'honneur de leur appartenir et de partager leurs dangers.

De leur côté, les nouveaux enrôlés ne se montraient pas trop récalcitrants. Il y eut bien, par-ci par là, quelques exceptions, dites *légales*, que l'on eût mieux fait d'appeler *illégales*, car il n'existait aucune loi sur la mobilisation des gardes citoyennes. On fut également surpris, au début, du petit nombre de jeunes gens faisant partie du nouveau contingent. Mais ce dernier fait trouvait son explication toute naturelle.

On avait oublié que la plupart avaient passé à travers les cribles successifs de la conscription et de la levée du 16 août.

Où étaient les jeunes gens ? Dans l'armée active ou dans la mobile. Ceux qui avaient déjà servi se trouvaient rappelés sous les drapeaux par la loi du 16 août 1870. Quant aux autres, pour le plus grand nombre, ils avaient passé, eux aussi, en leur temps devant le conseil de révision, qui les avait renvoyés comme incapables de faire le service.

Rien d'étonnant donc, au premier abord, à ce que, sur trente jeunes hommes, on en trouvât dix-huit ou vingt d'invalides. Et puis, nos jolis *crevés* des boulevards n'avaient pas attendu l'apparition du décret pour échapper à toute obligation de service actif. Les ambulances, l'intendance de la garde nationale, les bureaux militaires, et surtout l'état-major de la place Vendôme, leur offraient des asiles trop sûrs et des galons trop brillants pour que ces jeunes nullités n'eussent pas, depuis longtemps déjà, profité des loisirs que leur offrait l'incroyable facilité des officiers supérieurs, eux-mêmes, pour la plupart issus d'une semblable origine.

Pour tous ceux qui, sans être dans le même cas,

sollicitaient l'exemption du service dans les compagnies de guerre, on avait institué un conseil de révision spécial, sorte de tribunal dont les arrêts avaient parfois à répondre à des réclamations bien inattendues.

J'ai vu un avocat célèbre rester coi devant cette singulière objection :

— Je ne devrais même pas être de la garde sédentaire, venait de s'écrier un mécontent, et c'est déjà beaucoup que je consente à un service de remparts.

— Et pourquoi ?

— J'ai fait trois mois de prison !

En effet, certains dossiers judiciaires dispensent de droit du service civique.

Mais quittons le ministère de la justice, où siége le conseil de révision, et poussons jusqu'aux Champs-Élysées.

Là, nous assistons à un tout autre défilé.

Depuis l'année 1855 qui le vit édifier, le palais de l'Industrie n'a jamais peut-être si bien justifié sa dénomination.

Durant toute la journée, autour de cette vaste construction, ce n'est qu'un perpétuel va-et-vient de voitures, de camions chargés de marchandises de toute sorte, de vêtements, de chaussures, de tous les objets nécessités par l'habillement, l'équipement, d'une armée de cent mille hommes.

C'est là que vont se fournir de tout leur matériel les compagnies de guerre de la garde nationale.

A la porte qui fait face à la place de la Concorde, surtout, les quatre factionnaires préposés au maintien de la circulation ont grand mal à remplir leur difficile mission.

A peine une voiture a-t-elle quitté le galop pour s'engouffrer sous la voûte, qu'une autre voiture la suit. A peine un véhicule abandonne-t-il la place, qu'un autre véhicule lui succède.

Les hommes jurent, les chevaux piaffent, ruent ou se cabrent, les cailloux du macadam crient et gémissent sous les roues en mouvement, la boue rejaillit en gerbes noirâtres à droite et à gauche. Et cependant, au milieu de tout ce bruit et de ce désordre apparent, on arrive très vite à distinguer un ordre bien établi.

Vareuses, capotes, souliers, marmites, bidons, tentes, piquets façonnés, guêtres, couvertures, pantalons, ceintures de flanelle, cartouchières, fourreaux de baïonnette, képis, havre-sacs..., tout s'accumule chaque jour, par centaines et par milliers, dans les nombreuses et vastes salles du premier étage du palais de l'Industrie. Chaque soir, des montagnes d'effets s'entassent côte à côte, pour disparaître chaque matin et se renouveler en quelques heures.

Tous ces vêtements ne sont pas absolument uniformes; les nuances des diverses pièces tranchent bien parfois les unes sur les autres... Mais qu'importe, après tout? Pourvu que le soldat soit chaudement, largement et commodément vêtu, le but principal est atteint.

Après avoir renouvelé les capotes d'un grand nombre de soldats de l'armée active, après avoir pourvu de ce chaud vêtement tous nos mobiles de Paris et de la province, après avoir équipé une quarantaine de bataillons de guerre, rien d'étonnant à ce que le drap gris-bleu, classique dans notre armée, ait fini par disparaître ?

N'importe! Après le bleu-gris on a pris le bleu de roi ; après le bleu de roi on s'est adressé au bleu de ciel ; la série des bleus épuisée, on a eu recours aux verts de toutes les nuances. Après les verts sont venues les couleurs foncées, le marron, le noir, etc. Qui sait où nous nous arrêterons dans cette voie bariolée ?

Comme au régiment, avec les débris d'étoffes qui chaque jour restent sans emploi, on trouve moyen d'habiller les enfants de troupe.

Les enfants de troupe, ce sont nos enfants à nous tous, car tout se tient ici-bas, et ce que font les pères, leurs fils, en les regardant, veulent le faire comme eux. C'est bien le cas, en ce moment, de répéter le fameux : « Il n'y a plus d'enfants ! »

En effet, il n'y a plus que des soldats.

Aux Tuileries, au Luxembourg, des fantassins minuscules font l'exercice ou se livrent à la petite guerre. Le champ de bataille s'étend de la cabane des journaux au kiosque du marchand de gaufres ; les chaises forment la ligne de défense, les troncs d'arbres servent de retranchements, les taillis d'embuscades, et le sentier sablé ouvre, en cas de besoin, une voie à la retraite.

On se bat à l'arme blanche, on tente des surprises. Les attaques des tirailleurs soulèvent des nuages de poussière ; la lutte enfièvre tous les visages ; le carnage est horrible... bien qu'il n'y ait point de sang répandu.

Regardez-les marcher, ces bonshommes à l'œil vif, à la chevelure flottante ; leur visage riant s'est fait grave, leur geste capricieux a pris une rondeur toute militaire, leur démarche vagabonde s'est assujettie à des règles ; ils s'en vont marquant le pas, sérieux, tête fixe, le petit doigt sur la couture du pantalon, — un pantalon d'où parfois la chemise indiscrète s'échappe et flotte au vent, semblable à un drapeau.

Pauvres bébés! leurs joues sont encore roses, leurs yeux encore vifs et leurs petites jambes agiles; ils font toujours, eux, leurs quatre repas quotidiens, et peuvent, insoucieux, tendre deux fois leur assiette au mets préféré! Mais déjà leurs mères inquiètes commencent à envisager avec terreur les semaines qui vont suivre, et commentent anxieusement l'arrêté qui vient de mettre en réquisition le bétail conservé chez les particuliers.

Le moment critique est proche.

Les abattoirs de La Villette, de Grenelle et de Villejuif, — qui fournissent : l'un onze arrondissements, l'autre six, et le dernier trois, — n'ont plus que de quoi pourvoir Paris pendant vingt jours encore en continuant à tuer, chaque jour, comme ils le font actuellement :

        La Villette........ 115 bœufs.
        Grenelle.......... 64 —
        Villejuif.......... 35 —

Heureusement qu'on a la réserve!

A la guerre, quand les soldats ont longtemps combattu et se sentent épuisés par une lutte violente, tout bon général doit avoir sous la main des troupes nouvelles prêtes à arriver sur le champ de bataille.

L'époque n'est pas éloignée où ceux qui veillent sur nos approvisionnements devront, eux aussi, faire donner *la réserve*.

Avec cette différence, toutefois, qu'au lieu de troupes fraîches, nous aurons une réserve... salée.

Depuis un mois, en effet, il ne s'est guère passé de jour où, indépendamment des bœufs livrés à l'abattage pour la consommation, il n'ait été tué un certain nombre d'animaux uniquement destinés à grossir les approvisionnements que les magasins de la ville renferment en denrées de toutes sortes.

Les viandes, préparées et salées, sont au fur et à mesure empilées dans des barils qui s'entassent, jour par jour, dans des entrepôts annexes des abattoirs.

Je ne parle même pas des chevaux. — La chose n'est encore qu'à l'état de menace. Néanmoins, de prudentes ménagères commencent à s'émouvoir de la possibilité d'y arriver ; plus d'une, pour ménager la transition, s'essaie déjà à de timides expériences et trouve parfois des combinaisons inédites.

Paris commence à se souvenir à propos que l'investissement d'une ville comporte invariablement la phase de transformation durant laquelle les plus fougueux coursiers passent à l'état de rosbif, et qu'il n'est point de siége tant soit peu célèbre dont les historiens n'aient eu à écrire cette phrase typique autant qu'hippique.

— On mangeait les chevaux...

X

La victoire d'Orléans. — Les lignes de fer. — La bataille de Villiers. — Les voix d'airain. — Renault-l'arrière-garde. — Remuons la terre. — Les funérailles de Champigny. — L'attaque du 2 décembre. — Les pigeons de Ducrot. — Moltke et Cambronne.

Deux jours après la promulgation du décret qui mobilisait la garde nationale et donnait cent mille soldats nouveaux, non plus à la défense, mais à l'attaque; au milieu de la fièvre d'organisation à laquelle nous étions en proie, une dépêche heureuse, — la première de cette guerre néfaste, — venait mettre le comble à notre patriotique exaltation.

Aux coins des rues, devant les édifices publics, on s'étouffait littéralement pour lire, relire et relire encore l'affiche qui portait :

Gambetta à Trochu.

L'armée de la Loire, sous les ordres du général d'Aurelles de Paladines, s'est emparée hier d'Orléans après une lutte de deux jours.

Nos pertes, tant en tués qu'en blessés, n'atteignent pas 2,000 hommes ; celles de l'ennemi sont considérables. Nous avons fait plus d'un millier de prisonniers, et le nombre augmente par la poursuite.

Nous nous sommes emparés de deux canons, modèle prussien, de plus de 20 caissons de munitions attelés, et d'une grande quantité de fourgons et voitures d'approvisionnement.

La principale action s'est concentrée autour de Coulmiers, dans la journée du 9. L'élan des troupes a été remarquable, malgré le mauvais temps.

Tours, le 11 novembre 1870.

Enfin ! l'armée de la Loire venait donc d'affirmer son existence par un triomphe ! Un horizon d'espérances nouvelles s'ouvrait à tous les yeux et exaltait encore tous les courages.

Paris se sentait envahi par un immense désir de vaincre.

De ce jour commence la période la plus brillante du siège. La nouvelle de la victoire du 10 novembre semble avoir secoué définitivement la torpeur de nos chefs. Il ne se passe pas vingt-quatre heures sans qu'une tentative de notre part ne vienne, de ce côté aussi, affirmer l'existence d'une armée intérieure. Chacun oublie les privations matérielles et les fatigues de toutes sortes, en suivant d'un ardent regard les progrès de la défense.

Le 14 novembre, l'ennemi, débusqué de Champigny par les obus de la Faisanderie et les mitrailleuses en batterie à Joinville, est refoulé bien en dehors du village par les *Tirailleurs Parisiens* ayant à leur tête le capitaine Lavigne.

D'immenses approvisionnements réunis là par les Prussiens, sont anéantis du même coup. Déjà Créteil avait été occupé et fortifié par nos troupes. L'expérience du Bourget avait profité, et le **village**, barricadé et soutenu à temps, était mis promptement à l'abri d'un coup de main.

Le feu des forts ne discontinuait pas ; on sentait dans l'air qu'une lutte suprême se préparait.

De plusieurs côtés on annonçait que nos compagnies de chemins de fer travaillaient activement à réunir les matériaux nécessaires au rétablissement de la circulation sur les divers points que nous avions pu reconquérir depuis le commencement du siége.

Nous avions recouvré, dans un certain espace, la liberté de nos mouvements : c'est ainsi que la ligne de Vincennes s'avançait jusqu'à Nogent-sur-Marne, que le chemin du Nord allait être en mesure bientôt d'envoyer ses wagons jusqu'à Saint-Denis, et la voie de l'Ouest de reprendre son service jusqu'à Asnières.

Mais là ne se bornaient pas les préparatifs. On songeait déjà à l'avenir ; au moment où, délivrés de l'horrible ceinture qui nous enserrait, nous pourrions voir nos lignes ferrées rayonner dans toutes les directions.

Ce n'était pas une mince entreprise ; on s'en apercevait aisément en pensant à tout ce que l'approche de l'ennemi nous avait coûté de lignes coupées, de rails enlevés, de ponts sautés, de tunnels détruits, de remblais abattus, de matériel perdu.

De toutes nos voies ferrées, le chemin de fer de ceinture seul avait continué son service. Limité à l'intérieur de Paris, il n'avait nécessité que quelques précautions en vue de la sécurité des voyageurs, particulièrement aux courbes, où les trains, circulant à découvert, pouvaient se trouver en butte aux entreprises de l'ennemi.

On avait, en quelques endroits, élevé le niveau des tranchées ; en quelques autres, muré des espaces trop vides ; ailleurs, fortifié des ponts ou des passages à niveau, et, grâce à ces mesures de sauvegarde, Paris, accoutumé à voyager en chemin de fer, conservait du moins un prétexte pour donner libre cours à son goût pour les voyages.

Pour toutes les autres voies, il était impossible de faire faire un tour de roues en dehors de Paris à une locomotive, avant d'avoir préludé à cette sortie par la démolition des murailles percées de meurtrières qui interrompaient brusquement les lignes, à la rencontre des fortifications.

Aussi, à la vue des ouvriers qui, sur quelques points, commençaient à entamer la maçonnerie à coups de pioche, se disait-on volontiers :

— C'est pour bientôt !

Effectivement, dès le 25, les grandes voies parisiennes étaient sillonnées de convois militaires. Pendant trois jours, les pavés de la rue Lafayette et le macadam des boulevards ne cessèrent de trembler sous les trépidations des charrois d'artillerie et des voitures de munitions. C'était un défilé continuel de troupes, de canons, de véhicules mis en réquisition pour le service des vivres ou le transport des blessés.

Pendant la nuit du 29 au 30, le feu de nos pièces commença sur tout le périmètre extérieur.

Jamais, peut-être, depuis le jour où, pour la première fois, l'artillerie exerça dans le monde ses terribles ravages, jamais oreilles humaines n'entendirent une canonnade pareille à celle qui, durant cette nuit et la journée suivante, tint Paris en émoi.

Dix huit heures de suite, dans toutes les directions : au nord, au sud, à l'ouest et à l'est, l'air ne cessa de retentir du bruit sourd et continu que jetaient vers l'espace les milliers de pièces que la défense avait accumulées autour de nous.

C'est la nuit surtout, lorsqu'au milieu du silence s'élève cette clameur formidable du canon grondant au loin, c'est la nuit que ceux qui entendent se sentent pris du plus vif saisissement.

Que de fenêtres on vit s'éclairer soudain le long des murailles obscures! Que d'insomnies, que de longues heures d'angoisses! Que de terreur et — aussi — que d'espérances!

Combien de femmes, se jetant à genoux, les yeux mouillés de pleurs, les mains levées au ciel, priaient le Dieu des armées en implorant une victoire!

C'était un spectacle terrible et splendide à la fois que cette immense illumination de la ligne entière des forts; tous les points de l'horizon, sillonnés tour à tour de jets de flamme suivis chacun d'une sourde détonation, semblaient les anneaux étincelants d'une gigantesque chaîne de feu.

Paris, de tous les côtés de sa puissante ceinture défensive, vomissait les obus et les bombes. Le jour, un jour à la fois radieux et glacial, se leva sans que la canonnade eût discontinué un seul instant... « Soleil d'Austerlitz, » disait-on malgré soi en regardant l'astre qui, dès le matin, inondait la grande ville de ses rayons éclatants mais sans chaleur. Et l'on écoutait, au milieu des coups répétés de l'artillerie, répercutés par mille échos, entre deux bouffées du vent qui apportait jusqu'au centre de la ville le roulement des mitrailleuses; on écoutait fiévreusement la lecture des proclamations de Trochu et de Ducrot, placardées sur deux affiches jumelles :

Citoyens de Paris,

Soldats de la garde nationale et de l'armée,

La politique d'envahissement et de conquête entend achever son œuvre. Elle introduit en Europe et prétend fonder en France le droit de la force. L'Europe peut subir cet outrage en silence, mais la France veut combattre, et nos frères nous appellent au dehors pour la lutte suprême.

Après tant de sang versé, le sang va couler de nouveau. Que la responsabilité en retombe sur ceux dont la détestable ambition foule aux pieds les lois de la civilisation moderne et de la justice. Mettant notre confiance en Dieu, marchons en avant pour la patrie.

Général Trochu.

Soldats de la deuxième armée de Paris,

Le moment est venu de rompre le cercle de fer qui nous enserre depuis trop longtemps et menace de nous étouffer dans une lente et douloureuse agonie ! A vous est dévolu l'honneur de tenter cette grande entreprise : vous vous en montrerez dignes, j'en ai la certitude.

Sans doute, nos débuts seront difficiles; nous aurons à surmonter de sérieux obstacles; il faut les envisager avec calme et résolution, sans exagération comme sans faiblesse.

La vérité, la voici : dès nos premiers pas, touchant nos avant-postes, nous trouverons d'implacables ennemis, rendus audacieux et confiants par de trop nombreux succès. Il y aura donc là à faire un vigoureux effort, mais il n'est pas au-dessus de vos forces : pour préparer votre action, la prévoyance de celui qui nous commande en chef a accumulé plus de 400 bouches à feu, dont deux tiers au moins du plus gros calibre ; aucun obstacle matériel ne saurait y résister, et pour vous élancer dans cette trouée, vous serez plus de 150,000, tous bien armés, bien équipés, abondamment pourvus de munitions, et, j'en a l'espoir, tous animés d'une ardeur irrésistible.

Vainqueurs dans cette première période de la lutte, votre succès est assuré, car l'ennemi a envoyé sur le bords de la Loire ses plus nombreux et ses meilleurs soldats ; les efforts héroïques et heureux de nos frères les y retiennent.

Courage donc et confiance ! Songez que, dans cette lutte suprême, nous combattrons pour notre honneur, pour notre liberté, pour le salut de notre chère et malheureuse patrie et, si ce mobile n'est pas suffisant pour enflammer vos cœurs, pensez à vos champs dévastés, à vos familles ruinées, à vos sœurs, à vos femmes, à vos mères désolées.

Puisse cette pensée vous faire partager la soif de vengeance, la sourde rage qui m'animent, et vous inspirer le mépris du danger.

Pour moi, j'y suis résolu, j'en fais le serment devant vous, devant la nation tout entière : je ne rentrerai dans Paris que mort ou victorieux ; vous pourrez me voir tomber, mais vous ne me verrez pas reculer. Alors, ne vous arrêtez pas, mais vengez-moi.

En avant donc ! en avant, et que Dieu nous protége !

GÉNÉRAL DUCROT.

A la lecture de cet appel entraînant, dont chaque phrase sonnait la charge, le sang se brûlait dans nos veines. Un souffle de victoire passait sur nos têtes, en même temps qu'un invincible désir de savoir, de suivre les péripéties de la lutte, d'en deviner l'issue, nous envahissait. Bientôt cent mille Parisiens gravissaient à la file les cimes escarpées des buttes Chaumont, de Montmartre ou du Trocadéro, et fouillaient, d'un regard scrutateur, les profondeurs de l'horizon.

On n'apercevait rien, pourtant, de ce qui se passait

derrière l'épais nuage de fumée qui enveloppait les forts.

On n'apercevait rien, — mais on entendait, en revanche ; et ce qu'on entendait était réellement formidable.

Dans ce vaste concert où se mêlaient à la fois le bruit des canons, des mortiers, des obus fendant l'air, des bombes éclatant avec rage, des mitrailleuses roulant leurs trilles meurtriers, des fusées cinglant l'espace ; il semblait qu'une harmonie étrange unissait toutes les voix, et que chaque son était comme la note d'une monstrueuse partition...

De la place où j'étais, j'évoquais des souvenirs bizarres, dans lesquels, aux retentissements des pièces à feu, venaient se mêler les noms dont Paris avait voulu baptiser ses canons.

Un son lent, prolongé, vibrant et soutenu venait de me frapper.

— C'est la *Populace*, me disais-je, la *Populace* qui représente, sou à sou, l'offrande des plus pauvres dont on est parvenu à faire un canon.

Un bruit sourd, étouffé, pareil à un râle m'arriva, porté par le vent,

— Celui-là, pensai-je aussitôt, c'est *Châteaudun!* *Châteaudun* lançant son cri de rage et de désespoir ; le canon redisant l'agonie de la ville et s'ébranlant pour la venger !

Un éclat strident et plein de violence retentit soudain au levant.

— C'est le *Châtiment*, m'écriai-je !

Le *Châtiment* frappera la barbarie prussienne ; il brisera la vanité indomptable de ce vieux monarque affolé de la couronne impériale ; il domptera l'ambition de ce ministre sans foi pour qui l'intrigue et l'espionnage ont remplacé le courage et la loyauté.

Mais voici un son moins violent ; il éclate comme un bruit de voix strident et narquois, qui s'éteindrait dans un cri de colère étouffé...

Je devine la *Chanson française*.

Tour à tour triste et joyeuse, tendre, patriotique ou sublime, elle retentit, la chanson française, survivant à tous nos malheurs, — car on peut dire du peuple de France ce qu'un vers célèbre a dit du poète.

Quand il ne chante plus, il meurt !

Boum ! nouveau bruit formidable, pareil à la tempête qui déchire les nues...

— Ton nom ?

— *Victoire*.

Boum !

— Et toi ?

— *Délivrance*.

Je vous connais tous deux ; Paris vous a donnés à la France ; puisse la France vous rendre à Paris affranchi et triomphant !

Boum ! boum ! Un autre encore.

Je te reconnais, toi aussi...

Ton nom est *Vengeance*, et le bronze dont tu es fait, c'est notre haine à tous, monnayée et jetée dans le fond d'un creuset.

Cependant le bruit devient moins intense. En même temps que les premières ombres du crépuscule descendaient sur Paris et semblaient éloigner davantage de nous le théâtre de la lutte, le silence se faisait peu à peu. La canonnade ne s'entendait plus que par intermittences. Le combat durait-il encore ? Nos soldats reculaient-ils ou avaient-ils définitivement refoulé l'ennemi ?

Voici, en réponse à ces questions, la dépêche qu'adressait au Gouvernement le général Trochu :

> La droite a gardé les positions qu'elle avait brillamment conquises. La gauche, après avoir un peu fléchi, a tenu ferme et l'ennemi, dont les pertes sont considérables, a été obligé de se replier en arrière des crêtes. La situation est bonne.
>
> L'artillerie, aux ordres du général Frébault, a magnifiquement combattu. Si l'on avait dit, il y a un mois qu'une armée se formait à Paris, capable de passer une rivière difficile en face de l'ennemi, de pousser devant elle l'armée prussienne retranchée sur des hauteurs, personne n'en aurait rien cru.
>
> . . . .
>
> Je passe la nuit sur le lieu de l'action qui continuera demain.

Comment nos forces avaient-elles été engagées ?

Dès le 28 au soir, les opérations extérieures avaient commencé.

A l'est, le plateau d'Avron était occupé à huit heures par les marins de l'amiral Saisset, soutenus par la division d'Hugues ; une artillerie nombreuse de pièces à longue portée était installée sur ce plateau, menaçant au loin les positions de l'ennemi et les routes suivies par ses convois à Gagny, à Chelles et à Gournay.

Depuis longtemps déjà, la position avait été reconnue ; des officiers de l'état major et du génie avaient arrêté d'avance la direction la plus avantageuse à donner aux retranchements; ils avaient cherché les points d'où le terrain d'alentour se trouvait démasqué sur la plus large surface, les emplacements d'où les batteries auraient l'action la plus décisive sur les approches.

Aussi, à mesure qu'arrivaient les bataillons chargés de défendre la position, n'avait-on besoin que d'un rapide coup d'œil pour passer à l'exécution des plans déjà élaborés dans leur ensemble. Quelques soldats, conduits par les officiers du génie, servaient de jalonneurs et eurent bientôt achevé, à l'aide de simples piquets enfoncés en terre, de marquer toutes les lignes, tous les changements de direction, tous les angles.

Quand, après la tombée de la nuit, la colonne arriva, les bataillons devant rester en première ligne furent déployés un peu en arrière et dans les directions générales des retranchements que l'on achevait de jalonner.

Les faisceaux se formèrent ; l'ouvrage commença dans le plus grand silence ; en peu de temps, nos soldats s'étaient couverts des vues et des coups de l'adversaire par des retranchements.

Retranchements des plus simples, il est vrai.

Sous leur pioche active, un simple bourrelet de terre, d'un mètre de hauteur environ, s'était élevé rapidement, entre deux excavations larges et peu profondes, — un pied à peine, — dont la pelle ramassait incessamment les déblais pour les rejeter au milieu.

Afin d'apporter encore plus d'ordre, et de promptitude à la fois, à l'exécution du travail, chaque compagnie se séparait en deux lignes. Le premier rang, faisant quelques pas en avant, creusait l'excavation la plus extérieure. Le second rang, resté en place, creusait la tranchée du dedans.

Le premier rang rejetant les déblais en arrière, le deuxième en avant, le bourrelet formé par les mottes de terre amoncelées arrivait promptement à acquérir les dimensions indispensables pour couvrir les défenseurs de la position.

Au petit jour, tandis qu'on achevait, sur le plateau d'Avron, d'installer les batteries, le général de Beaufort complétait les opérations de l'ouest en dirigeant une reconnaissance sur Buzenval et les hauteurs de la Malmaison, tout en restant sur sa droite relié devant Bezons aux troupes du général de Liniers, qui opéraient dans la presqu'île de Gennevillers.

Le 29, au point du jour, les troupes de la 3ᵉ armée, aux ordres du général Vinoy, effectuaient une sortie sur Thiais, l'Hay et Choisy-le-Roi ; le feu des forts était dirigé sur les divers points signalés comme servant au rassemblement des troupes de l'ennemi.

Des mouvements exécutés depuis deux jours avaient réuni les trois corps de la 2ᵉ armée aux ordres du général Ducrot sur les bords de la Marne.

Le 30 novembre, dès l'aube, des ponts préparés hors des vues de l'ennemi se trouvaient jetés sur la Marne, sous Nogent et Joinville, et les deux premiers corps de la 3ᵉ armée, conduits par les généraux Blanchard et Renault, exécutaient rapidement, avec toute leur artillerie, le passage de la rivière.

A neuf heures, ces deux corps d'armée attaquaient le village de Champigny, le bois du Plant et les premiers échelons du plateau de Villiers. A onze heures, toutes ces positions étaient prises, et les travaux de retranchement déjà commencés par les troupes placées en seconde ligne, lorsque l'ennemi fit un vigoureux effort en avant, soutenu par de nouvelles batteries d'artillerie. Nos troupes fléchirent un moment, écrasées sous une pluie de fer ; les pièces prussiennes établies à Chennevières et à Cœuilly refoulaient les colonnes du 1ᵉʳ corps, tandis que de nombreuses troupes d'infanterie, descendant des retranchements de Villiers, chargeaient les troupes du général Renault. Ce furent alors les énergiques efforts de l'artillerie, conduite par nos généraux Frébault et Boissonnet, qui permirent d'arrêter la marche offensive que prenait l'ennemi.

Ramenés vigoureusement et enlevés à la baïonnette par leurs chefs, nos soldats reprirent vite la position. Mais à quel prix! Au milieu de cette effroyable tuerie, à peine avait-on vu tomber le brave Renault, — Renault-l'arrière-garde, — comme l'appelaient ses vieux camarades d'Afrique.

Ce général devait, quelques jours après, avec l'héroïque Franchetti, succomber à sa blessure.

Cependant, le 3ᵉ corps, sous les ordres de d'Exéa, s'était avancé dans la vallée de la Marne jusqu'à Neuilly-sur-Marne et Ville-Evrard. Des ponts avaient été jetés au Petit-Bry, et Bry-sur-Marne était attaqué et occupé par la division Bellemare. Son mouvement, retardé par le passage de la rivière, se prolongea au delà du village jusqu'aux pentes du plateau de Villiers, et les efforts de ses colonnes vinrent concourir à la prise de possession des crêtes.

Le soir, nos feux de bivouacs s'étendaient sur tous les coteaux de la rive gauche de la Marne.

Ce même jour, 30 novembre, la division Susbielle, avec une réserve de trente-trois bataillons de marche de la garde nationale, s'était portée en avant de Créteil, et avait enlevé à l'ennemi les positions de Mesly et Montmesly, qu'elle devait occuper jusqu'au soir. Cette diversion, sur la droite des opérations de la 2ᵉ armée, était soutenue par de nouvelles sorties opérées sur la rive gauche de la Seine, vers Choisy-le-Roi et Thiais, par les troupes du général Vinoy.

Au nord, l'amiral La Roncière, soutenu par l'artillerie de nos forts, avait occupé, dans la plaine d'Aubervilliers, Drancy et la ferme de Groslay ; de fortes colonnes ennemies avaient été ainsi attirées sur les bords du ruisseau la Morée, en arrière du pont Iblon. Vers deux heures, l'amiral traversa Saint-Denis et se portant de sa personne à la tête de nouvelles troupes, dirigeait l'attaque d'Epinay que nos soldats, soutenus par des batteries de la presqu'île de Gennevilliers, occupaient avec succès. Là, soixante-douze prisonniers, des munitions, et deux pièces d'artillerie, restèrent entre nos mains.

Et la trouée ?
La trouée n'était point faite. C'était jusqu'à Chelles qu'il fallait aller percer les lignes ennemies, et, nous l'avons vu, nos généraux s'étaient arrêtés à la Ville-Evrard !
L'occasion était manquée.
L'adversaire, prévenu, concentrait ses troupes sur les crêtes et dans les bois qui lui étaient restés. Notre position n'était plus que défensive.

Cependant, pour la première fois, depuis Wissembourg, les Prussiens, vaincus et repoussés, nous laissaient la triste satisfaction de compter leurs morts, avec le soin de les ensevelir.

C'est pendant la nuit que les frères, assistés de quelques infirmiers des ambulances de la presse et d'un certain nombre de soldats, durent procéder à cette lugubre opération.

La scène était saisissante ; la plaine, revêtue d'une épaisse couche de neige, apparaissait çà et là pointillée de taches noires,— des cadavres, — autour desquelles la blancheur de ce linceuil commun semblait refléter moins vivement les rayons de la lune. Le sang, en s'échappant de tant de blessures, avait en effet commencé à fondre la neige tout autour des cadavres, leur creusant ainsi comme une sépulture des premiers instants.

Sur ce sol où gisaient, mêlés les uns aux autres, les corps de nos soldats et de leurs adversaires, erraient les fossoyeurs... A chaque instant on voyait s'incliner vers la terre la longue et sombre silhouette d'un frère; puis elle se relevait comme doublée d'une autre silhouette, et, à entendre glisser sans bruit les deux hommes, on ne savait si le vivant portait entre ses bras le mort ou si le mort entraînait le vivant...

Quelques soldats avaient creusé, en peu d'heures, une large fosse, où les frères descendaient un à un les cadavres, non sans avoir recherché avec soin les papiers qui pouvaient servir à les désigner, ou même les vêtements que les trous de balles ou les déchirures, produites par l'obus, avaient laissés encore mettables... N'était-il pas des vivants qui avaient presqu'aussi froid que ces morts ?

*

Le 1ᵉʳ décembre se passa sans combat. Mais le lendemain, à l'aube, l'ennemi attaquait les positions du général Ducrot avec la plus grande violence, en se développant, par une manœuvre rapide, depuis Champigny jusqu'à Bry-sur-Marne.

Soutenues par un ensemble d'artillerie considérable, nos troupes, malgré les pertes qu'elles avaient à subir, opposèrent la plus solide résistance. La lutte fut longue et terrible. Nos batteries arrêtèrent les colonnes prussiennes sur le plateau, et, dès onze heures, les efforts de l'ennemi étaient entièrement vaincus.

Nous avions gagné encore une bataille, — victoire défensive dont le seul avantage, pour nous, était de permettre à l'armée d'effectuer sa retraite sans être inquiétée.

Le 3 décembre, cent mille hommes repassaient la Marne, laissant les Prussiens, cette fois, relever leurs morts.

Le plateau d'Avron nous restait ; maigre conquête pour un général parti avec l'idée de reprendre la France. Car, quoi qu'on en ait dit plus tard sur le véritable but de la bataille de Villers, c'était bien pour rompre le cordon d'investissement et aller tenir la campagne en province que le général Ducrot avait pris le commandement. Si sa proclamation n'en faisait suffisamment foi, il suffirait de raconter comment, avant de se mettre en route, il s'était assuré d'avance l'aide des précieux messagers du Gouvernement, — les pigeons du colombier Derouard.

On n'emporte pas de pigeons-voyageurs pour envoyer des nouvelles d'Avron à Paris !

Nos troupes rentrées dans Vincennes et Nogent, il ne nous restait plus qu'une désillusion à subir.

Elle ne tarda pas à nous arriver sous cette forme laconique :

Versailles, ce 5 décembre 1870.

Il pourrait être utile d'informer Votre Excellence que l'armée de la Loire a été défaite hier près d'Orléans et que cette ville est réoccupée par les troupes allemandes.

Si toutefois Votre Excellence juge à propos de s'en convaincre par un de ses officiers, je ne manquerai pas de le munir d'un sauf-conduit pour aller et venir.

Agréez, mon général, l'expression de la haute considération avec laquelle j'ai l'honneur d'être votre très humble et très obéissant serviteur.

Le chef d'état-major,
Comte DE MOLTKE.

Communication à laquelle le gouverneur s'empressait de répondre :

Paris, ce 6 décembre 1870.

Votre Excellence a pensé qu'il pourrait être utile de m'informer que l'armée de la Loire a été défaite près d'Orléans, et que cette ville a été réoccupée par les troupes allemandes.

J'ai l'honneur de vous accuser réception de cette communication, que je ne crois pas devoir faire vérifier par les moyens que Votre Excellence m'indique.

Agréez, mon général, l'expression de la haute considération avec laquelle j'ai l'honneur d'être votre très humble et très obéissant serviteur.

Le gouverneur de Paris,
Général TROCHU.

Cette variante académique du mot de Cambronne eut le privilége, pour quelques jours, de dérider le front des Parisiens.

On n'osait cependant douter de la reprise d'Orléans par l'ennemi.

XI

Révolutions culinaires. — Jadis et aujourd'hui. La gastronomie platonique. — Encore la gélatine. — Le bonhomme La Fontaine. — Hippophagie et résignation. — Le chapitre XXXV. — Nos amies les bêtes. — Les cultures forcées. — MM. Joigneaux, Laizier et Fromentin. — Les cartes de boucherie. — Riz, paille et vin. — Les philosophes. — De la poudre et du pain!

Mais, au milieu de tant d'épreuves, Paris n'a pas un instant perdu la douce philosophie dont il s'est fait une égide protectrice. Il ne faut rien moins que cette inaltérable fermeté des esprits pour soutenir les corps, voués à un régime qui, vers le milieu de décembre, frise déjà le pittoresque le plus échevelé.

L'heure a sonné, en effet, où un moderne Vatel, un Brillat-Savarin ou le baron Brisse lui-même, trouverait place pour une série de recettes qu'aucun manuel culinaire ne semble avoir prévues encore.

Comme nous voilà loin de l'abondance des premiers jours !

Nos parcs alors regorgeaient de bétail, et il n'était pas rare même de rencontrer, sur nos boulevards et dans nos squares, des habitants des environs, traînant derrière eux, comme Noé au sortir de l'arche, les spécimens les plus divers de l'étable et de la basse-cour. On voyait quelquefois, près de l'Arc de Triomphe, tel digne campagnard admirant le bas-relief de Rude, tandis qu'auprès de lui une vache, le licol passé entre les cornes, ruminait mélancoliquement un restant d'herbe ou de foin. Le réfugié de la banlieue qui sortait de chez lui pour se rafraîchir au cabaret, s'en allait volontiers, par la même occasion, faire boire un coup dans la Seine à son baudet ou à son bœuf.

Plus rien de semblable aujourd'hui ; mais, en revanche, une quantité incalculable de chiens perdus. Les uns, abandonnés par leurs maîtres lors du départ de ceux-ci pour des régions plus tranquilles, vagabondent par la ville sans y être inquiétés, mais n'ont plus même, hélas ! la ressource du tas d'ordures !

D'autres, plus audacieux, vont jusqu'aux avant-postes, où ils sont sûrs de trouver bon accueil de la part de nos troupiers. Et c'est un curieux spectacle, à la fois comique et touchant, que de voir accourir vers les portes de Paris, à l'heure de la retraite, ces bandes d'animaux essoufflés et fourbus.

Il est évident que, pour l'instant, les établissements qu'on nomme *boucheries* usurpent complètement leur titre. Au lieu des chairs saignantes que nous avions coutume d'y voir, les étaux n'offrent plus à nos regards que des morues salées, du lard, salé encore, des viandes incolores, de plus en plus salées.

L'administration, certes, fait du mieux qu'elle peut pour nous permettre de tirer, de ces éléments nutritifs, le parti le plus avantageux possible. Elle a soin de nous dire de quelle façon il faut traiter la viande salée avant de l'appliquer aux divers usages domestiques. Mais combien il eût été plus heureux pour nous de voir surgir du nouvel état de choses quelque moyen pratique de varier un peu ce menu quotidien !

Des journaux qui, d'ordinaire, passent pour graves, nous ouvrent, il est vrai, des horizons bien alléchants !

C'est ainsi que l'un d'eux a annoncé, entre autres, qu'il allait être procédé dans les mairies à une large distribution de fromage...

Du fromage !... Grand émoi dans notre Landerneau.

Hélas ! informations prises, ce fromage-là n'a jamais existé que dans l'imagination d'un nouvelliste aux abois.

La nouvelle, du reste, avait à bien des gens paru invraisemblable. On ne se figurait que difficilement MM. les magistrats municipaux ceignant l'écharpe tricolore pour se livrer, devant le peuple, à la propagande du roquefort ou des petits bordons. Sans compter combien de méprises eussent pu résulter de ce pouvoir nouveau conféré de la sorte aux fonctionnaires publics...

Une famille se serait présentée à la mairie. Comment discerner nettement le but de sa démarche ? On ne saurait nier que quelques quiproquos ne s'en fussent suivis. Voyez-vous d'ici l'employé à l'état-civil demandant à la demoiselle :

— Est-ce pour du gruyère ou pour un mariage ?

On se résigne donc, et même nul ne songe à marcher sur les traces de ce brave garçon qui, chaque jour, absorbe sa portion de pitance, en face d'un poulet et d'un ananas en carton placés sur sa table, où ces accessoires de théâtre servent à entretenir une illusion mensongère.

Illusion dont la réalité est coûteuse ! Il suffît, pour s'en convaincre, de voir la quantité de spectateurs qui, devant la porte des pâtissiers en renom, où quelques volatiles plumés montrent leurs maigres carcasses, font queue comme jadis à la vitrine de Goupil. On admire une oie ou un pigeon comme autrefois on admirait un tableau d'Ingres ou un dessin de Doré. Devant un canard, on tombe en pamoison. Et l'on demeure volontiers en extase, pour peu que la volaille soit une dinde !

J'ai vu un acheteur marchander un lapin. Déjà il se régalait en rêve d'une gibelotte de haut goût. Mais le marchand voulait quarante francs de sa bête.

— Quarante francs ! y songez-vous ? fait le chaland.

— Monsieur, je n'en puis rien rabattre.

— Mais c'est une folie ! quarante francs un lapin !

— Ah ! reprend le marchand, je ne vous ai pas tout dit : ce lapin-ci joue du tambour !

Après les lapins qui jouent du tambour, on consommera les ânes savants, et plus d'un montreur de bêtes, à qui la guerre fait des loisirs, en est réduit déjà à manger son phénomène.

Où êtes-vous, jours fortunés du beefsteak sur le gril et du gigot à l'ail ? Qu'êtes-vous devenus, temps heureux où le filet rôti était autre chose qu'un rêve, et où, sans être traité d'ambitieux, on osait aspirer à régner sur une côtelette de mouton ? O chimères ! ô songes évanouis ! Le veau à deux têtes, alors, pouvait, avec quelque droit, passer pour une bête curieuse. Quelle bête curieuse, aujourd'hui, qu'un veau, — même avec une seule tête ! Car, il ne faut point se le dissimuler, nous en sommes réduits à la tête de veau... artificielle.

Dire le nombre de déceptions qu'a accasionnées cette imitation, d'ailleurs admirablement exécutée, serait chose impossible.

On entre chez le marchand, on achète, on retourne chez soi en confiant à sa ménagère, avec mille recommandations, le rare et précieux comestible ; à l'heure du dîner, on se pourlèche d'avance et l'on savoure par anticipation les douceurs d'un mets plein de charmes ; l'heureux instant arrive enfin ; on découvre la casserole, on y plonge une cuiller... Plus rien ! si ce n'est cependant une sauce gluante et noirâtre. De tête, plus une ombre ! de veau, pas de vestige ! Ce produit factice d'une combinaison plus chimique qu'honnête, s'est dissipé, évanoui, vaporisé, fondu ; la tête de veau était tout simplement faite de gélatine, de cette fameuse gélatine qu'on ne supposait guère devoir prendre un rang aussi sérieux dans notre alimentation, lorsqu'à son origine on la chansonnait par des quatrains du goût de celui-ci :

> L'inventeur de la gélatine,
> A la chair préférant les os,
> Veut désormais que chacun dîne
> Avec un jeu de dominos.

Bref, si le bonhomme La Fontaine revenait donner au monde une édition nouvelle de *la grenouille qui veut se faire aussi grosse que le bœuf*, il rencontrerait la grenouille, peut-être : toutes ne sont pas encore mangées... Mais, où trouverait-il le bœuf ? Où prendrait-il l'agneau qu'il nous montre, en ses fables, se désaltérant « dans le courant d'une onde pure » ?

Sous l'empire de ces réflexions, je me surpris, un matin, feuilletant avec une anxiété croissant à chaque page, le livre où ma cuisinière puisait jadis ses inspirations quotidiennes.

Pigeons aux petits pois... émincés de dindonneaux... cochons de lait à la broche... tous ces titres se succédaient sous mes yeux, en même temps que, par une sorte de miroitement étrange, il me semblait apercevoir les succulentes victuailles, fumant sur ma table, entre le riz et les haricots secs.

Mais j'oubliais de dire par quel concours de circonstances se trouvait entre mes mains le livre de mademoiselle Catherine, — le *cordon-bleu* dont l'œuvre illustrée sert de catéchisme aux cuisinières dans l'embarras.

Ma bonne était venue à moi toute soucieuse.

— Monsieur, je suis à bout. Faites le dîner vous-même si vous voulez, mais je ne m'en charge plus.

— Et pourquoi cela ?

— Monsieur, il y a encore dans la maison du riz, des haricots et des pois chiches ; voilà une heure que je cherche un dîner dans le livre, mais je crois qu'on trouverait plutôt un pot-au-feu chez le boucher après quatre heures du soir !

— Allons, voyons.

Et j'avais pris le livre où bientôt, malgré moi, mes yeux s'égaraient sur des titres prestigieux.

Façon d'accommoder les asperges... il est trop tard ; assaisonnement de la langouste... trop tôt ; macédoines de volaille.. ce n'est pas encore ça.

Et ainsi jusqu'au chapitre trente-quatre et dernier.

Évidemment il y avait une lacune. Il manquait un chapitre trente-cinq, à l'usage des villes assiégées.

Pourquoi, me disais-je, n'écrirait-on pas ce chapitre-là ?

J'en étais précisément à ce point de mes réflexions, lorsqu'entra fort à propos mon ami B..., un ancien zouave d'Afrique, devenu capitaine d'une compagnie d'éclaireurs.

— On ne saurait mieux arriver, m'écriai-je, c'est le ciel qui t'envoie pour collaborateur à mademoiselle Catherine ! Veux-tu gagner beaucoup d'argent ?

— Hein ?

— Oh ! il s'agirait de bien peu de chose ; un chapitre de circonstance à faire imprimer.

— Diable ! c'est que je n'ai jamais fait dans ma vie que la moitié du premier couplet d'une complainte, — et encore j'étais aidé.

— Je ne te demande qu'un peu de simple prose. Voici un traité — de cuisine — fort bien entendu, mais dont les chapitres sont d'une application quelque peu problématique dans les circonstances présentes, où les petits pois, les langoustes et le cochon de lait ne sont plus pour nous que des souvenirs, — ou des espérances.

— Et alors ?

— Alors, il me semble que le livre réclame impérieusement un appendice dont l'impression doublerait pour le moins sa valeur.

— Ah ! ça, tu te moques de moi. Dirait-on pas que les vivres manquent ? Mais, mon cher, Paris regorge de nourriture.

Et, comme je le regardais ébahi :

— Certainement, Paris regorge, — j'en sais quelque chose, moi qui viens de le traverser dans toute sa largeur. Il n'y a que l'embarras du choix. Rue Rochechouart, on trouve du chien ; boulevard de la Chapelle, du chat; et tout à l'heure je sors de chez une marchande qui m'offrait presque pour rien deux mulots magnifiques et la moitié d'une chauve-souris. J'ai même vu, rue de Rome, cette invitation sardanapalesque au-dessus de la porte d'un restaurant :

VIN A DIX-HUIT SOUS

ET EAU-DESSUS

Rosse beef

Rat gout de mouton.

— Là! nous voilà au cœur de la question. Mais ces chiens, ces chats et ces rats, qui donc apprendra aux Parisiens à les apprécier à leur juste valeur? Qui leur montrera à les baigner dans des sauces dignes de la chair que tu trouves si exquise? Tu ne sais donc pas que c'est à peine si le cheval, ce dédaigné d'autrefois, commence à apparaître sur nos tables? Et Dieu sait combien peu de ménages savent se servir proprement de la viande de cheval.

— C'est vrai, voilà bien quinze fois en huit jours que je suis obligé d'apprendre à des gens qui ne le savaient pas, ce qu'est le civet hippique, le mets le plus succulent qui puisse réjouir l'odorat et le goût !

— On n'ose plus discuter le cheval. — Mais... — et ici ma voix devint plus hésitante — mais le chien? J'avoue que je balancerais longtemps avant d'y toucher; car enfin... le chien est l'ami de l'homme.

— Eh ! le lézard aussi est l'ami de l'homme, ce qui n'empêche pas que... Ah! si nous avions seulement du lézard ! malheureusement, il n'y a guère que les crocodiles du Jardin des Plantes.

— Laissons-là les crocodiles; il s'agit du chien.

— Oui. Eh bien! il m'en coûte de le dire, mais le

chien est un détestable manger. Sa chair est flasque, huileuse et semble faite tout exprès pour la cuisine à l'huile de ricin. Il est cependant un moyen de la rendre moins désagréable ; c'est de la saler quinze jours à l'avance, en interposant entre les tranches des grains du poivre le plus fort. Peut-être ferait-on bien, également, de soumettre la viande à une ébullition de quelques minutes, dans une eau que l'on jetterait ensuite.

— Voilà qui est moins tentant que je ne le supposais. Et le chat ?

— Le chat, personne ne devrait l'ignorer, pourrait figurer sur des tables princières. Il faut vraiment n'être jamais sorti de son trou pour ne pas savoir que la gibelotte de chat est mille fois supérieure à la meilleure gibelotte de lapin. Le chat est d'un goût moins sauvage que le lièvre; il est plus tendre, d'une saveur plus prononcée et moins fade que le lapin. Qui a osé flétrir le chat du nom de « lapin de gouttière ? » D'ailleurs, il ne faut pas croire que ce soit là la seule manière d'accommoder cette excellente viande ; rien n'est bon, par exemple, comme un couscoussou au chat.

— Trois hurrahs pour le matou! Mais que dirons-nous du rat ?

— Oh! le rat, c'est bien différent. Le rat, c'est tout bonnement le grand méconnu des temps modernes. Le rat, le vrai rat, — non point la souris, qui n'est qu'une petite boulette musquée, — le vrai rat peut compter parmi ce que le règne animal nous offre de plus délicat. Je ne connais, il est vrai, qu'une seule façon de le préparer, mais à coup sûr c'est la bonne.

— Et elle consiste ?

— Voici la recette en deux mots : Vous prenez votre rat, vous l'écorchez, vous le fendez par le milieu du ventre, vous le videz et vous le lavez. Puis, ces préliminaires achevés, vous saisissez adroitement la bête avec les deux mains et vous forcez sur les côtes, en les relevant, de manière à aplatir ensuite complètement l'animal d'un coup de la paume de la main frappant sur le dos. Vous obtenez ainsi un large beefteack qui n'a plus qu'à se laisser porter un quart d'heure ou vingt minutes sur le gril.

Le chapitre de mon ami est-il vraiment inédit ? Je serais tenté d'en douter, tant la question des chats devient inquiétante. Impossible de laisser pour un instant le champ libre au plus maigre matou, sans lui voir courir le risque d'être appréhendé au corps par l'un des nombreux amateurs qui se livrent à la chasse de ce carnassier apprivoisé. Le possesseur, heureux jadis, d'un chat ou d'une chatte, est devenu le jouet des plus lugubres fantaisies du destin ; il regarde ses voisins avec défiance ; à peine s'il ose quitter la chambre où ronronne la bête, cause de tous ses tourments ; si un visiteur pénètre dans sa demeure, cette visite, dans son esprit, ne peut avoir qu'un but : s'emparer de son chat. Bref, le chat est devenu un sujet de perpétuelles discordes, grâce à la facilité de ce docile animal à se transformer en civet.

La question des chiens — il y a naturellement une question des chiens — est plus palpitante encore.

A propos de chiens, un journal mit au monde un matin le mot de *bouches inutiles* — et, répétée de proche en proche, l'épithète rallia un parti assez fort qui ne proposait rien moins que la suppression pendant la durée du siége de tous les membres, quels qu'ils fussent, de la grande famille canine.

On s'élevait fortement, dans les causeries du poste

et de la tranchée, contre d'aussi barbares prétentions, et c'était à qui prononcerait le plus éloquent plaidoyer en faveur des malheureuses bêtes.

— Manger le chien ! s'écriait l'un, lorsque le chien pour l'homme est l'ami le plus sûr. N'est-ce pas lui qui nous console aux heures cruelles de l'existence ? N'est-ce pas sa présence qui rattache à la vie l'infortuné que tout abandonne ici-bas ? N'est-il pas le meilleur camarade du misérable, le guide le plus dévoué de l'aveugle, le compagnon le plus patient de l'enfant ? N'est-ce pas lui encore qui garde la maison de l'absent, suit le corbillard du pauvre et va mourir, triste et plaintif, sur la tombe du maître qu'il a accompagné à sa demeure dernière ?

— Quoi ! appuyait un autre, nous aurions la cruauté de trouver de trop parmi nous cet animal presque égal à l'homme en intelligence, à coup sûr supérieur à lui en bonté ? Nous consentirions à nous séparer d'un ami qui doit nous être sacré à tant de titres ? Nous lui reprocherions les quelques bouchées dont il se nourrit, et il est des barbares qui parlent de tuer les chiens !

— D'accord ! s'exclamait un moins sensible ; il ne faut pas tuer les chiens ; il faut les conserver avec soin, au contraire, les nourir, les choyer, les entourer de notre sollicitude. On ne sait pas assez de quelle utilité peut nous être dans l'avenir ce précieux animal. Il faut garder les chiens — mais pour les manger!

Si cette proposition soulève des haros, elle rallie aussi des partisans. Il s'en trouve bien pour soutenir qu'on doit livrer à la boucherie, même les bêtes exotiques du Jardin des Plantes !

Les animaux de la ménagerie avaient continué jusqu'alors à jouir d'une existence paisible. Les événements passent au-dessus de leurs têtes sans qu'ils en aient nul souci, et les horreurs du siége les laissent d'autant plus froids que, comme par le passé, ils recoivent chaque jour leur pâture accoutumée et, qu'habitués depuis longtemps à être rationnés, le rationnement n'a rien qui les surprenne. Cette pâture, d'ailleurs, prise sur les rebuts des abattoirs, ne prive aucun de nous de la part légitime à laquelle il a droit.

S'il est au Jardin des Plantes des êtres dont le sort soit mieux assuré encore que celui des animaux vivants, c'est, à coup sûr... les animaux morts. On déploie pour ceux-ci une sollicitude sans bornes. Des caves casematées ont reçu les plus précieux, et tous ceux qui, conservés dans l'alcool, offraient à l'incendie une proie trop facile : poissons, reptiles, mollusques, etc., ont été mis en lieu sûr. Les collections entologiques : insectes, araignées, etc., soigneusement serrées dans des boîtes de fer-blanc, peuvent reposer en paix en attendant des jours meilleurs Enfin, les loges grillées de l'établissement donnent asile à ce qui reste des anciens hôtes du jardin d'acclimatation, dont la plupart, dirigés, il y a deux mois, vers les rives tranquilles de la Belgique et de l'Angleterre, y forment une colonie d'émigrés dont un jour nous aurons à saluer le retour.

Il est vrai que tout ce qui était comestible s'est trouvé du même coup sacrifié à la consommation. Des poules venues de l'Inde, des pigeons transportés de Cochinchine, des canards du Japon et des dindes de Siam se sont vendus comme de vulgaires volatiles. Pour trois francs — ô douleur — on mangeait un oiseau rare. Et si le merle blanc eût fait partie de la collection, nous eussions pu le voir adjugé pour cent sous !

Bientôt, les plus intéressants sujets du Jardin des Plantes subiront le même sort. Les restaurants encore ouverts serviront à leur clientèle des entrecôtes de casoar et des poitrines de kanguroos, — et les deux éléphants, qui ont fait si longtemps l'admiration des visiteurs, serviront de cible aux balles explosibles de l'armurier Devisme, chargé de les livrer à la mort : on n'avait plus de foin pour les nourrir.

Au milieu de cette disette, cependant, la verdure ne nous fait pas entièrement défaut. Chaque matin, les cultivateurs viennent aux halles, apportant leurs paniers d'herbages et de légumes. Les transactions s'effectuent à la lueur du pétrole — depuis longtemps Paris n'a plus de gaz — et si rapidement qu'à sept heures il n'en reste plus d'autres traces que quelques détritus. Les balayeurs même n'ont plus comme autrefois, à enlever les débris, aussitôt ramassés par quelques malheureux venus là pour glaner comme jadis Ruth dans le champ de Booz.

Paris privé de ses environs ; Paris sans sa campagne et ses horizons de collines verloyantes ; Paris cerné, bloqué, enserré dans un étau — et pourvu néanmoins de tous les biens de la terre, — cela pourrait sembler fantastique à ceux qui ne savent pas que cette ville qui produit le fer qui tue, produit aussi le pain qui fait vivre ; que cette forteresse où les assiégés se promènent le dimanche en habits de gala, a aux mêmes instants des fêtes pour ses habitants et des volées de mitraille pour l'ennemi.

Si, en temps ordinaire, les cultures maraîchères, exploitées dans l'intérieur de la capitale, ne sont pas une des moindres curiosités que notre capitale offre aux étrangers, l'extension donnée à ces cultures dans la période que nous traversons, fait honneur à la fois et à M. Magnin, le ministre du commerce, qui en a pris l'initiative, et à M. Joigneaux, l'agronome distingué chargé d'en diriger les travaux, de concert avec MM. Laizier et Fromentin, président et vice-président de la Société des horticulteurs de la Seine.

Tout était à créer.

Il fallait vaincre la résistance de certains cultivateurs ; faire un choix de cultures d'automne, conserver des plants destinés à être *repiqués* ou transplantés hors ville, quand nos environs dévastés seraient redevenus libres ; rentrer dans Paris tout ce qui pouvait être sauvé parmi les plants qui croissaient au-delà des remparts ; entretenir les terrains maraîchers déjà en exploitation ; en préparer de nouveaux ; rapporter du terreau sur des terres jusqu'alors impropres à la culture ; trouver des engrais en quantités suffisantes ; disposer des cloches et des châssis en nombre considérable.

On ne saurait assez, au surplus, s'occuper des subsistances, en ce moment où la question des vivres est aussi importante pour la défense que celle des canons et des munitions.

Le vieux mot d'un de nos généraux : *Pas de pain, pas de lapins*, sera éternellement vrai ; et, pour avoir du cœur au ventre, comme on dit vulgairement, il est essentiel que le combattant n'ait pas le ventre creux. Or, tout le monde est devenu combattant, depuis l'armée qui livre bataille, jusqu'à la femme qui garde le foyer et à qui la nécessité fait une loi de stationner tous les trois jours, souvent pendant de longues heures, à la pluie, à la neige, au vent, à la boue, devant les portes des boucheries. Pourquoi ? Pour se voir mesurer, par personne, la maigre ration de 90 grammes de viande de cheval, au moyen d'une carte dont à chaque distribution on détache l'un des coupons :

Nº D'ORDRE 12 **VIANDE** 5 PORTIONS. .	Nº D'ORDRE 9 **VIANDE** 5 PORTIONS. .	Nº D'ORDRE 6 **VIANDE** 5 PORTIONS. .	Nº D'ORDRE 3 **VIANDE** 5 PORTIONS. .
Nº D'ORDRE 11 **VIANDE** 5 PORTIONS. .	Nº D'ORDRE 8 **VIANDE** 5 PORTIONS. .	Nº D'ORDRE 5 **VIANDE** 5 PORTIONS. .	Nº D'ORDRE 2 **VIANDE** 5 PORTIONS. .
Nº D'ORDRE 10 **VIANDE** 5 PORTIONS .	Nº D'ORDRE 7 **VIANDE** 5 PORTIONS. .	Nº D'ORDRE 4 **VIANDE** 5 PORTIONS. .	Nº D'ORDRE 1 **VIANDE** 5 PORTIONS. .

Carte ———
Boucherie, ———
Nom : ———
Domicile: ———
Signature : ———

Nº ———

Le nombre des rations à délivrer est indiqué par le chiffre 5, sur le *fac-simile* qui précède.

Si chaque heure qui s'écoule voit diminuer nos ressources, chaque heure voit aussi éclore quelque combinaison nouvelle destinée à les prolonger.

Une sorte de panique s'était un moment propagée à propos du pain et du vin. A deux ou trois reprises, les boulangeries avaient été envahies par la foule, quelques débits de boissons assiégés par les clients ; mais rien ne justifiait ces mouvements irréfléchis.

Si les vins ordinaires tendent à s'épuiser, les vins à 1 et 2 fr. la bouteille abondent chez beaucoup de particuliers aussi bien que chez les marchands. N'en restât-il même plus d'autres que ceux-ci, il est probable, pensent les gens sages, que le Gouvernement se déciderait à les réquisitionner pour les vendre au prix des vins ordinaires. Le budget de l'État supporterait, de ce chef, un sacrifice qui n'aurait pas moins sa raison d'être que les charges qu'il s'impose pour la fonte des obus ou la fabrication de la poudre.

Quant au pain, déjà, pour accroître notre provende, les meuneries installées dans la ville, à l'usine Cail, aux gares d'Orléans et de l'Est, à la manutention, etc., mélangent à la farine de blé une moitié d'orge et de riz.

Mixture exquise, malgré sa lourdeur, si on la compare au pain bis que nous consommerons bientôt et dans la fabrication duquel il entrera jusqu'à de la paille !

Ce pain bis devait soulever bien des orages, des plaintes et des récriminations. Et pourtant comme, en peu de jours, Paris en avait pris son parti !

Au Parisien accoutumé à la croûte dorée de la galette de luxe ou à la pâte blanche et ferme de la miche bourgeoise, il annonçait une ère nouvelle et s'offrait presque comme le symbole d'une époque de régénération.

Aveugles, s'écriaient les philosophes, ceux qui ne verraient dans cette transformation qu'une nécessité matérielle imposée par les circonstances! Si le besoin de gagner du temps, l'impérieuse obligation de créer des ressources à la résistance, sont en réalité l'origine de la substitution du pain bis au pain blanc, ce n'est point un motif pour négliger les symptômes d'un autre ordre que dénote cette métamorphose.

Le pain blanc, certes, a ses mérites ; gardons-nous de les contester, sous peine de ressembler au renard de la fable qui déclarait « trop verts » les raisins placés hors de son atteinte.

Mais le pain bis n'est-il pas le véritable pain du travailleur? Ne constitue-t-il point, dans certaines parties de la France, la base de nutrition d'un nombre considérable d'ouvriers? Il est la nourriture des générations fortes. Nos pères n'en connurent point d'autre jusqu'au jour où la mollesse et le raffinement des modernes introduisit peu à peu parmi les populations des villes l'usage presque exclusif du pain blanc.

« Je sais bien, écrivait un critique, que certains es-
« tomacs affaiblis par la bonne chère, épuisés à force
« de mets succulents, n'entrevoient qu'avec horreur
« le régime nouveau auquel ils sont astreints. Ces
« panses ruinées et blasées par une trop longue série
« de menus que n'eût pas désavoués Lucullus, n'aspi-
« rent plus aujourd'hui qu'aux joies paisibles et pures
« de la douce Revalescière. Pour ces émules de Bal-
« thazar, le pain bis est plus qu'un enseignement : il
« est une expiation; il est aussi un jalon posé sur le

« chemin de l'avenir comme pour nous montrer les
« voies nouvelles.

« Il nous dit, ce pain rugueux à la teinte brunie,
« que c'en est fait pour de bon des errements du passé ;
« que le règne du luxe insolent et de l'oisiveté frivole
« est décidément terminé ; que le temps est venu des
« pensées sérieuses et des viriles préoccupations ; que
« le travail honnête aura le pas désormais sur la pa-
« resse aux dehors brillants ; que les vanités de la
« pourpre impériale céderont la place aux vertus répu-
« blicaines ; que le vice doré cessera d'éclipser la pro-
« bité pauvre. Tant pis pour ceux qui ont mangé leur
« pain blanc en premier ! »

Paris peut donc, il en est convaincu, défier hardiment les deux ennemis qui le menacent : la famine et le Prussien. Contre le Prussien et la famine, nous avons de la poudre et du pain !

XII

Ballons et pigeons. — Une motion. — La tribune des progressistes. — Tribulations d'un musicien. — Un télégraphe dans les nuages. — La poste et les piétons. — Pauvres riches ! — Un port de lettre de cinq mille francs. — Les facteurs à quatre pattes.

Narrateur fidèle, je raconte scrupuleusement ce que j'ai vu, m'appliquant tout spécialement à rendre la physionomie particulière et intime de Paris, dans chacune des phases de sa résistance de cinq mois.

Sourdement irrité par une suite inqualifiable d'échecs, sentant son cœur faiblir à chaque insuccès nouveau, mais résolu à souffrir et toujours soutenu par l'espérance, Paris, plus que jamais, a les yeux tournés vers la province. Si la défaite d'Orléans a pu l'abattre un instant, la défaillance n'a pas été de longue durée. Les courages se sont raffermis, les âmes se sont bronzées dans le malheur. Franchissant d'un bond immense l'espace qui nous sépare de nos frères du nord, de l'ouest et du sud, tous les esprits sont tendus vers ces départements d'où chacun s'attend à voir venir la délivrance.

Chaque ballon qui s'envole est suivi par des milliers de regards anxieux ; jusqu'au moment où l'aérostat disparaît dans l'espace, les yeux restent fixés sur lui, les poitrines demeurent oppressées, Paris ne respire plus ; toutes les pensées, tous les vœux sont pour l'esquif des airs qui, sous sa frêle carapace, emporte notre fortune et presque notre vie.

C'est au milieu d'un concours immense de populaire que s'effectuent les départs, tantôt de Vaugirard ou de Montparnasse, tantôt de la gare d'Orléans, où les frères Godard ont établi leur quartier-général, tantôt de la gare du Nord, où de vastes ateliers de construction fonctionnent sous la direction de l'infatigable Nadar, et, après lui, de MM. Dartois et Yon.

On accable de questions les employés de la poste, qui, sous la surveillance de M. Rampont, toujours présent aux ascensions, rangent dans la nacelle leurs précieux fardeaux de lettres et de paquets. On s'empresse autour des aéronautes, presque impatients d'entendre le signal « lâchez tout ! » qui va les livrer aux caprices du vent. On examine avec un intérêt mêlé d'admiration, les braves petites bêtes qui, elles du moins, à travers les barreaux de leur cage d'osier, semblent nous dire en leur langage :

— Aujourd'hui le départ ; à bientôt le retour !

Spectacle toujours nouveau et qui émeut tout les cœurs chez nous, où jusqu'ici l'on ne connaissait du pigeon que ce qu'en dit le vocabulaire :

— Oiseau de l'ordre des gallinacées, communément divisé en *domestiques,* appelés simplement *pigeons,* et en *sauvages* ou *bisets*, — faciles à apprivoiser, excellent comestible !

Pour nous autres, sceptiques, le pigeon-voyageur faisait un peu partie du domaine de la légende, — comme le Dauphin de la mythologie, le Lynx ou la Tarasque Nous ne nous étions jamais rendu compte de tout ce que pouvait renfermer d'espérances, de souvenirs, de nouvelles impatiemment attendues, de joies intimes, de désirs satisfaits, le frêle duvet de ce facteur aérien dont chaque plume est devenue une boîte aux lettres ! Nous avions bien, il est vrai, quelques notions fort vagues d'expositions ou de concours offerts par certaines contrées avoisinantes, la Belgique et la Hollande, par exemple ; mais, à nos yeux de blasés, ce n'étaient là que jeux de pure fantaisie, sans but sérieux et sans application utile.

Notre erreur a cessé. Nous savons maintenant quels services peuvent rendre certains de ces hôtes de nos colombiers, doués de la faculté précieuse de reconnaître, à des distances immenses, les lieux qu'ils ont coutume d'habiter. Si le pigeon-messager emporte parfois sous son aile des secrets d'Etat éventés et des plans irréalisables, ne transporte-t-il pas aussi dans sa course rapide plus d'un gage de tendresse, plus d'une douce parole, baume salutaire qui vient calmer les angoisses de l'absence ?

Bien des fois, j'ai pensé que ce seul titre devrait lui conquérir chez nous une place d'honneur. Leyde et Venise, jadis, pour des services semblables, consacrèrent à cet intéressant volatile une sorte de culte superstitieux. Sans aller jusqu'à la superstition, pourquoi Paris ne ferait-il pas ce qu'ont fait Venise et Leyde ?

Que ceux que pourrait toucher plus spécialement le côté culinaire de la question se rassurent! Il existe, dans l'espèce *pigeons*, cent soixante-dix variétés, dont une seule, propre aux voyages, s'est acquis des droits à notre reconnaissance. Nous aurons donc toujours cent soixante-neuf sortes justiciables des petits pois ou de la crapaudine.

Mais que la variété précieuse à laquelle nous devons de si sérieux services soit désormais respectée. En attendant qu'aux armes de la ville on ajoute une colombe s'élançant du navire qui représente Paris, comme autrefois s'élança la colombe de l'arche, que Paris ait sa volière nationale où les pigeons-messagers seront nourris aux frais du peuple.

Malgré le courage et la sagacité de ces vaillants oiseaux, combien d'entre eux ne devaient plus nous revenir!

La bise, la pluie, l'oiseau de proie, le plomb du chasseur, la glu du braconnier, l'oubli d'un site, un changement subit dans la direction du vent, l'obscurité le froid, que sais-je encore? — les guettent au passage.

Il n'est pas de moyen que ne mette en œuvre l'administration des postes pour obvier à cette irrégularité des communications. Des essais de retour par ballons sont tentés fréquemment. Le savant amiral Labrousse, à qui la défense doit déjà l'ingénieux affût d'une pièce de rempart, que les gardes nationaux ont baptisée du nom de *Joséphine*, met la dernière main à un système de propulsion dont il est l'inventeur. Le ministère a alloué une somme de 40,000 francs à M. Dupuy de Lôme, — un favorisé de la fortune pourtant — dans l'espoir de lui voir promptement mener à bonne fin ses recherches sur la direction des ballons. Une exposition permanente d'aérostats est ouverte au Grand-Hôtel, dans les salons de la *Tribune des Progressistes.*

Cette Tribune, du reste, est un des succès du moment. Organisées par les soins intelligents de MM. Hector Horeau et Saint-Félix, ses réunions offrent outre l'attrait de programmes qui toujours, selon le désir du poète :

Passent du grave au doux, du plaisant au sévère,

le spectacle de la charité unie au plaisir.

Le produit de ses recettes, en effet, est affecté au soulagement des victimes de la guerre — et, à ce titre, l'institution est doublement recommandable.

Tantôt le poète Ducros vient y dire des vers de sa façon ; tantôt le compositeur Elwart y raconte à son auditoire les tribulations d'un musicien assiégé.

Enfermé seul chez lui, le compositeur gémissait tout à la fois sur les malheurs du pays et sur l'abandon de l'art qui lui est cher...

Un jour enfin, n'y tenant plus, il s'adresse à trois de ses amis : un pianiste, un violoncelliste et un contre-bassiste.

— Venez, leur écrit-il ; nous jouerons un quatuor.

Tous trois accourent à cet appel.

Mais jugez de la déconvenue du maître.

L'un vient en garde national : il a passé la nuit sur les remparts, et se sent peu d'humeur à faire de la musique. L'autre est dans la mobile ; sa compagnie, la veille, a fait une reconnaissance ; dans les concerts auxquels il prend part, c'est maintenant le canon seul qui donne le *la*. Le troisième fait partie d'une ambulance; ses jours et ses nuits sont voués à nos braves blessés qu'il va chercher sur le champ de bataille et auxquels il doit tous ses soins...

Le moyen d'exécuter un quatuor avec de semblables partenaires !

L'assistance tout entière compatit aux souffrances du maître; mais c'est toujours la question palpitante du moment qui sollicite son attention; c'est toujours aux ballons qu'on en revient, avec MM. Chavoutier, Busson et bien d'autres, qui tour à tour se présentent pour exposer leurs systèmes.

Vains efforts ! De tant de travaux et de peines, il ne restera que le souvenir de l'impuissance des tentatives de nos plus infatigables chercheurs. Les solutions d'aussi graves problèmes ne s'improvisent pas. Elles sont le fruit du temps et des longues expériences. Or, les moyens d'expérimentation et le temps nous font également défaut.

Comment justifier, sans cela, le rejet péremptoire d'un projet de correspondance électrique aérienne qu'un ingénieux inventeur, M. Granier, avait, dès les premiers jours, soumis à la direction des postes ? M. Granier proposait un tube en étoffe imbibée de caoutchouc, pouvant contenir indéfiniment le gaz hydrogène; dans ce tube, capable de se maintenir par sa seule force ascensionnelle à une hauteur de mille à quinze cents mètres, passait un fil télégraphique allant attérir au delà des lignes prussiennes, transporté par un ballon qui, à mesure de sa marche, le déroulerait dans les airs.

L'inventeur, bien qu'ayant la conviction que son caoutchouc artificiel était complètement inattaquable par l'hydrogène, l'avait fait éprouver par M. Gaston Tissandier, chimiste et aéronaute distingué.

Mais l'administration avait bien d'autres soucis. Dans son désir de recevoir de province des communications suivies, elle était sans cesse à la recherche d'hommes de bonne volonté, disposés, moyennant une forte prime, à tenter la dangereuse traversée des lignes prussiennes. Il s'en trouvait toujours, — le courage n'est-il pas de tradition en France ? — Mais les malheureux ne pouvaient parvenir à percer la muraille de fer de l'investissement; tantôt donc ils rebroussaient chemin sur Paris, tantôt ils demeuraient au dehors,— parfois ils y laissaient la vie.

Il n'était pas jusqu'à des entreprises privées qui ne cherchassent les moyens de faire tenir aux Parisiens des nouvelles de l'extérieur. Cette spéculation avait même pris, pendant quelques semaines, des proportions quasi scandaleuses. Sur tous les murs et dans tous les journaux on lisait :

RÉPONSES DE PROVINCE

MM. X. et Y. se chargent de recevoir, par des messagers dont ils se sont assuré le concours, les lettres de parents ou d'amis si anxieusement attendues à Paris. On verse 5 fr. de suite et 5 fr. au moment de la réception.

Il va sans dire que ce dernier moment n'arrivait jamais, MM X. et Y. se contentant d'empocher les arrhes.

Enfin, des particuliers eux-mêmes avaient fait, auprès de quelques piétons, des tentatives qui toujours se traduisaient par la promesse de récompenses presque fabuleuses. Cela se conçoit. Si les artisans sans travail, les employés sans emploi, les petits rentiers sans rentes deviennent, de jour en jour, plus dignes d'intérêt, la situation des gros propriétaires et des possesseurs du sol n'est guère plus enviable. L'argent qu'ils avaient de côté, beaucoup l'ont épuisé. Comment vivre? Une loi spéciale dispense du paiement des loyers, et plus d'un propriétaire en est réduit, pour dîner, à *emprunter* cent sous à un de ses locataires. Plus d'un gros rentier, momentanément privé de ressources, est forcé de recourir aux expédients pour supporter tant bien que mal les mauvais jours.

C'est ainsi qu'un riche habitant du faubourg Saint-Honoré, dont toute la fortune se trouve dans le Midi, se voit réduit, pour vivre et faire vivre sa famille, à des emprunts qui révoltent sa fierté. On a beau avoir des amis, nous sommes en un temps où chacun est forcé de restreindre ses libéralités et de mettre une sourdine à son obligeance.

Un moment, notre ami fit une tentative pour obtenir la cessation de cet état de choses, que la présence de sa femme et de ses enfants convertissait pour lui en un véritable supplice. Il se mit en rapport avec un messager prêt à traverser les lignes ennemies.

— Voici, lui dit-il, un pli à l'adresse de mon notaire à Nîmes; je lui demande vingt-cinq mille francs. Rapportez-moi cette somme avant quinze jours; il y a cinq mille francs pour vous.

Le lendemain, un peu avant la nuit, le porteur s'éloignait bravement, chargé de son précieux fardeau. Hélas! son voyage ne devait pas être de longue durée. Après avoir effectué heureusement la traversée de la Seine, et être parvenu à dépasser le premier cordon de sentinelles prussiennes, le malheureux, aux abords des secondes lignes, tombait frappé de deux balles — non pas tout à fait mort, mais n'en valant guère mieux. Épuisé par la perte de son sang, évanoui, presque expirant, il parvint, grâce à l'obscurité, à se trainer jusqu'à une faible distance de nos avant-postes. On voit que les vingt-cinq mille francs ne prenaient guère le chemin de Paris.

— Puisqu'il est si dangereux de sortir, se dit notre ami, voyons s'il sera possible d'entrer.

Et aussitôt, par plusieurs ballons successifs, il expédiait à Nîmes sa demande de fonds en laissant à son mandataire carte blanche pour le règlement des frais d'envoi. Pendant trois semaines il demeura sans réponse et il commençait à se désespérer, lorsque, par l'un des derniers pigeons, la dépêche suivante est arrivée à son adresse.

« La somme partie ; homme honnête et déterminé a entrepris voyage ; se charge de tout traverser sans périls. Courage ! »

La somme est partie ! Mais il y a de cela trois semaines — et depuis rien n'est venu donner à ces lignes la confirmation attendue.

Au milieu de tant d'insurmontables difficultés, est-il étonnant que l'on accuse l'administration des postes ? Elle n'en peut mais pourtant, et se creuse la tête à combiner un moyen de réussite. Après les piétons, vient le tour des chiens. Un industriel s'engageait à tenter de faire parvenir, du dehors au dedans, des dépêches transportées par des chiens de berger. La Direction accordait aux propriétaires des chiens une prime de 200 francs pour chaque dépêche qui lui serait remise à Paris dans le délai de quarante-huit heures, à partir du moment où le chien aurait été lancé. Dans le cas où la dépêche parviendrait tardivement, une réduction de 50 fr., par chaque vingt-quatre heures de retard était stipulée, après le délai des premières quarante-huit heures.

Les chiens de berger étaient, certes, le choix le plus propre à cette combinaison.

Ce qu'il ont jadis transporté en fraude, par les frontières de la Belgique et de la Suisse, de dentelles, de cachemires, de montres et de bijoux, les contrebandiers qui utilisaient leurs services seraient seuls capables de le calculer. C'était bien innocemment, d'ailleurs, que les vertueuses bêtes se prêtaient à ce trafic au détriment du Trésor, et il fallait user d'un singulier stratagème pour leur inspirer cette horreur du *gabelou*, qui les portait à franchir, avec une dextérité merveilleuse, la ligne du terrain le long de laquelle le fisc exerce sa surveillance.

Des contrebandiers travestis en douaniers accablaient d'abord les malheureux chiens de tous les mauvais traitements imaginables.

Sortis roués de coups des mains de leurs bourreaux, dont ils apprenaient ainsi à redouter et à haïr le costume, les martyrs infortunés étaient recueillis parmi la bande des fraudeurs qui s'empressaient de leur prodiguer les soins les plus délicats. Et voilà comment, transportés de l'autre côté de la frontière, on pouvait les charger des marchandises précieuses, qu'on leur attachait sous le ventre à l'aide de courroies, et leur donner la liberté avec la certitude qu'ils parviendraient sans être pris jusqu'à la demeure de leurs maîtres.

Malheureusement, bien que les services que les chiens de bergers se trouvent appelés à nous rendre aujourd'hui, soient d'une nature plus noble, répondent à un but plus élevé, aucune de ces vaillantes créatures n'a repassé les lignes prussiennes, malgré l'avis donné à nos avant-postes de leur faire un accueil hospitalier.

XIII

La fièvre de l'impatience. — Les engagements du 21 décembre. - Le rationnement des nouvelles.— Une reconnaissance au Raincy. — Noël. — Les cantines municipales. — MM. les gardes civiques. — Richard Wallace.

Aussi, quelle anxiété dans la ville et quelles fièvres d'impatience lorsque des jours, des semaines, presque des mois s'écoulent sans que le moindre indice vienne nous révéler les événements du dehors ! Quelle émotion poignante à chaque pressentiment d'une opération offensive qui va remettre en nos mains les chances d'une rupture du cercle d'investissement !

Le Gouvernement a eu beau défendre aux journaux des indiscrétions dont, paraît-il, l'ennemi — qui, grâce à ses émissaires, lit toutes nos feuilles — n'avait que trop souvent fait son profit, Paris connaît d'avance le moindre mouvement; il sait où on se bat et où l'on va se battre. Ce n'est pas le canon des forts ou des remparts qui le guide : il est blasé sur le bruit de la canonnade depuis que, chaque soir, il s'endort à ce bruit qui, chaque matin, salue aussi son réveil. Et pourtant son instinct ne le trompe jamais ; à la veille du moindre engagement, un patriotique frisson court à travers la ville ; les regards brillent d'enthousiasme ; tout le monde voudrait marcher et l'on jalouse presque le sort de ceux qui vont combattre.

C'est dans cette disposition d'esprit que, dans l'après-midi du 21 décembre, on se pressait en foule autour des mairies pour dévorer la dépêche que venait d'y faire afficher l'autorité militaire :

21 décembre, 2 h. soir.

L'attaque a commencé ce matin sur un grand développement, depuis le Mont-Valérien jusqu'à Nogent.

Le combat est engagé et continue avec des chances favorables pour nous sur tous les points.

Cent prisonniers prussiens, provenant du Bourget, viennent d'être amenés à Saint-Denis.

Le gouverneur est à la tête des troupes.

Par ordre : Le général chef d'état-major général,
SCHMITZ.

C'était bien peu, et cependant ces quelques lignes devaient suffire à calmer toutes les impatiences jusqu'à l'apparition de l'*Officiel*, dans lequel on lisait le lendemain matin un court récit émané de l'état-major.

Ce rapport n'élucidait que faiblement l'objet que nos généraux se proposaient d'atteindre. Comme pour ménager, par des transitions habiles, les nouvelles des événements qui pouvaient survenir, les rédacteurs de l'état-major avaient pris l'habitude de nous mesurer à petites doses le récit des opérations en voie d'exécution. On s'attendait donc à une série de nouvelles dépêches. Voici celles qui nous étaient communiquées dans la même journée et le lendemain :

22 décembre, 3 heures et demie.

La journée d'hier n'est que le commencement d'une série d'opérations. Elle n'a pas eu et ne pouvait guère avoir de résultat définitif; mais elle peut servir à établir deux points importants : l'excellente tenue de nos bataillons de marche engagés pour la première fois, qui se sont montrés dignes de leurs camarades de l'armée et de la mobile, — et la supériorité de notre nouvelle artillerie, qui a éteint complètement les feux de l'ennemi. Si nous n'avions pas été contrariés par l'état de l'atmosphère, il n'est pas douteux que le village du Bourget serait resté entre nos mains.

A l'heure où nous écrivons, le général gouverneur de Paris a réuni les chefs de corps pour se concerter avec eux sur les opérations ultérieures.

23 décembre, soir.

Les nuits qui ont suivi l'attaque du 21 ont été rudes pour nos soldats; le froid le plus intense n'a cependant pas arrêté nos efforts. On a travaillé activement à abriter les troupes contre les coups de l'ennemi, et si les tranchées ouvertes n'ont pas été terminées aussi promptement qu'on pouvait s'y attendre, cela tient à l'effet d'une gelée intense qui a durci la terre et en a rendu le maniement plus difficile.

Le 22 décembre, le commandant du fort d'Issy a envoyé une forte reconnaissance dans le bois de Clamart. Elle a été brillamment exécutée par huit compagnies de gardes mobiles de la Seine, 4e et 5e bataillons, sous les ordres du chef de bataillon Delcros, du 5e bataillon.

Ce que ne racontaient pas ces dépêches, c'était l'héroïque bravoure de nos marins, qui, après s'être emparés du Bourget, à la suite d'une lutte acharnée, s'étaient trouvés tout à coup seuls, — deux ou trois cents à peine, — pour défendre la position contre les Prussiens revenant en force. Barricadés dans quelques maisons, ils gourmandaient les soldats de la ligne et de la mobile qui, sur un ordre émané d'Aubervilliers, commençaient à battre en retraite.

Se faisant forts de tenir à eux seuls, ils y fussent peut-être parvenus, sans le funeste malentendu, qui, en laissant croire au commandant du fort que le Bourget était évacué par toutes nos troupes, lui fit commencer le bombardement du village. Pris entre la fusillade ennemie et les obus français, les marins résistèrent quand même, cédant le terrain pied à pied... Bien peu revinrent conter ce sanglant épisode !

Le 27 seulement nous savions à quoi nous en tenir sur l'issue de la « série d'opérations » engagée le 21. Mais ici la plume tremble entre mes doigts. Plutôt que de raconter, je préfère transcrire.

RÉSUMÉ DES ÉVÉNEMENTS MILITAIRES

..... C'est le 20 décembre, au soir, pendant la nuit suivante, et le 21, au matin, que l'armée et la garde nationale mobilisée s'établissaient sur les positions qui s'étendent des bords de la Marne, en avant du plateau d'Avron, jusqu'à Saint-Denis.

Cette concentration, bien que partiellement opérée par le chemin de fer de ceinture, avait été fatigante pour les troupes. Le temps s'était mis au froid. Un vent glacial souffla pendant toute la journée du 21, qui fut consacrée à l'occupation de Neuilly-sur-Marne, de Ville-Evrard, de Maison-Blanche, de Bondy, de la Ferme de Groslay et du Drancy.

L'occupation du Bourget, bien qu'effectuée en partie dans la matinée, fut contrariée par des accidents de guerre imprévus et ne put avoir lieu. Un vif engagement d'artillerie dura jusqu'à la chute du jour. A la nuit, les têtes de colonne gardant les positions, les troupes furent repliées en arrière dans les tranchées qui formaient les points d'appui du champ de bataille préparé.

Les unes et les autres, à peu d'exceptions près, étaient

sans abri, et cette première nuit de bivouac, par une gelée intense, les éprouva très péniblement ; il y eut quelques cas de congélation.

Le lendemain, les troupes furent appliquées à des travaux de jour et de nuit, nécessaires à la continuation des opérations. Il eût été à souhaiter que la journée du surlendemain fût consacrée au repos ; mais l'ennemi avait fait sur ses propres positions des concentrations considérables qui semblaient indiquer des intentions offensives et pouvaient nous offrir l'occasion d'un engagement général.

Cet espoir ne se réalisa pas ; les troupes qui avaient marché pour reprendre leurs postes de combat, eurent encore une journée fatigante pendant laquelle l'intensité du froid ne fit que s'accroître.

A dater de ce moment, leur santé dut être considérée comme sérieusement atteinte. Les cas de congélation, contre lesquels l'activité des travaux entrepris ne put rien, se multiplièrent dans une proportion menaçante ; ces travaux eux-mêmes furent ralentis par suite de la dureté du sol, et dès le 24 ils devenaient impossibles.

Assurément l'ennemi, dans ses positions, est assujetti aux mêmes sévices. Mais ses soldats sont des hommes du Nord ; les nôtres, originaires de contrées dont le climat est tempéré ou chaud, en éprouvent des effets plus caractérisés, et leur santé, dans une campagne de plein hiver, réclame des ménagements particuliers.

Dans cette situation, et quelque douloureuse que pût être la suspension temporaire des opérations, le devoir de les continuer était primé par le devoir de donner aux troupes un repos et des soins devenus indispensables.

Prolonger la résistance jusqu'aux dernières limites du possible, pour donner à la France le temps et les moyens de se soulever tout entière contre l'envahisseur et d'organiser la défense nationale, a été le but de tous les sacrifices que les citoyens de Paris ont faits ; constituer une armée dans Paris, combattre énergiquement sur le périmètre d'investissement fortifié par l'ennemi, pour chercher à percer ses lignes, et l'obliger, dans tous les cas, à immobiliser autour de nous des forces considérables, a été le but de tous les efforts que la garde nationale et l'armée ont faits. L'esprit public s'associera à la continuation de ce double effort, et Paris remplira noblement envers la France son devoir de capitale.

(Officiel.)

Ainsi, tout était contre nous, — et déjà, sous les phrases sonores, perçait le découragement des chefs !

Noël était venu. Rude Noël pour nous — et aussi pour le Prussien qui s'attendait bien à fêter ce jour ailleurs que dans ses tranchées glaciales.

Dans une de leurs dernières reconnaissances au Raincy, nos mobiles avaient remarqué une maison d'apparence confortable et paisible qui contrastait étrangement avec la dévastation dont les demeures environnantes avaient été l'objet de la part des Prussiens. Quelques-uns ayant tenté de pénétrer dans cette habitation, avaient été surpris de voir la porte céder à une simple pression. Traversant d'abord une antichambre, puis une salle à manger où semblait régner l'ordre le plus parfait, ils étaient parvenus jusqu'au salon, vaste pièce meublée avec un certain luxe et où tout se trouvait dans le meilleur état. Une demi-obscurité régnait dans l'appartement dont les persiennes étaient soigneusement closes. Le lieutenant qui conduisait la reconnaissance avait ordonné à l'un de ses hommes d'ouvrir une fenêtre. La lumière pénétrant à flots dans le salon, nos mobiles avaient aperçu sur la table qui occupait le centre de la pièce une sorte de pancarte où se détachaient quelques lignes en allemand ; aucun d'entre eux ne connaissant cette langue, ils avaient emporté l'écrit pour le faire traduire. Voici ce qu'il contenait :

« Frères d'Allemagne ! C'est ici la demeure d'un Allemand comme vous, que les circonstances et son devoir obligent à regagner le pays. Il place sous votre protection cet asile dont vous pouvez user, à la condition de n'y causer aucun dérangement ni dégât. »

Cet avis avait évidemment été lu des soldats prussiens, car au-dessous une autre main avait tracé ces mots :

« Bientôt, cher compatriote, tu reprendras ta place à ce foyer d'où les chiens de Français (*sic*) t'ont forcé de partir. Entrés vainqueurs dans Paris, nous y ferons fête ensemble et ton toit abritera, à Noël, un joyeux réveillon. »

Ajoutons que les braves moblots, auteurs de l'expédition, avaient rapporté le lendemain à sa place ce spécimen curieux de littérature germanique — non sans l'avoir orné d'un *post-scriptum* des plus significatifs, formulé en bon français, cette fois.

La déception cruelle que devait ressentir l'ennemi ne contribuait pas peu à adoucir nos propres maux.

Et puis, si la misère sévissait de plus en plus rigoureuse, la bienfaisance privée, il faut le dire, multipliait ses efforts pour en adoucir la rigueur.

Qui de nous n'a remarqué, en ces temps de pénurie, l'assiduité avec laquelle un public nombreux et empressé entoure les établissements où des mains infatigables leur délivrent les repas du matin et du soir. Gardes nationaux, pères de famille, jeunes filles, enfants, attendent patiemment que leur tour soit venu d'emplir le plat, la cafetière ou l'assiette dont chacun s'est muni.

L'animation règne dans les groupes ; on cause pour tuer le temps ; on se raconte l'événement du jour ; on échange ses impressions. Tout le monde a sa part de la distribution, si faible qu'elle soit. Chacun voit ses désirs satisfaits, et l'on pourrait se demander avec quelque surprise comment, dans le moment que nous traversons, il est possible d'atteindre ce résultat, si l'on ne savait quels miracles engendre la charité.

C'est de la charité, en effet, que l'idée est venue ; c'est elle encore qui a procédé à l'exécution ; c'est elle enfin qui, par d'ingénieuses combinaisons, a surmonté des difficultés de toutes sortes.

Ce qui frappe tout d'abord, c'est le côté moral de cette œuvre. Ceux qui participent à ces bienfaits sont non pas des mendiants, mais des nécessiteux. On leur distribue un secours, non une aumône ; l'employé, que les événements ont privé de sa place ; l'ouvrier, momentanément sans travail, peuvent, sans que leur fierté en souffre, recevoir leur portion au même titre que les malheureux qui, même aux temps les meilleurs, sont dénués de toute ressource.

Le soin d'apprécier la situation de chaque participant est laissé au garde civique reconnu comme chef de l'*îlot* dont fait partie sa demeure.

Or, la garde civique, c'est tout le monde. Ce sont surtout les vieillards, les tout jeunes gens, ou les hommes valides qui, faute d'armes, n'ont pu être incorporés dans la garde nationale.

Les gardes civiques sont chargés des services municipaux : à eux de présider aux répartitions des vivres, du combustible, etc., dans les boucheries, les boulangeries, les chantiers. Comme insigne distinctif, ils portent un képi à bande rouge et un brassard rouge, sur lesquels se détache en blanc le numéro de l'arrondissement auquel ils appartiennent.

Dès que le chef d'îlot a revêtu de son visa une feuille de rationnement, le titulaire a droit à la sollicitude de la commission. Pas d'investigation ni d'interrogatoire ; aucune de ces questions dont la brutalité, quels que soient les ménagements qu'on y apporte, effarouche si souvent une légitime susceptibilité.

En échange de la feuille, il est délivré des bons de cantine pour autant de rations et pour autant de jours qu'en mentionne ce document.

Ces bons sont de deux sortes.

Les uns, sur carton rouge, ainsi libellés :

RÉPUBLIQUE FRANÇAISE

—

... Arrondissement

—

CANTINES MUNICIPALES

BON DE CONSOMMATION

POUR UN REPAS ET POUR UNE PERSONNE

REPAS AVEC VIANDE

Avis. — Ce Bon n'est valable que s'il est accompagné de la feuille d'achat qui doit être pointée au contrôle de la Cantine.

Les autres, sur carton vert, conçus comme suit :

RÉPUBLIQUE FRANÇAISE

... *Arrondissement*

CANTINES MUNICIPALES

BON DE CONSOMMATION

POUR UN REPAS ET POUR UNE PERSONNE

REPAS SANS VIANDE

Avis.— Ce Bon n'est valable que s'il est accompagné de la feuille d'achat qui doit être pointée au contrôle de la Cantine.

En tout état de cause, aucune cantine ne doit délivrer à la fois plus de deux portions par individu. Ici encore c'est la garde civique qui veille à ce qu'aucune infraction ne puisse être commise. Un garde maintient l'ordre à l'entrée de chaque cantine ; un autre, près du fourneau, reçoit les cartes qui lui arrivent à tour de rôle, indique aux cuisinières les mets à servir et glisse les petits cartons dans une large boîte placée auprès de lui.

Riz, blé cuit, viande, harengs, salaisons, haricots, bouillon, café, — tel est le menu parmi lequel le client a le droit de faire son choix. Ce droit a une limite pourtant : l'épuisement complet de l'un des plats préférés. Ici, comme partout, on éprouve de petites déceptions, — les matins, par exemple, où, sachant qu'il y a du hareng, tout le monde demande du hareng. D'autres fois, c'est la soupe au vin qui a les honneurs de la journée, et comme on n'y épargne ni le sucre ni la cannelle, il faut voir avec quel empressement la *queue* se forme autour des fourneaux. En résumé, tout se passe dans l'ordre le plus parfait ; de huit heures à midi, on délivre le déjeuner ; de quatre à sept, le dîner.

Ajoutons qu'une cantine spéciale est affectée à la distribution du lait pour les enfants qui n'ont pas dépassé l'âge de deux ans, et du bouillon pour les malades. Bouillon et lait sont remis contre des bons spéciaux, sur le vu d'un certificat de médecin.

RÉPUBLIQUE FRANÇAISE

9e ARRONDISSEMENT

CANTINE MUNICIPALE

SERVICES DES MALADES

Bon de Consommation

Toutes les distributions sont absolument gratuites. La dépense dans chaque arrondissement est couverte, pour une faible partie seulement, par des allocations de la mairie de Paris. Le surplus est fourni par des dons particuliers.

Avec quelle générosité ces dons affluent; voici un seul exemple qui permettra d'en juger :

Disons d'abord que c'est du 9ᵉ arrondissement que, grâce au zèle dévoué de MM. Gennevay et Arlès-Dufour, puissamment aidés par MM. de Rothschild, était partie l'idée première de ces utiles institutions, renouvelées des cantines nationales de 1848.

Un matin du mois d'octobre, un inconnu se présente à la mairie du 9ᵉ arrondissement et demande à parler à M. Ranc, alors maire.

— Monsieur, dit-il, je vous apporte ma souscription pour l'œuvre des cantines municipales; veuillez m'inscrire pour dix mille francs par mois.

— Vous dites, monsieur? fait M. Ranc, qui croyait avoir mal entendu.

— Dix mille francs par mois, monsieur, dont voici le premier versement.

Et tirant de son portefeuille dix billets de mille francs, l'inconnu les déposa sur la table.

— Veuillez être assez bon, ajouta-t-il, pour faire toucher la même somme à mon domicile le 1ᵉʳ de chaque mois.

En même temps il remettait sa carte sur laquelle on lisait : Richard Wallace, — un nom que toute la France connaît et honore aujourd'hui.

Les cartes de cantines étaient, à mesure des distributions, collectionnées dans une boîte, ai-je dit.

Ces boîtes, chaque matin, sont apportées au siège

du comité; on les ouvre, on compte les bons et on obtient de la sorte tout à la fois le contrôle des opérations de la veille et le chiffre probable des répartitions auxquelles il faudra pourvoir le jour même.

Or, pour un seul arrondissement, le nombre moyen de ces cartes est de dix-huit mille par jour.

Qu'on vienne donc nier l'éloquence des chiffres !

XIV

1870-1871. — Les cadeaux du jour de l'an. — Les haricots secs du ministre. — Nos kiosques. — Sourires et sanglots. — Histoire de truffes. — Une place dans le gouvernement. — Les petits-crevés militaires.

Nous voici sur le seuil qui sépare l'année que nous quittons de celle où nous entrons.

Semblable au prisonnier qui sent approcher l'expiration de sa peine, Paris attend, avec une anxiété qui n'exclut ni la patience ni le courage, l'heure de la délivrance.

Peut-être le moment n'est-il pas inopportun pour jeter un regard sur le passé, envisager le présent avec le calme dont jamais nous ne nous sommes départis, et essayer de percer le voile mystérieux qui enveloppe encore l'avenir.

Paris a fait de grandes choses.

Nous n'avions plus d'armée : des soldats ont surgi

du sol. Nous étions sans armes : canons, fusils et munitions ont été créés comme par miracle. Nos ressources en vivres étaient limitées : nous avons su y pourvoir, et, au prix de privations vaillamment supportées, prolonger la résistance.

Tandis que Paris donnait au monde ce spectacle unique dans les fastes de la guerre, la province, de son côté, s'organisait énergiquement.

Du Nord, de l'Ouest, de l'Est et du Midi, la France entière lançait ses troupes au-devant de l'ennemi.

Une volonté ferme guidait ce grand mouvement, et si le succès n'est pas venu toujours couronner tant de nobles efforts, c'est que nos jeunes armées ont à combattre un adversaire aguerri et fortifié encore par ses victoires.

Aujourd'hui, cependant, nous subissons un temps d'arrêt.

Pourquoi ?

Paris compte entre ses murailles six cent mille combattants, que secondent, quoique de loin, leurs frères des départements prêts à reprendre la lutte. Qu'attendons-nous donc pour agir ?

Le froid, la neige, la dureté du sol, l'inclémence du ciel, ont pu constituer, dans les premiers moments, de sérieux motifs de temporisation. Mais nos troupes, maintenant aguerries, ne demandent qu'à marcher.

Songeons-y bien ; tandis que nous hésitons, l'ennemi se prépare ; en même temps qu'il dirige ses feux sur nos forts, il opère des mouvements qui n'ont pu échapper à nos vedettes.

Et d'ailleurs, la température était autrement rigoureuse à Sébastopol et à Cronstadt : cela a-t-il empêché nos soldats de bien se battre ?

Mais les motifs qui, jusqu'au 2 décembre inclusivement, ont pu nous déterminer à temporiser, ces motifs ont cessé d'exister.

Nous nous sommes préparés ; rien ne doit plus manquer de ce qui peut concourir à une vigoureuse offensive.

La période d'atermoiement est finie. Il faut que la période d'action, et d'action vigoureuse, incessante, décisive, commence.

Les hommes qui tiennent dans leurs mains les destinées de la France ont encore à nos yeux tout le prestige des premiers jours. Mais, pour Dieu ! que le *Gouvernement de la défense* devienne donc, résolûment, le *Gouvernement de l'offensive !*

1870 a légué à 1871 une tâche sacrée : la délivrance.

Voilà ce que chacun pense tout haut, en commentant l'inaction des chefs.

On voit même arriver, avec une sorte de plaisir relatif, la journée populaire du 1er janvier ; il semble que cette date ait quelque chose de fatidique, et que le millésime de l'année, en changeant son dernier chiffre, prélude à un revirement du destin !

Lugubre jour de l'an, pourtant, que ne réussissaient point à égayer les promesses de M. Magnin, communiquées au public sous la forme d'une lettre reproduite par tous les journaux :

Monsieur,

... Le Gouvernement a pensé qu'il fallait inaugurer l'année 1871 par une mesure dont chaque citoyen profiterait, et il m'a chargé de la mission très agréable de donner aux vingt arrondissements de Paris :

1° 104,000 kilogr. de très bonne viande de bœuf conservée (au lieu de viande de cheval) ;

2° 52,000 kilog. haricots secs ;

3° 52,000 kilog. huile d'olive ;

4° 52,000 kilog. café vert en grains;
5° 52,000 kilog. chocolat.

Vous voyez que nos magasins ne sont pas encore vides, quoique nous y puisions depuis le 19 septembre.

Nos ennemis ne nous empêcheront pas de fêter la nouvelle année et d'avoir la foi la plus inaltérable dans notre délivrance et dans la régénération de notre patrie.

J. Magnin.

Malgré les tentatives de quelques industriels qui avaient, nonobstant la rigueur des temps, trouvé moyen de garnir leurs devantures de bonbons en sucre, de pralines en chocolat, voire même de marrons glacés, il n'y avait pas foule devant leurs portes et les échanges de cartes, pour la plupart, sont encore à faire. Les bébés eux-mêmes, — ces pauvres anges que l'on contente pourtant avec si peu de chose, — on les oubliait; les baraques installées sur les boulevards, tout comme les années précédentes, avaient en étalage plus de cartouchières que de *ménages*, plus de nécessaires d'armes que de jeux de quilles. Le jour de l'an, pour elles, n'était qu'un prétexte à la vente des seules marchandises dont Paris se préoccupât alors : les armes et leurs accessoires.

Heureux les enfants, pour lesquels 1871 restera seulement *l'année sans étrennes* !

Ce n'est pas à dire que la population parisienne parût morne et mélancolique. Pendant la journée, les voies publiques se couvraient de nombreux promeneurs en quête de nouvelles; à l'heure de l'absinthe, les cafés se remplissaient comme autrefois. On s'arrêtait devant les devantures des kiosques où se trouvaient suspendues les caricatures que chaque jour improvisait l'esprit parisien, toujours gouailleur, toujours prompt à saisir le petit côté des choses. Ajoutons, à la louange des spectateurs, qu'ils ne manifestaient guère que du dégoût pour les obscénités dont quelques-uns avaient cru devoir remplir leur cadre.

On pourra établir des parallèles plus ou moins sincères, plus ou moins ingénieux entre le siége de Paris et d'autres siéges célèbres; on trouvera dans l'histoire des similitudes, quant au courage, à l'abnégation, à l'héroïsme, à la constance dans le malheur; on ne trouvera rien d'équivalent quant à la philosophie, au mépris du danger, à la tranquillité d'esprit, à l'inaltérable gaieté.

Jamais un étranger, transporté tout à coup dans Paris, sans notion préalable des événements, n'eût pu se douter que ce fût là une ville enserrée dans l'étau de l'investissement. On passait dans les rues le sourire sur les lèvres, sans presque l'apparence d'une préoccupation; ce que chacun éprouvait, il le cachait au fond de son cœur, de peur de jeter le découragement dans l'âme de ses concitoyens.

En France seulement, et peut-être à Paris, il en pouvait être ainsi.

L'Anglais, contraint, guindé, organise méthodiquement ses rares instants de joie:

— Je rirai de telle heure à telle heure, se dit-il. Et, à l'heure dite, il s'épanouit. Sa vie est réglée jour par jour, comme une tenue de livres; pourvu qu'à la fin du mois la balance soit faite entre la peine et le plaisir, il éprouve la satisfaction du comptable dont les registres sont à jour.

Le Russe, froid comme les neiges du Nord, morose comme les steppes de l'Ukraine, figé comme les eaux de la Newa, a besoin de s'échauffer pour dégeler sa torpeur. Sous l'influence des stimulants, son humeur se ragaillardit volontiers; mais à travers cette gaieté factice, on retrouve toujours la trace d'une excitation passagère.

L'Espagnol, en général, est sombre, mélancolique, taciturne. Drapé dans les plis fiers du manteau castillan, qu'il joue des castagnettes, pince de la guitare, chante une sérénade ou danse un *fandango*, il semble que, sous le classique *sombrero*, sa physionomie doive garder la rigidité du masque tragique.

L'Oriental est grave par religion, compassé par devoir. Ses principes lui interdisent le rire ; c'est à peine si, du bout des lèvres, il sourit quelquefois. Un Turc croirait offenser Mahomet en laissant éclater un contentement trop vif.

L'Allemand lui, est nuageux, rhéteur, idéologue. Entre la cueillette des « Ne m'oubliez pas » et l'exercice du fusil à aiguille, il professe volontiers le culte de l'utopie.

Nous en voyons une preuve dans l'effort qui arme contre nous les bras d'un million d'hommes bercés dans ce rêve insensé que la Prusse doit être tout et la France n'être plus rien.

La gaieté n'est qu'un méprisable accessoire pour ce peuple de mathématiciens, sans cesse à la recherche de solutions introuvables. Perdu toute la semaine dans ses songes creux, c'est seulement le dimanche que le Germain tire sa gaieté de l'armoire avec sa bible et ses plus beaux habits.

Le Français seul sait être gai avec esprit, joyeux avec mesure, et apporter, jusque dans ses plus vifs transports, ce tact et cette délicatesse qui font le principal charme de la gaieté française.

Grâce à cette douce philosophie, nous apprenons à supporter patiemment nos misères. Armés de l'inaltérable sérénité qui est l'une de nos forces, nous acceptons avec calme des épreuves parfois terribles ; sous nos plus cuisants chagrins, on devine encore le sourire prêt à se faire jour à la première éclaircie.

Qui croirait, en voyant nos braves moblots danser le soir en rond aux airs de leurs pays, que ces joyeux enfants, venus de tous les coins de la France, sont ceux-là mêmes qu'un indomptable courage anime dans le tumulte des batailles et que le danger déjà vingt fois affronté a consacrés soldats et baptisés héros ?

En voyant défiler calmes, vaillantes et de joyeuse humeur, nos légions de soldats citoyens, qui reconnaîtrait en eux les défenseurs d'une vaste capitale livrée aux horreurs d'un siège ?

Regardez-les passer, s'en allant aux remparts, la tête haute, la démarche assurée. A mesure qu'on avance, le pas devient plus décidé, les chants plus sonores, le regard plus vif. Dans le canon des fusils, brille le bouquet de dahlias mêlés de réséda ou de roses.

Si on n'a pas de pain, du moins on a des fleurs !

Il fallait bien cette apparente insouciance pour faire oublier les souffrances sans nombre que nous commencions à endurer. Mais, si les hommes déployèrent de la patience et de l'énergie, les femmes, elles, montrèrent de l'héroïsme.

On ne peut imaginer un supplice pareil à celui qu'enduraient nos ménagères, attendant pendant des heures, — que dis-je, — pendant des journées entières, la faible portion de viande qui devait former la base de toute leur économie domestique, l'unique solution du problème de la nourriture quotidienne.

Il y avait bien, il est vrai, en certains quartiers, le comptoir de consommation populaire. Mais le ministère et l'Hôtel de Ville refusant d'alimenter ces établissements, rien n'était moins certain que d'y pouvoir trouver ce qu'on cherchait.

C'est ainsi qu'un matin, la foule des ménagères se pressait comme d'habitude à l'entrée de la succursale située rue de Châteaudun ; mais quel désappointement quand l'employé de service vint leur annoncer qu'il ne restait plus pour l'instant que... des truffes !

— Des truffes à 7 francs la boîte, en voilà une nourriture pour des petits ménages ! s'écriait en se dispersant la foule désappointée des acheteuses.

Qui nous dira combien de ces malheureuses, plus stoïques dans ce rôle sans éclat que les hommes qui tombaient sur le champ de bataille, ont succombé à ce dur métier. Qui nous dira combien sont morts de ces pauvres petits êtres, enfants chétifs qu'elles portaient sur leur sein, pour ne point les abandonner seuls à la maison quand le père était aux remparts... ou n'était plus ; qui nous dira combien de ces mères et de ces enfants ont été tués sous les âpres morsures du froid et de la faim ?

Il existait cependant des moyens de remédier à ce désastreux état de choses. Mais il était écrit que l'on n'organiserait la distribution des vivres que lorsqu'il n'y aurait plus de vivres à distribuer.

Paris, mal administré comme ses soldats étaient mal commandés, souffrait plus que sa part. Comment d'ailleurs en eût-il été autrement, avec les fonctionnaires qui, au lendemain du 4 septembre, s'étaient élancés, là comme par toute la France, à la curée des emplois ? Comment s'étonner si, chaque jour, de toutes les bouches, sortaient de nouvelles et plus amères critiques ?

J'ai toujours admiré avec quelle facilité des inconnus, que l'absence de toute aptitude semblait vouer à une vie obscure et ignorée, trouvent l'occasion de percer, dès qu'un changement de régime vient brusquement forcer à la retraite les titulaires de certains emplois plus ou moins grassement rétribués.

Avoir *une place dans le gouvernement*, telle est l'ambition de quantité de gens qui, de leur vie, n'ont pu trouver de place nulle part, mais qui guettent avec soin l'occasion favorable à la réalisation de leurs vœux.

Il ne faut rien moins que le renversement de tout un ordre de choses pour que ces individualités parviennent à se faire jour. Tant que le cataclysme demeure à l'état de menace, on se borne à l'attendre tranquillement, patiemment ; on se tient coi, on vit comme on peut, parfois en végétant ou en passant son existence à culotter des pipes au fond de quelque estaminet. Le jour venu, on se montre ; on fait appel à quelque ancienne camaraderie, on se prévaut de quelque titre insignifiant, et l'on se met à la queue des sollicitateurs quémandant *une place dans le gouvernement*.

Combien de pères de famille n'ont point d'autre ambition pour l'avenir de leur fils ! Dans notre pays, où la manie du *fonctionnarisme* fleurit dans tout son épanouissement, avoir *une place dans le gouvernement*, c'est le plus beau lot que puisse envier un jeune homme parvenu à l'âge où l'on doit songer à une carrière.

Parmi les chercheurs convaincus en quête d'*une place dans le gouvernement,* il en est que leur situation rend aptes à occuper un emploi sous tous les gouvernements possibles ; ils ont des relations partout, des amis dans tous les camps, et, se tenant prudemment éloignés du théâtre de la lutte, il leur suffit d'avoir soin de se montrer au bon moment ; on les voit arriver alors empressés, remuants, prêts à tout, pourvu qu'une réponse favorable attende la question qu'ils tenaient en réserve :

— Et ma part ?

D'autres, tout aussi âpres à la curée, mais moins favorisés du sort, n'ont d'espoir qu'en un seul régime ; il faut, pour qu'ils osent se présenter, que les événements se fassent leurs complices ; ne leur en adressez pas de reproches, ce n'est pas leur faute, et s'ils en usent ainsi, c'est qu'il leur est impossible de faire autrement.

Il va sans dire que celui qui a *une place dans le gouvernement* la garde de son mieux, et que pour rien au monde il ne renoncerait à sa prérogative — jusqu'à ce qu'un nouvel ordre de choses le force à lâcher sa proie en faveur de quelque autre, qui lui aussi soupirait depuis longtemps après *une place dans le gouvernement.*

Par malheur pour ces incapables dont la place eût été plus honorable dans les rangs des combattants, tout le monde connaît aujourd'hui le triste mode de recrutement employé pour remplir les cadres de l'état-major de la garde nationale.

Quelques-uns avaient espéré d'abord que les fonctions des officiers de ce corps seraient du moins bornées, comme autrefois, à la transmission des ordres, et spécialement dans l'intérieur de Paris.

Mais voilà que les compagnies de guerre formées, il fut question de les mêler aux troupes actives. La besogne des officiers d'état-major dut dès lors changer.

Comme à l'armée, il rentrait dans leurs attributions de guider les troupes vers les terrains à occuper ou sur le théâtre du combat.

Besogne facile, pourrait-on croire. Bien au contraire, elle exige des connaissances où au moins des aptitudes toutes spéciales.

Conduire une tête de colonne, c'est posséder à fond le pays que l'on parcourt, c'est savoir à l'avance, au moins par l'inspection d'une bonne carte, la route la plus courte et la mieux abritée des feux de l'ennemi ; s'est connaître les distances qui séparent chacun de ces points des points que ce dernier peut occuper; c'est être capable de rapporter sur un plan ancien ou incomplet les accidents de terrain, les routes, les villages, les habitations isolées qui ne s'y trouvent pas indiqués.

Eh bien, le croirait-on ? des officiers de notre état-major civique n'étaient même pas capables de *lire* une carte topographique.

Et comment en eût-il été différemment ? Recrutés parmi les brillants jeunes gens des boulevards ou des salons parisiens, ces officiers, qui portaient d'ailleurs très crânement l'uniforme et savaient généralement faire caracoler leurs chevaux devant les chefs de corps, n'avaient reçu que l'éducation superficielle, — souvent nulle, — des fils de famille élevés sous l'empire.

Avoir quatre ans de manége et un cheval ne constitue évidemment pas une honte, mais il n'y a pas là de qualités suffisantes pour des hommes dont les erreurs devraient être qualifiées de crimes.

« Allons ! entendais-je dire souvent, un bon mouvement de la part de ces jeunes gens qui n'ont pas même la consolation de s'être vu nommer à l'élection. Qu'ils laissent leurs galons, leurs grades et leurs montures à de plus capables. Nous ne serons pas en peine de trouver ceux-ci.

« Aujourd'hui que le génie civil a presque achevé sa tâche, il ne manquera pas de jeunes ingénieurs, d'élèves des Écoles pour occuper les fonctions, faciles pour eux, d'officiers d'état-major.

« Quant aux gros bonnets de l'Élysée, quant à ceux que l'ancien régime avait mis en place, alors que la garde nationale avait pour unique mission de garder les murs de l'Hôtel de Ville des... souillures des passants et de faire respecter la virginité des cadres d'affiches, la République a respecté leur nullité et leurs cheveux blancs ; imitons-la et ne leur demandons qu'une chose :

« C'est de continuer à ne rien faire ! »

XV

Le bombardement. — Une nuit au fort. — Vanves et Montrouge. — Les sous-sols. — Un croque-mort patriote. — L'obusomanie. — Le parti des capitulards. — Une phrase célèbre.

Depuis longtemps déjà il était question du bombardement. L'éventualité d'une semblable entreprise avait servi de texte à bien des conversations, à bien des articles de journaux, dès le début du siége, et même avant le 19 septembre. L'autorité, à cette époque, avait fait afficher dans toutes les rues, à l'entrée de toutes les habitations, sur les murailles des cours intérieures, des *Instructions sur les précautions à prendre en cas de bombardement*, qui, la plupart du temps, avaient été suivies à peu près au pied de la lettre. Partout, dans les passages et les habitations, s'alignaient des rangées de tonneaux que propriétaires, locataires et concierges tenaient soigneusement remplis d'eau.

Dans les coins de chaque cour s'élevait un monticule de sable, le seul obstacle connu en ce moment, propre à être opposé à l'incendie par les bombes au pétrole. On allait même souvent jusqu'à proposer le dépavage immédiat des voies publiques.

Mais à force de parler du bombardement, on avait fini par n'y plus croire. Si souvent, par des extraits de journaux allemands tombés entre nos mains, nous avions vu la chose solennellement annoncée, et si souvent le roi Guillaume avait fait faux bond à ses administrés, que nous nous étions doucement habitués à ne chercher dans le bombardement que la vaine menace d'un adversaire exaspéré.

Peu à peu, l'eau des tonneaux avait gelé sans qu'on s'en souciât ; les tas de sable s'étaient effondrés, ravagés, répandus sur le sol, couverts de neige et finalement réduits en une boue grisâtre qui s'épandait, au moment du dégel, et venait obstruer les conduits d'écoulement.

D'ailleurs, plus l'on y réfléchissait, plus on était convaincu que le bombardement, fût-il possible, resterait inutile à l'ennemi.

Cette mesure extrême n'affaiblit guère la défense ; ses résultats destructeurs ne se produisent pas sur les remparts de l'enceinte ou les pièces d'artillerie qui doivent y répondre. L'effet que l'assaillant attend d'un bombardement est un effet purement moral. Il sait bien que toutes les précautions sont prises pour sauvegarder les subsistances et les munitions, accumulées derrière de solides murailles ou sous une épaisse couche de terre.

Pendant que le blocus est un défi à la constance de l'assiégé ; l'attaque de vive force, un défi à sa bravoure et à la puissance de ses moyens de défense ; la surprise, un défi à sa vigilance ; le siége régulier, un duel d'ingénieurs ; le bombardement, lui, est moins que tout cela. Il est, pour l'assiégeant, la simple pierre de touche de la *force morale* de l'assiégé.

Qu'espère donc celui-là ?

Il compte, dès les premières flammes de l'incendie, dès les premiers cris des blessés, épouvanter, non pas les défenseurs actifs, — ceux-là sont aux remparts, — mais la population faible et impuissante, la population *civile*.

Le bombardement n'est autre chose qu'un appel à la révolte, à l'insurrection de la masse populeuse contre la garnison.

Un bombardement ne forcera jamais un commandant qui a de l'honneur à capituler, et c'est perdre son temps que de chercher à l'effrayer par un pareil genre d'attaque.

Il n'y a pas bien longtemps encore que, dans les écoles, on traitait le bombardement de moyen barbare, à l'usage des *ignorants;* cependant, disons-le, depuis que l'artillerie a effectué ses derniers progrès, quelques-uns de nos officiers ont cessé de parler ainsi; on trouve, à ce propos, dans un livre publié en 1848 par le commandant De Blois, une phrase tout au moins prophétique :

« A l'avenir, on incendiera les villes... ou du moins,
« si une philanthropie mal entendue empêche les
« Français de recourir à ce puissant et rapide moyen
« d'enlever les forteresses, ils peuvent être certains
« que l'on ne se fera pas le moindre scrupule de l'em-
« ployer contre eux. »

C'est que, plus la population non militaire enfermée dans l'enceinte est considérable, plus l'assaillant peut compter, en effet, sur une pression exercée par elle contre la garnison et son commandant.

Il n'y avait guère qu'un moyen de mettre une ville assiégée à l'abri de ces dangers intérieurs, particuliers au bombardement. C'était celui que, d'instinct, Paris avait adopté : armer tous les citoyens pour la défense des remparts.

La garnison, alors, c'était tout le monde.

Lorsque chacun est prêt au sacrifice de sa vie, qui marchanderait les sacrifices matériels ?

D'ailleurs, dans l'idée générale, bombarder Paris n'est pas une entreprise à beaucoup près aussi facile qu'on se l'imaginerait d'abord, et l'accomplissement en serait certainement moins meurtrier qu'on ne pourrait le craindre.

Paris est grand.

La ceinture de forts qui retient l'ennemi à distance vient encore en doubler la gigantesque circonférence.

En réalité, les hauteurs qui entourent notre ville, et sur lesquelles les Prussiens pourraient établir leurs batteries, peuvent s'énumérer ainsi :

Châtillon, Meudon, Montretout, Sèvres.

Quant aux collines situées au nord de Paris, elles sont à peine à distance pour l'attaque de Saint-Denis.

Or, si nous jetons les yeux sur la carte, nous voyons que le plus rapproché de ces points est encore à 3,500 mètres environ de l'enceinte.

Si l'on examine le pourtour de celle-ci, on en arrive de suite à reconnaître que la rive gauche de la Seine, qui paraissait directement menacée par l'occupation de la butte de Châtillon, offre heureusement, au-dedans, une étendue considérable de terrains vagues où les boulets ennemis laboureront le sol sans causer de dégâts sérieux.

Sur deux points, cependant, à la porte d'Italie et à la porte d'Orléans, les constructions s'étendent jusqu'au mur d'enceinte. Mais les maisons vides ne manquent pas sur la rive droite de la Seine, et le patriotisme est trop ardent et trop sincère à Paris, pour que nous ayons la moindre inquiétude sur le sort des familles que les boulets prussiens expulseraient de leurs foyers.

Sur la rive droite, les hauteurs de Passy et d'Auteuil défendent admirablement la moitié de Paris contre les projectiles. Là encore, une émigration sera nécessaire; mais la dispersion des habitants rendra les incendies partiels peu dangereux, et avec quelques précautions, beaucoup pourront même rester chez eux sans danger.

Ces réflexions, et bien d'autres encore, verbales ou écrites, s'étaient si souvent produites depuis le commencement du siége, que petit à petit nous avions vu s'évanouir les préoccupations et les craintes.

Paris était même parvenu à se faire une illusion telle que, lorsque le 5 janvier les premiers obus arrivèrent sur les maisons des quartiers du sud, on ne put s'imaginer que les projectiles eussent été réellement dirigés sur l'intérieur de la ville.

— Le tir des canons prussiens aura été mal réglé, disait-on partout.

— Leurs artilleurs auront trop monté la hausse, ajoutaient ceux qui voulaient passer pour experts en matière d'artillerie.

Et l'on s'accordait à trouver que le Gouvernement tardait beaucoup à informer le quartier général des assiégeants, de la fausse direction que prenait leur tir. On considérait d'ailleurs comme impossible que nos ennemis, si barbares qu'ils fussent, dirigeassent leur feu sur la population inoffensive, sans une sommation et une dénonciation préalable. L'histoire n'était-elle pas là? Où trouver l'exemple d'une ville bombardée sans avertissement? Et la population étrangère? Les Anglais, les Suisses, les Espagnols, les Américains, les Autrichiens, les Italiens, dont les consuls étaient, jusque-là, restés dans les murs de la ville investie; ne devait-on pas, en vertu des principes les plus élémentaires du droit des nations, leur donner à l'avance les moyens d'abandonner une capitale de la résistance de laquelle on ne pouvait pas les rendre solidaires?

Je me trouvais hors de Paris, sur les bords de la Marne, lorsque le tir des grosses pièces Krupp avait commencé.

C'était après une nuit glaciale, une de ces nuits à la suite desquelles, — comme cela arriva trop souvent, — on était obligé de rapporter à Paris, sur des civières, des corps de factionnaires gelés.

J'ai encore présent à l'esprit l'effet lugubre du sifflement des premiers obus, passant à travers une atmosphère chargée d'un épais brouillard... Sifflement n'est pas le terme propre, et il faudrait créer un mot pour rendre exactement la nature étrange du son que rendaient dans leur tournoiement les gros projectiles, son grave, sombre, ressemblant assez aux vibrations du métal d'une locomotive surchauffée, et accompagné d'une note plus stridente, semblable à l'harmonique qui se fait entendre lorsqu'on appuie sur l'une des touches d'un instrument.

C'est au matin du 27 décembre que le feu avait commencé, des hauteurs de Noisy-le-Grand et de Gournay contre le plateau d'Avron, les forts de Nogent, de Rosny et de Noisy. La première de ces positions inquiétait depuis un mois les assiégeants ; les soixante-douze pièces mises en batterie sur le plateau d'Avron força ent souvent les Prussiens à de longs détours dans la marche de leurs convois de vivres et de munitions. Le tir de ces canons, en effet, portait jusqu'à Chelles, station qui, sur la ligne de l'Est, formait comme le point de départ et d'arrivée réel de toutes leurs communications avec l'Allemagne et les principaux départements envahis.

A l'arrivée des premiers projectiles, il y eut surtout de l'étonnement. On crut à une attaque préludant par un déploiement d'artillerie formidable, comme nos ennemis nous y avaient habitués depuis longtemps. Mais les effets effroyables des boulets, la grosseur inusitée des éclats d'obus donnèrent bientôt à réfléchir. Les épaulements des batteries, sur le plateau d'Avron, se crevaient et s'éboulaient en quelques minutes ; les troupes, massées d'abord comme pour résister à une tentative de vive force, durent bientôt se retirer jusque dans les plis de terrain où serpente la route conduisant au fort de Rosny. Là même, venaient les atteindre et les décimer les effrayants engins de destruction lancés de plus de 5,000 mètres par les canons Krupp.

La place n'était plus tenable. Le général Trochu qui, vers le milieu de la journée, s'était rendu sur le plateau, n'avait pas voulu se risquer à perdre des milliers d'hommes et douze batteries d'artillerie en s'opiniâtrant à garder une position qui n'avait qu'une valeur offensive, puisque l'ennemi, lui, ne pouvait l'occuper que sous le canon du fort de Noisy.

Les forts de Rosny et de Nogent étaient également bombardés avec furie. Contre Nogent, jusque-là, les assiégeants n'avaient jamais dirigé leur tir ; ils n'avaient même jamais répondu au feu que le fort ouvrait fréquemment sur leurs positions ou leurs convois. Cette sorte de parti pris avait enhardi la garnison, dont une partie, l'artillerie de campagne surtout, avec ses chevaux, campait sur les glacis et les terres s'étendant en contre-bas.

Quelques artilleurs, au début du bombardement, n'avaient accordé qu'une médiocre attention à l'arrivée des obus, et ne se hâtaient que fort peu de rentrer chercher un abri dans le fort. Plusieurs tombèrent victimes de leur imprudente insouciance.

Il est probable qu'en ouvrant le feu de leurs puissantes batteries contre le front est de la ligne des forts, — le plus redoutable, en définitive, et le moins susceptible d'être ultérieurement forcé par un assaut, — il est probable que les assiégeants voulaient surtout attirer notre attention et nous faire accumuler nos moyens de défense de ce côté. La véritable, la formidable attaque, en effet, ils ne la dirigèrent que cinq ou six jours plus tard, contre les forts du Sud, à l'aide de leurs batteries de Châtillon, de Meudon, de Clamart.

Sur toute la ligne méridionale commença alors un combat d'artillerie sans précédent. Aux canons qui armaient déjà les embrasures des forts d'Issy, de Vanves, de Montrouge, de Bicêtre, de Charenton, les commandants de l'artillerie ajoutèrent de nouvelles pièces, épaulées contre de larges ouvertures pratiquées dans l'épaisseur du glacis. Deux étages de feux répondaient, de notre côté, au feu épouvantable des assiégeants. Les remparts depuis le Point-du-Jour et Auteuil jusqu'à la porte de Fontainebleau, se mêlaient à cette gigantesque lutte.

Avec la journée ne finit point la canonnade. Loin

même de se ralentir, l'ennemi lui donne encore plus d'intensité. Il faut avoir passé vingt-quatre heures dans un fort, pendant ces terribles instants, pour comprendre tout ce qui peut agiter une âme humaine, envahie à la fois par la rage, l'angoisse, l'espoir de la vengeance, l'anxiété de l'attaque, la fièvre de la riposte, il faut avoir passé par les impressions ineffaçables que laisse une soirée comme celle du 27 janvier.

Nuit obscure. Pas une étoile au ciel ; pas un rayon de lune. De loin en loin, pointillant les ténèbres comme un drapeau blanc sur le fond noir de l'horizon, quelques flocons de neige accrochés à un escarpement qu'a épargné le dégel. On ne voit rien du paysage ; on devine ; l'œil, insensiblement, perd toute sensation des distances ; il semble qu'en tendant le bras on va se heurter à une montagne.

Le vent qui siffle et vient en tournoyant s'engouffrer entre les remparts du fort, gémit une lugubre fanfare ; parfois, à son bruissement, se mêle un écho lointain ; un vague murmure traverse l'immensité de la nuit et vient frapper notre oreille comme un soupir de la nature endormie.

Puis, plus rien que le pas sourd et monotone des sentinelles qui veillent autour des murs.

Depuis un long moment, la voix du canon s'est tue; tout à l'heure, sans doute, les krupps de l'ennemi et nos pièces de marine reprendront leur dialogue. Mais ce n'est point de notre côté que commenceront les discours ; nous attendrons pour répondre que le voisin d'en face nous interroge.

Une brume intense nous enveloppe de toutes parts. Je me tourne un instant du côté de Paris. Un nuage rougeâtre, tenu en suspension dans l'épaisseur de l'atmosphère, révèle seul la présence de la grande cité dont les scintillements nocturnes ne peuvent arriver jusqu'à nous. Appuyé contre une rangée de palanques faisant face à la courtine qui donne accès au fort, je me perds un instant dans la contemplation de l'infini — un infini qui malheureusement s'arrête, au-dessus de nos têtes, à l'épais rideau de nuages qui roule lourdement ses replis menaçants.

Nous sommes bien seuls. Perdu au sein de la nuit sombre, le fort semble un navire à l'ancre en pleine mer ; une vaste carène avec écoutilles et sabords, mais sans mâts et sans voiles, qui fait involontairement songer au vaisseau fantôme de la légende.

Tout est tranquille à bord.

A peine quelques ordres, donnés à voix basse, révèlent-ils la présence de l'équipage ; on ne parle pas, on chuchote.

Il faut un œil observateur pour découvrir, au milieu de ce silence, le mouvement incessant, l'activité fiévreuse qui, pas un seul instant, ne se sont ralentis. Derrière chaque canon, accroupi dans son embrasure comme un monstre à l'affût, les servants sont prêts, n'attendant qu'un signal. Des escouades d'équipe vont et viennent de la soute aux munitions à chacun des bastions, renouvelant les consommations épuisées et profitant de l'accalmie pour réparer les désordres du branle-bas. Des patrouilles circulent entre les casernements et les remparts. Les officiers de ronde passent leur inspection : étrange inspection qui n'a pour se guider que l'accoutumance que donne une expérience éprouvée. De ci de là passe hâtivement un falot, véritable feu-follet disparu aussitôt qu'entrevu. En somme, un labeur paisiblement accompli, une besogne exécutée avec assurance et sans bruit, un mystère plein de calme et de sérénité, tout cela respirant la force et la confiance, et remplissant le cœur d'espoir dans le résultat en même temps que d'admiration pour tous ces braves si simples et si placides dans leur dévouement.

Le faible tintement d'une horloge lointaine nous apporte neuf heures. A peine le dernier coup s'est-il fait entendre, qu'une voix bien connue résonne à notre oreille :

— Eh! les enfants, préparons-nous; maintenant cela ne tardera guère. Attention surtout vers la gauche.

Celui qui parle ainsi est le commandant, un diable d'homme qui en sait joliment long. Quel autre pourrait, avec cette précision mathématique, prédire les intentions de l'ennemi? Auprès du commandant, Œil-de-Faucon et Bas-de-Cuir n'étaient que des... peaux-rouges !

En un clin d'œil, tout le monde est sur pied; — cinq minutes après, un éclair, sur la gauche, déchire les ténèbres.

Enfin ! nous y voici.

J'ai le temps de me livrer, en moi-même, à ces quatre mots de réflexion avant que le bruit de la détonation parvienne jusqu'à nous. A ce son grave, net, profond, succède un éclatement strident, en même temps que le bruit sourd d'une lourde chute : c'est l'explosion du projectile; il a éclaté en l'air longtemps avant d'être à destination, et ses débris se sont dispersés loin de nous.

— Les maladroits ! fait à côté de moi un matelot — un pointeur, sans doute, — dont je distingue à peine la silhouette.

Le fait est que, pour le premier coup, nos vis-à-vis

n'ont pas été brillants ; mais ils sont, paraît-il, assez coutumiers du fait. Tantôt l'obus fait explosion avant sa chute; tantôt — et le cas est fréquent — il n'éclate pas du tout; tantôt il dévie sensiblement du sens de sa trajectoire, tantôt il dépasse le but et va se perdre on ne sait où.

— Les brioches sont d'aussi mauvaise qualité que le pâtissier, affirment nos marins ; et, ajoutent-ils, ce n'est pas peu dire !

— Voyez-vous, insinue doucement un quartier-maître, en Prusse, on trompe le gouvernement; on ne lui f...lanque que de détestables marchandises. Leurs obus, tenez, je n'en donnerais pas seulement une chique !

Quoi qu'il en soit, devant cette première démonstration, le fort demeure silencieux ; il est aisé de voir que nous ne sommes pas pressés de répondre; nos pièces sont en position, prêtes à faire feu. A gauche, à trois mille mètres environ, puis à droite, puis en face, d'autres éclairs se succèdent, incendiant l'horizon d'une lueur ensanglantée; d'autres détonations s'élancent et vont rouler d'écho en écho; quelques projectiles commencent à siffler au-dessus et autour de nous. Le moment est venu, sans doute, car, presqu'en même temps, à babord, à tribord, j'entends l'ordre bref et calme des chefs,

— Envoyez !

Et aussitôt :

— Boum ! boum ! deux rugissements énormes et un long grondement à travers l'espace.

Où atteindront nos projectiles ? Que vont-ils, hommes ou choses, écraser de leur poids ? Quels criminels courent-ils châtier ? On n'a guère le loisir de se faire ces questions en u moment pareil. Les hurlements de toutes ces gueules de fer se précipitent, furieux de plus en plus; le tournoiement des masses de fonte et de plomb fait grincer l'air avec rage ; les éclats des obus jonchent les parapets, s'écrasent contre les murailles ou viennent lézarder les pierres moins solidement agglomérées des constructions intérieures. Il faut être habitué à tout ce hourvari pour garder son sang-froid au milieu de la tourmente. Mais, même pour le novice, la surprise des premiers instants une fois passée, c'est surprenant comme on se fait vite à ce tumulte effroyable.

On compte d'abord les détonations et l'on ne tarde pas à s'apercevoir, à travers le mélange confus des sons qui s'entre-croisent, que, des divers côtés, elles se suivent avec une régularité bien marquée ; on en arrive bientôt à n'avoir plus besoin de se guider sur la flamme du coup pour savoir de quel côté arrivera le projectile. Quant au petit exercice grâce auquel on se gare de toute fâcheuse atteinte, on l'exécute presque machinalement, même avec les plus faibles aptitudes gymnastiques, et l'on finit par n'y plus faire attention.

Tout ce mouvement, tous ces bruits, toute cette cohue de fer et de bronze vous emportent dans leur élan vertigineux. J'aspire à pleines narines l'odeur enivrante de la poudre. De temps à autre, un craquement indique qu'un projectile a porté ; on verra cela au jour, mais d'avance on sait à quoi s'en tenir sur la gravité de la lésion; notre brave fort est solide, et c'est à peine si le boulet le mieux lancé parvient à entamer la surface de ses parapets : en un tour de main on réparera cela.

A l'abri derrière une cloison de sacs à terre, j'admire tout à l'aise les prouesses de nos canonniers; par instants toute notre ligne de feu s'éclaire à la fois, et

14

ces moments-là sont splendides. Mais ce qui frappe surtout, c'est le calme imperturbable qui préside aux mouvements. On charge, on tire, on recharge, on retire, absolument comme si l'on jouait à la carabine de salon. Les commandements s'exécutent avec la même placidité.

— Envoyez!... cela se dit avec infiniment moins d'emphase que les cafetiers n'en mettent à crier :
— Versez !
Et la grosse voix des pièces de marine répond :
— Boum ! ! !

Je vous garantis que le Prussien est servi chaud. Quant à ses obus à lui, voici que maintenant — par une fatalité dont nous ne nous plaignons pas—ils vont depuis une heure se perdre dans les glacis du fort. Monté sur la crête intérieure du parapet, un mobile, tranquillement, s'amuse à les compter à mesure qu'ils tombent.

Nous descendons aux casemates. Pendant que mugit le ronflement des canons, ici ce sont les dormeurs qui ronflent. Mon Dieu, oui! exactement comme ils le pourraient faire sur le meilleur sommier, au fond de la riante alcôve du plus pacifique bourgeois. Dans le salon des officiers on fume, on cause, on lit à la clarté des lampes. C'est l'entrepont avec tous les agréables passe-temps d'une pénible traversée.

Là-haut cette tempête, ici cette sérénité! Décidément, ô grands hommes : Vauban, Cohorn, Cormontaigne, je vous bénis !

Le commandant est partout à la fois, donne ses ordres à tout son monde, s'occupant tour à tour de l'ensemble et des détails, superbe dans son calme, admirable de courage.

Tous ces hommes, du reste, semblent de fer ; leur

infatigable énergie ne se dément pas un instant ; leurs audaces, souvent, vont jusqu'à la témérité, et si naïvement ! Tel canonnier qui, sautant sur la plongée pour manœuvrer mieux à l'aise, reste debout au-dessus de l'abîme, au milieu de la pluie de fer qui le menace de tous côtés, semble ne pas se douter qu'il fait acte d'héroïsme. Mais, en vérité, faut-il que ces Prussiens aient de la poudre à revendre ! Depuis sept heures que cela dure, pas un homme n'a eu la plus petite égratignure.

Dans la rue militaire, il est tombé en tout deux projectiles : un seul a éclaté. Au-dessus de nos têtes, en revanche, des sifflements incessants nous indiquent que bon nombre d'obus sont destinés à un autre but, bien au-delà de nous. Peu à peu le feu de l'ennemi se ralentit ; de notre côté, nous modérons notre tir.

Lorsque commence à poindre la première éclaircie blafarde du petit jour, les coups, insensiblement, ne se répètent plus que de quart d'heure en quart d'heure. La pluie qui, toute la nuit, semblait nous menacer, est à peu près conjurée, car la brise qui fraîchit a balayé le ciel. Les nuages, en s'écartant, nous dévoilent la lune, qui ne paraît briller à cette heure matinale que pour nous faire mieux regretter sa clarté. Dans la brume de l'aurore, le site environnant commence à s'estomper en masses indécises.

Le silence renaît, comme si la rage des hommes guettait, pour s'assoupir, l'heure où la nature s'éveille.

Baigné des pâles lueurs de l'aube, le fort plane toujours calme et majestueux, pareil au vaisseau contre les flancs duquel est venue, impuissante, se briser la tempête.

Je me demande presque si je n'ai pas rêvé, tellement est peu saisissante l'impression qu'on éprouve à voir le résultat d'une nuit de bombardement.

Rien n'a changé dans l'aspect de notre vaillante forteresse ; à peine quelques accrocs qui pourraient être tout aussi bien l'œuvre d'un pur accident. Après tant de bruit, l'on pourrait s'attendre à des ruines. Point; tout au plus quelques crevasses.

— Mon fort, dit le commandant, est bien plus beau comme cela ; il lui manquait les cicatrices qui consacrent le vieux guerrier. Maintenant, si le cœur leur en dit, qu'ils continuent un an comme cela !

Mais Paris s'aperçoit pour tout de bon, maintenant, que les bombes n'atteignent pas uniquement les forts.

Les soldats ne sont pas les seules victimes du devoir.

Derrière les fortifications, sur nos maisons, dans nos rues, les projectiles viennent choir depuis quarante-huit heures.

Montrouge et Vanves, Vaugirard et Grenelle ; tout le long du jour, servent dès lors de but à un incessant pèlerinage. Les uns y viennent attirés seulement par la curiosité, d'autres par l'intérêt et l'inquiétude qu'ils ressentent pour les parents, les amis qu'ils ont dans ces parages. Ce qui frappe tout d'abord les arrivants, c'est le peu d'émotion que cause le bombardement parmi les classes les plus diverses de la population. Pas un habitant qui, à toutes questions, ne réponde avec un calme souriant; pas un qui ait, un seul moment, songé à interrompre ses occupations, à se départir de ses habitudes. A peine, de ci de là, quelques petits déménagements indiquant une émigration vers l'intérieur; invariablement le *déménageur* est un brave commissionnaire attelé à une voiture à bras que surmonte un maigre mobilier. Quant au fugitif, il se dissimule de son mieux derrière le véhicule, comme s'il avait honte de s'en aller alors que tout le monde reste.

Les boulevards extérieurs sont particulièrement encombrés de promeneurs : tous ces gens-là ont l'air de venir à un spectacle ; les bruits exagérés qui courent par la ville leur ont fait un tableau de désolation qu'ils semblent étonnés de ne pas voir se dérouler devant leurs yeux ; pour quelques-uns, c'est presque une déception, car, si ce n'était le grondement continu d'une canonnade peu lointaine, on se croirait volontiers aux temps les plus riants, aux heures les moins troublées.

Le drame d'ensemble manque ; on se rabat sur les incidents. C'est ainsi qu'on examine avec curiosité un pavé que la chute d'un obus a enfoncé de plusieurs centimètres dans le sol ; l'obus a éclaté sur place, et ses fragments sont allés frapper les murs et les fenêtres des deux immeubles d'en face ; des dégradations peu importantes s'aperçoivent dans la maçonnerie ; quelques lames de persiennes ont volé en éclat ; pas mal de vitres sont brisées ; mais personne n'a été atteint. Au troisième étage d'une maison avoisinante, habite un croque-mort qui a passé la nuit à sa croisée pour « voir le bombardement. » Cet homme intrépide n'aspire qu'à descendre dans la fosse quelque « client » prussien, et il espère bien que le jour est proche où il pourra se donner cette satisfaction.

— Mais à quoi pensez-vous de vous mettre ainsi à la fenêtre ? lui dit-on.

— Ma foi ! fait-il, je pense que ça ne va pas aussi fort que je voudrais.

— Vous avez dû voir des obus éclater dans le cimetière ? lui demande quelqu'un.

— Non, répond-il ; je n'ai pas eu cette chance : ils sont venus quand j'étais absent.

Et après un instant de réflexion :

— Peut-être bien tout de même que s'ils étaient tombés sur moi, je m'en serais aperçu.

Un peu plus loin on se presse en foule aux environs de la rue Daguerre, où pour la centième fois peut-être, des voisins complaisants expliquent le cas de cette pauvre madame Lesuisse, la cantinière du 146ᵉ, tuée raide dans son lit par un obus qui, entré par le mur de derrière du pavillon à un seul étage qu'elle occupait avec son mari, est ressorti sur la cour en renversant un pan de mur tout entier. Un autre projectile est tombé dans la même cour et a, dans son explosion, soulevé une douzaine de pavés qui ont été projetés dans tous les sens.

Autre part, un chien a été coupé en deux — littéralement — par un gros fragment qu'on a retrouvé teint de sang.

Les chiens, du reste, jouent de malheur : deux de ces animaux ont été réduits en miettes, à tel point qu'à peine a-t-il été possible d'en retrouver trace.

Les malades de l'ambulance établie à l'ancien bal Bullier, ont été, par mesure de prudence, évacués sur divers hospices.

Une remarque à ce propos.

Le Luxembourg, Cluny, le Val-de-Grâce, le Panthéon, les Invalides : — ne semble-t-il pas que depuis la cathédrale et la bibliothèque de Strasbourg, les Prussiens aient fait serment de prendre pour point de mire nos musées et nos monuments les plus précieux ? Et ces gens-là repoussent le titre de Vandales, de barbares, de Huns ! En voilà déjà plus qu'il n'en aurait fallu pour illustrer Attila.

Tout a été prévu dans l'organisation du service de secours du quartier de Montrouge.

Deux compagnies de gardes nationaux demeurent en permanence à la mairie. La nuit, de nombreuses patrouilles sillonnent constamment les rues.

Les postes de pompiers ont été doublés; outre qu'ils correspondent entre eux, chacun est en communication télégraphique directe avec la caserne du Colombier, l'état-major, etc. Une compagnie de pompiers auxiliaires, formée par le 97e bataillon de la garde nationale et dont les services ont pu être appréciés déjà le mois dernier lors de l'incendie du Grand-Montrouge, est également prête à fonctionner, munie des pompes de Vitry.

Cinquante ou soixante pompes peuvent se trouver réunies sur le même point en moins d'une demi-heure, grâce à la rapidité des communications. Enfin, l'une des pompes à vapeur anglaises, que le Gouvernement fit venir à l'époque de l'investissement, a été mise à la disposition de l'arrondissement; M. Tétard, ingénieur, en a la direction.

Les mesures de détail les plus minutieuses permettront, même dans les circonstances les plus graves, de conjurer tout péril, et l'admirable attitude de la population de tout ce quartier prouve qu'aucun danger ne la trouvera au dépourvu. Comme on en félicitait un des adjoints de service : — Eux ! fait-il, ils n'attendent que le moment de s'élancer à l'assaut des batteries de Châtillon !

Plus d'un le demandait à grands cris cet assaut. On ne se laissait pas intimider par le bombardement, et, dans bien des familles, on se résignait assez volontiers à passer une partie de la journée dans les caves; — aussi bien, ce n'était point le mobilier habituel à cet humide séjour qui pouvait les embarrasser beaucoup : le vin, la plupart du temps, était bu, et quant aux tonneaux, depuis bon nombre de jours déjà, on avait commencé à les brûler en guise de coke. Mais ces souffrances, que les femmes et les vieillards enduraient avec un dévouement dont on ne parlera jamais assez, les hommes valides se montraient moins patients à les supporter. Ils comptaient, chaque jour, les victimes de la veille, et se disaient, avec une rage concentrée, qu'il eût mieux valu sacrifier quelques vies humaines de plus, et tenter résolûment, par une action de vive force, d'éteindre le feu de ces terribles batteries prussiennes dont maintenant nous ne connaissions que trop l'emplacement et l'installation.

Les chefs de la défense partagèrent-ils un instant cette idée désespérée ? Peut-être bien, car un jour l'*Officiel* contenait dans ses colonnes une instruction détaillée sur le genre d'*enclouure* propre à mettre hors de service les pièces se chargeant par la culasse.

Cette idée, en tout cas, s'évanouit bien vite de l'esprit de nos généraux, et si, quelques jours plus tard, l'*Officiel* s'occupait encore de l'artillerie ennemie, ce n'était que pour adresser une verte semonce aux imprudents qui cherchaient à emporter chez eux, — singulier souvenir ! — les obus ennemis n'ayant pas éclaté, et pour indiquer les opérations minutieuses qui pouvaient servir à rendre inoffensifs ces projectiles.

Tout le monde, d'ailleurs, n'était pas animé d'un même enthousiasme à l'idée de prendre d'assaut les batteries de Châtillon. Il s'était formé en divers quartiers des groupes de trembleurs, que l'on avait baptisés du nom significatif de *parti des capitulards*. Ce parti-là n'osait encore élever la voix bien haut, mais déjà, par instant, ses premiers balbutiements parvenaient à répandre des paniques insensées.

Un jour même, le général Trochu s'en émut au point de protester par un ordre du jour énergique.

Sa proclamation finissait par cette phrase devenue célèbre :

« Le gouverneur de Paris ne capitulera pas. »

XVI

Les Compagnies de marche — L'Inventaire des bombardés. — Les Cicatrices de Paris. — Les Héros ignorés.— En grand'garde. — Une héroïque folie. — Impatiences.

A la lecture de la déclaration officielle, fière et catégorique autant que concise, le parti des *capitulards* se tint pour un temps dans un prudent silence. D'ailleurs, à bien des signes extérieurs, de ces signes que la population parisienne était habituée maintenant à interpréter d'instinct, l'on s'attendait à une prochaine action, cette fois décisive.

Comme avant Champigny, comme avant les combats du 21 décembre, des bruits de victoire couraient les rues. On se racontait, en traduisant le sens de quelques courtes dépêches récemment arrivées au Gouvernement, les efforts désespérés de Gambetta et de ses généraux improvisés, dans les départements du Nord et de l'Est. Chanzy, Faidherbe, Bourbaki, ces trois noms revenaient sans cesse dans les conversations. On savait que le ministre dictateur, faisant appel à un moyen suprême, avait envoyé Bourbaki sur la route de Belfort, et on ne doutait pas d'apprendre bientôt que cette place était débloquée.

On comptait, plus que jamais, les canons et les mitrailleuses qui, chaque jour, sortaient des ateliers pour subir l'expérience du tir.

Puis, on se disait aussi que les bataillons de guerre de la garde nationale avaient, depuis deux mois, singulièrement avancé leur éducation militaire. Les hommes placés à la tête du pouvoir, eux-mêmes, s'en étaient aperçus, car on commençait à entendre parler de leurs discussions sur le meilleur emploi de ces troupes toutes spéciales. Seraient-elles embrigadées et endivisionnées en constituant une armée à part ? Seraient-elles combinées, dans chaque brigade, avec les troupes de ligne et la mobile ? C'est ce qui n'avait pas encore été décidé. Mais, en attendant, les bataillons achevaient de s'organiser et se tenaient prêts à venger, dans un effort suprême, les femmes et les enfants tombés sous les obus prussiens.

Tous les jours, le *Journal officiel* donnait, — triste statistique, — les résultats du bombardement.

Ces renseignements méritent, eux aussi, d'être connus. Il faut que plus tard on les commente ; ils doivent rester comme les monuments de la barbarie prussienne. Et même, lorsque les victimes seront oubliées, lorsque les désastres seront réparés, lorsque les murs tombés auront été relevés, on se rappellera que, durant un mois entier, la capitale a souffert sans se plaindre des actes de sauvagerie qui, depuis le commencement de la campagne, ont formé le fond principal de la tactique allemande.

L'histoire se doit à elle-même d'enregistrer ces documents.

Pendant la nuit du 5 au 6, la première, les batteries de l'ennemi, dirigées jusque-là sur les forts, ont bombardé les quartiers de Montrouge, de l'Observatoire, du Luxembourg, du Val-de-Grâce, du Panthéon ; le boulevard Saint-Michel, la rue Saint-Jacques, la rue Gay-Lussac, le cimetière de Montrouge, le Champ-d'Asile, la rue d'Enfer, la Chaussée-du-Maine, ont reçu beaucoup d'obus, et il en est également tombé un grand nombre entre les ponts d'Auteuil et de Grenelle, sur la route de Versailles à la villa Caprice, rue Boileau, rue Hérold, rue de la Municipalité. Plusieurs maisons se sont effondrées et des dégâts plus ou moins sérieux ont été constatés dans vingt-six propriétés.

Il y a eu, cette nuit-là, *dix* victimes, dont cinq morts.

Le bombardement a continué pendant la nuit du 6 au 7 sur l'intérieur de Paris. Les quartiers qui ont particulièrement souffert sont ceux du Val-de-Grâce, de Notre-Dame-des-Champs, de Plaisance, de Javel, de Grenelle et d'Auteuil. Il y a eu cette nuit-là encore d'importants dégâts dans beaucoup de propriétés particulières, et *dix* habitants ont été atteints, dont quatre mortellement.

Le 7, à partir de sept heures du soir, les projectiles ont commencé à tomber dans l'intérieur de Paris. Les batteries de Châtillon dirigeaient leur feu sur le Panthéon, et celles de Meudon sur le quartier de Grenelle. Aux abords des Invalides et de l'Ecole militaire, il est tombé une centaine d'obus, et un grand nombre d'autres près de l'Observatoire, dans le jardin du Luxembourg, rue de Fleurus, rue de Madame, boulevard Saint-Michel, rue du Bac ; puis, d'un autre côté, à

Grenelle et à Auteuil. De sept à neuf heures et demie du soir, on a compté cent vingt coups de canon par heure. Beaucoup de propriétés ont été endommagées, et il y a eu dans la nuit *quinze* victimes, dont deux morts.

Dans la nuit du 8 au 9 et la matinée du 9 janvier, les projectiles sont tombés en très grand nombre sur la rive gauche. Les guetteurs de nuit ont compté, point à point, neuf cents coups de canon partis des batteries ennemies, de neuf heures du soir à cinq heures du matin, dont les projectiles ont atteint principalement les 5e arrondissement (Panthéon), 6e (Odéon), 7e (Invalides), 14e (Observatoire), 15e (Vaugirard).

Des dégâts ont été constatés dans soixante immeubles particuliers. Parmi les édifices publics atteints, on citera le Val-de-Grâce, la Sorbonne, la bibliothèque Sainte-Geneviève, les églises Saint-Etienne-du-Mont, Sainte-Geneviève, Saint-Sulpice et de Vaugirard, la prison de la Santé, la caserne du Vieux-Colombier, le dépôt de la compagnie des omnibus ; enfin, des projectiles sont arrivés dans le jardin du Luxembourg, et jusqu'à la rue Clément, à 550 mètres du Pont-Neuf.

Il y a eu, dans la nuit, *cinquante* victimes : vingt-deux morts et trente-sept blessés.

Le bombardement a redoublé d'intensité pendant la nuit du 9 au 10. On a compté plus de trois cents obus qui sont venus tomber dans les quartiers Saint-Victor, Jardin-des-Plantes, du Val-de-Grâce, Notre-Dame-des-Champs, de l'Ecole-Militaire, de la Maison-Blanche, de Montparnasse et de Plaisance.

En deux heures, il en est tombé cinquante aux abords du Panthéon, et ils ont causé sur plusieurs points des dommages importants. Un incendie qui a éclaté dans un chantier de bois du quartier de la Gare, a pu être circonscrit promptement. Diverses maisons de refuge et des ambulances ont été atteintes, notamment l'hôpital de la Pitié, la maison de Sainte-Pélagie, la maison des Frères de la doctrine chrétienne. Le nombre des victimes s'est élevé cette nuit à *quarante-huit;* douze morts et trente-six blessés.

Pendant la nuit du 10 au 11, le bombardement de la rive gauche a été très intense. Les obus ont principalement atteint les quartiers des Invalides, du Panthéon, de Saint-Sulpice, de la Sorbonne et du Jardin-des-Plantes.

Ceux de Vaugirard et de Grenelle en ont été littéralement criblés, ainsi que le constate le rapport des guetteurs de nuit (poste des Invalides) qui ont compté, de neuf heures du soir à trois heures du matin, deux cent trente-sept coups tirés par les batteries prussiennes, quatre-vingt-neuf obus ayant éclaté sur Vaugirard, et trente-huit sur Grenelle et le faubourg Saint-Germain, jusqu'au haut du quartier Mouffetard.

Les objectifs semblaient être le palais du Luxembourg, le Panthéon et le Val-de-Grâce, en raison du grand nombre de projectiles tombés dans la jardin (vingt-trois obus), et dans les rues avoisinantes : de Fleurus, de Madame, d'Enfer, de l'École-de-Médecine, du Val-de-Grâce, des Feuillantines.

Les édifices atteints sont : l'École polytechnique, l'École pratique de médecine, le couvent du Sacré-Cœur, l'hospice de la Salpêtrière, le bâtiment principale de l'Assistance publique, l'usine Cail, la maison du docteur Blanche. Enfin huit incendies se sont déclarés, et cinquante propriétés particulières ont été plus ou moins sérieusement dégradées.

Le bombardement a continué pendant la nuit du 11 au 12 ; deux cent cinquante coups de canon ont été tirés par les batteries prussiennes, et cent vingt-cinq obus ont éclaté sur divers points de la rive gauche, notamment dans les quartiers du Val-de-Grâce, Notre-Dame-des-Champs, Ecole-Militaire, Montparnasse, Plaisance ; rues Mouffetard, Monge, Port-Royal, Notre-Dame-des-Champs, boulevard des Invalides, rue Nationale, avenue d'Italie, Chaussée-du-Maine.

Les édifices atteints sont : l'École normale, l'église Saint-Nicolas, l'institution des jeunes Aveugles (cinq tués ou blessés), les hospices de l'Enfant-Jésus, de la Maternité, la boulangerie des hospices ; trois incendies ont été éteints grâce à la promptitude des secours, et on a compté quarante-cinq immeubles dégradés ; *douze* victimes.

Malgré un épais brouillard qui n'a pas permis de constater tous les effets du bombardement, on a compté du 12 au 13 vingt-cinq obus qui ont éclaté sur Paris, et dont les quartiers du Jardin-des-Plantes, Notre-Dame-des-Champs et Croullebarde ont principalement subi les effets.

Beaucoup d'obus sont tombés dans le Jardin-des-Plantes, ainsi que sur la Boulangerie centrale, située rue Scipion : divers établissements publics ont été atteints : l'institution des Jeunes-Aveugles, l'hôpital de Lourcine, l'ambulance de Sainte-Périne, celle des Dames-Augustines, la compagnie des Petites-Voitures ; cinquante-huit maisons particulières ont été fortement endommagées, notamment rue de Lourcine et boulevard Arago. Enfin on compte *treize* victimes : deux tués et onze blessés.

Du 13 janvier au soir jusqu'au 18 à une heure de l'après-midi, le feu des assiégeants continuait sans interruption. Près de trois mille obus venaient tomber sur la ville, endommageant nos édifices, plus de quatre cents propriétés particulières et faisant des centaines de victimes.

La précision du tir des assiégeants, l'art infernal avec lequel ils avaient dissimulé pendant trois mois la construction et l'établissement de leurs batteries, tout cela n'était guère fait pour encourager au combat à outrance des généraux que les précédents engagements nous avaient fait connaître comme étant au moins timorés, et auxquels on prêtait déjà ce mot, qui explique bien des mollesses et bien des découragements avant la lettre :

« La résistance de Paris est une héroïque folie. »

Depuis les premiers jours, on n'avait cessé de se servir de l'armée de Paris comme si elle se fût trouvée en campagne en pays ennemi.

Les soldats, alourdis par leurs bagages, gênés par l'incroyable batterie de cuisine qu'ils avaient à porter, se fatiguaient vite, et il n'y a guère lieu de s'étonner si leur premier choc était seul redouté des Prussiens.

Avec la garde nationale, les inconvénients désastreux de ce culte des vieux errements s'accusaient encore davantage.

On ne pouvait comprendre que des hommes qui avaient à peine à s'éloigner de quelques kilomètres de leurs maisons, de leurs familles, fussent obligés de s'approvisionner exactement comme pour une expédition à l'étranger.

Cependant, ne faudrait-il pas, tout au contraire, une tactique spéciale, nouvelle, dégagée de toute routine, pour les mouvements de ces régiments improvisés ?

C'est une jeune armée que forment ces cent mille hommes, une armée pleine d'une ardeur et d'un patriotisme qui plus d'une fois déjà ont fait leurs preuves. Mais combien peu de temps on a eu pour l'instruire ! Il faut qu'elle doive tout à l'expérience journalière de la guerre.

Le plus souvent, — et l'on ne peut guère en accuser que les circonstances, — les hommes sont avertis de leur départ peu d'heures avant de se mettre en route. Pressés, parfois même quelque peu ahuris par cette précipitation nécessaire, ils oublient les parties les plus essentielles de leur bagage, ou, au contraire, se surchargent d'objets inutiles.

Au campement, après les fatigues du chemin, on perd un temps précieux à rechercher dans le sac les objets entassés pêle-mêle, à se débrouiller dans les maisons où l'on se trouve cantonné, ou dans les bois, où l'on doit chercher un abri.

Puis, il faut songer aux vivres, prendre part, dans chaque escouade, à la distribution générale, préparer les aliments, par conséquent aller au bois, aller à l'eau... en un mot, faire le ménage.

Comment simplifier à l'avance ces nombreuses et délicates opérations ? En suivant ce seul et universel précepte : être toujours prêt.

Il est si simple d'être prêt ! Il suffit à chacun, dès que son équipement lui est parvenu, s'il est nouvellement armé, — dès que son régiment est rentré à Paris, s'il arrive de garde, — il suffit à chacun de vérifier les diverses parties de son bagage, de compter les boutons de ses vêtements, les courroies de son sac, les aiguilles de sa trousse, de réparer au plus vite tout ce qui est défectueux ; puis de faire son sac.

Le garde national, — que lui, au moins, le comprenne, — a sur le soldat de ligne cet immense avantage de posséder un domicile. Après dix ou douze jours au plus, il rentrera chez lui; qu'il ne se charge donc point d'un poids inutile de vêtements de rechange, d'outils qu'il pourra trouver partout, ou d'instruments de toilette dont il n'aura guère le temps de se servir en détail.

Les cartouches ? En paquets : deux dans la cartouchière, avec deux cartouches libres ; le reste dans la boîte supérieure du sac.

Au premier coup de clairon, dans la rue. Dans les deux heures, on peut avoir franchi les portes de Paris.

Mais c'est surtout alors que commence la période difficile de cette vie moitié civile, moitié militaire.

Nos soldats, en face des assiégeants, prennent trop peu de précautions; ils se montrent souvent, se laissent compter et exécutent trop à jour leurs mouvements.

Dès que la ligne des forts est franchie, dès que la ligne des avant-postes est entamée, il faut nous habituer à nous défier de tout... Nous ne voyons que bien rarement les Prussiens, en dehors des actions d'ensemble, et nos grand'gardes s'imaginent trop aisément qu'il n'y a rien là où on n'aperçoit personne.

Généralement, pour relever leurs sentinelles, nos ennemis sont loin d'user de tout l'appareil qu'enseigne notre *théorie*. Point de caporal parcourant avec sa petite troupe le chemin sur lequel elle doit s'éparpiller; point de fusils dont les canons brillent en reflétant les rayons de la lune.

On se contente d'indiquer aux sentinelles les postes qu'elles doivent aller occuper; elles s'y rendent isolément, en se dissimulant de leur mieux, derrière les obstacles de toute nature que peut leur offrir le terrain. Elles ne portent même pas d'arme ; chaque factionnaire, en cédant sa place, cède en même temps son fusil.

Qui nous empêche d'imiter cette manœuvre si simple ?

Plus d'une fois, d'ailleurs, dans nos récentes occupations de postes avancés, elle a été mise en pratique, et un de mes amis put, grâce à quelques précautions d'une nature tout aussi élémentaire, amener sur le terrain, à moins de *cent* mètres des grand'gardes prussiennes, cent cinquante hommes environ ; les distribuer en postes avancés et en réserves, les placer en observation et relever les divers postes cinq ou six fois en vingt-quatre heures, sans que l'ennemi vît autre chose qu'un emplacement désert.

La consigne ? Bien simple à la vérité ! Tout observer, tout voir, tout entendre, et ne jamais tirer un coup de feu, sinon à bout portant.

Il fallait bien éviter le gaspillage des cartouches, et surtout l'émoi qui s'empare d'une troupe toutes les fois qu'elle peut croire que l'ennemi en vient aux prises avec elle. Les grand'gardes ne sont point en position pour combattre, mais uniquement pour observer.

A la moindre alerte, au moindre mouvement suspect du côté de l'ennemi, la sentinelle venait avertir à voix basse son voisin le plus proche ; lui confiait, pour ainsi dire, la suite de ses affaires, et s'en allait rapidement rendre compte de ce qui l'avait frappée à l'officier ou au sous-officier sous la responsabilité duquel se trouvait la garde.

A celui-ci, alors, d'agir et de décider.

Aussi se trouvait-on souvent bien, surtout par les nuits que nous traversions, glaciales, démoralisantes pour l'individu isolé, de placer les sentinelles deux par deux. Deux hommes voient mieux qu'un seul, et, lorsque l'un d'eux quitte sa place, il reste l'autre pour y veiller.

Tous ces préceptes, malheureusement, tardaient bien à être mis en pratique.

Sans compter que, sous l'enthousiasme encore dans toute sa plénitude, apparaissaient par instants des symptômes, non d'affaissement moral, mais de véritable faiblesse physique, œuvre de trois mois de rationnement.

Le peuple de Paris ne voulait plus de bombardement et demandait la paix, non pas à ses gouvernants, — qui jamais n'eurent affaire à autant d'abnégation unie à autant d'énergie; — mais à son propre courage, à la rupture de l'investissement.

XVII

Le fond du sac. — En avant ! — Montretout, Buzenval et Garches. — L'assaut. — La colonne de Ducrot· — Rochebrune et Langlois. — Un funèbre épilogue. — Plus de pain !

La poudre et le pain, les boulets et la viande sont des moyens de résistance aussi indispensables les uns que les autres; leur emploi marche de front, et l'on ne peut trouver surprenant que l'opinion publique s'en préoccupe à un degré égal.

Un journal a signalé, à ce propos, une inégalité flagrante entre les quantités de subsistances données à certains arrondissements et celles attribuées à d'autres.

Des distributions de vivres, des ventes de denrées alimentaires, auraient été effectuées par certaines mairies privilégiées, tandis que, des mairies avoisinantes, les administrés n'auraient rien vu venir encore. Ces répartitions auraient même compris... du fromage !

Du fromage ! songez donc ! Le moyen, à cette heure, de distribuer du fromage à quelques préférés sans faire aussitôt des jaloux !

Le fait s'est produit, cependant ; nous avons tous pu voir, sur les murailles de plusieurs arrondissements, les affiches qui en font foi. Mais des renseignements puisés au ministère même permettent de le réduire à sa juste valeur. Le ministère du commerce a, effectivement, gratifié les mairies de quelques témoignages de sa sollicitude.

Entr'ouvrant discrètement la porte de ses magasins, M. Magnin a laissé choir sur ses administrés cette manne céleste, que tous ont accueillie avec la joie la plus vive.

Mais le partage — beaucoup trop faible, il est vrai — s'est fait le plus équitablement du monde, entre toutes les municipalités indistinctement, au prorata de la population de chacune. Il n'y a pas eu de favorisés.

L'inégalité n'est donc qu'apparente ; et voici le petit phénomène auquel il faut l'attribuer.

Quelques maires, aussitôt leur portion reçue, se sont hâtés d'en informer les impatients, qui, subissant les chances de la *queue* devant la porte des épiciers chargés de la vente, ont, ou n'ont pas obtenu la quote-part convoitée ; on comprendra que, dans cette catégorie, le nombre des élus ait dû être naturellement restreint, lorsqu'on saura que tel arrondissement de quatre-vingt mille habitants a obtenu, en tout, quatre cents kilos de fromage de gruyère et trois mille kilos de riz.

Certaines municipalités, en présence de l'exiguité des quantités mises à leur disposition, ont décidé que les ambulances seules en profiteraient, et le public a applaudi.

Dans d'autres, les maires conservent soigneusement ce qui leur a été envoyé, prêts à y joindre les livraisons futures, et décidés à attendre que l'ensemble forme un total assez important pour que tout citoyen puisse prétendre légitimement à sa part.

Il y a donc encore des gens qui peuvent attendre !

La situation pourtant n'est guère à l'épargne.

Paris a faim.

Les bulletins des *Halles et Marchés* remplacent par la verve du rédacteur les cours des denrées absentes.

Il ne faut rien moins que l'esprit de Marc Constantin pour expliquer aux lecteurs du *Petit Journal* qu'un chou-fleur vaut douze francs, un œuf deux francs soixante-quinze centimes, un pigeon quatorze francs; qu'un poireau se vend vingt-cinq sous, une livre de viande d'âne douze francs, une poule trois louis et qu'un boisseau d'oignons atteint le prix de soixante-cinq francs.

Paris a froid aussi.

Le bois est rationné. Après l'abattage des arbres de nos promenades, on a eu recours aux matériaux de construction et de menuiserie, brûlé pêle-mêle des poutres de planchers et des morceaux de bois rares, des montures de pianos et des échafaudages.

Mais, insensible à ses souffrances, la grande ville affirme tous les jours de nouveau son désir de combattre.

Aussi, lorsque le 18 janvier arrivent les premiers ordres de sortie, toutes les voix se confondent-elles en une immense acclamation :

— Enfin !

Cet appel, placardé dans Paris, ne fait que traduire les sentiments qui sont dans tous les cœurs :

Citoyens,

L'ennemi tue nos femmes et nos enfants ; il nous bombarde jour et nuit ; il couvre d'obus nos hôpitaux. Un cri : aux armes ! est sorti de toutes les poitrines.

Ceux d'entre nous qui peuvent donner leur vie sur le champ de bataille marcheront à l'ennemi ; ceux qui restent, jaloux de se montrer dignes de l'héroïsme de leurs frères, accepteront au besoin les plus durs sacrifices comme un autre moyen de se dévouer pour la patrie.

Souffrir et mourir, s'il le faut, mais vaincre.

Vive la République !

Les membres du Gouvernement,
Jules Favre, Jules Ferry, Jules Simon, Emmanuel Arago, Ernest Picard, Garnier-Pagès, Eugène Pelletan.

Les ministres,
Général Le Flo, Dorian, Magnin,

Les secrétaires du Gouvernement,
Hérold, Lavertujon, Durier, Dréo.

Avec un entrain magnifique, un espoir qui se faisait jour dans toutes les conversations, soldats et gardes nationaux se préparaient au grand combat. On savait, par les immenses préparatifs qui se montraient sur toute la ligne depuis quarante-huit heures, qu'il s'agissait cette fois d'une tentative poussée jusqu'au bout. Tous les régiments étaient appelés à prendre leurs dispositions, toutes les batteries achevaient de remplir de projectiles leurs caissons ; toutes les voitures, tous les chevaux restés dans Paris étaient mis en réquisition pour le transport des cartouches, des vivres et des blessés. Le personnel entier des diverses ambulances était sur pied ; les compagnies de *bran-*

cardiers instituées depuis quelques semaines, avaient reçu un matériel complet et commençaient à partir.

Le 18 au soir, cent soixante-dix mille hommes avaient franchi les portes et s'en allaient camper ou se cantonner dans les villages de la zone neutre, situés entre les forts et la ligne d'investissement.

Grâce à l'obscurité de la nuit, pendant laquelle s'étaient opérés les derniers mouvements de troupes, l'ennemi n'avait pu rien voir, rien entendre. Près de cent mille soldats se trouvaient à quelques centaines de mètres de ses avant-postes, sans qu'aucun préparatif de sa part montrât qu'il s'attendît à une attaque.

Le 19, au petit jour, — il pouvait être six heures du matin, — une partie de nos troupes s'ébranlèrent et l'action commença.

L'armée était partagée en trois colonnes principales. Celle de gauche, sous les ordres de Vinoy, devait enlever la redoute de Montretout et le terrain avoisinant. Celle du centre, commandée par le général de Bellemare, avait pour objectif le plateau de la Bergerie. Enfin, la colonne de droite, avec Ducrot, devait opérer sur le parc de Buzenval.

Le 2e régiment de marche, composé des 6e, 7e, 34e et 36e bataillons de la garde nationale, formait avec le 139e de ligne la tête de la colonne lancée à l'assaut de Montretout.

Un grand nombre de ces hommes voyaient le feu pour la première fois; animés par l'ardeur de leur patriotisme, ils allaient bravement droit devant eux; mais leur inexpérience avait besoin de guides et de conseils; leurs frères d'armes du 139e furent bientôt pour eux l'un et l'autre, et jamais la solidarité qui, en ces jours de commun péril, unit en un même faisceau la garde civique et l'armée, ne s'était fait jour avec autant d'éclat.

On était parti du Mont-Valérien à cinq heures du matin, pour arriver au petit jour au bas de la colline que couronne la redoute. Les routes étaient mauvaises, ou plutôt il n'existait pas de route ; il fallait se diriger à travers les terres labourées, parcourir des fondrières, enfoncer jusqu'à mi-jambes dans un terrain argileux ; avançant côte à côte, soldats et gardes nationaux rivalisaient d'entrain.

Tout à coup, des crêtes qui dominent, éclate une fusillade nourrie; assaillie par le feu qui part soit de la redoute de Montretout, soit des maisons crénelées qui l'avoisinent, la brigade se déploie en tirailleurs jusqu'à une villa située à mi-côte, et tandis qu'une compagnie du génie qui l'accompagnait pratiquait des meurtrières dans les murailles de cette habitation, les hommes s'échelonnaient dans les vignes et prenaient à leur tour l'offensive.

Vers neuf heures, enfin, l'ordre arriva de monter à l'assaut. Les tirailleurs se reformèrent en bon ordre, calmes et résolus.

Sur toute la ligne retentit le cri : en avant !.. Sensation indicible que celle qu'éprouvèrent en ce moment tous nos volontaires ; c'était tout à la fois le bonheur de combattre, la conscience d'être utile à la cause nationale, la haine contre l'ennemi et l'attente du succès.

S'élançant au pas gymnastique, avec un entrain irrésistible, la colonne, soutenue sur les flancs par quelques compagnies de ligne et de mobile, délogeait dans son premier élan les Prussiens reculant devant les baïonnettes françaises. En moins d'une demi-heure, la redoute était occupée et la 1re compagnie du 7e bataillon, arrivée première, choisissait immédiatement ses positions.

Le 139ᵉ de ligne était superbe. Le 2ᵉ de marche, lui, venait de s'essayer par un coup de maître ; le colonel Martin (du Nord), magnifique de courage et de sang-froid, était rayonnant.

Le Mont-Valérien envoyait de l'artillerie ; avec des peines énormes, quatre pièces de 12 parvinrent jusqu'au plateau ; mais, une fois là, impossible de les mettre en batterie ; dans la terre argileuse et détrempée de la redoute, les canons enfonçaient de 40 centimètres.

Il y fallait renoncer ; dans la journée, l'on dut abandonner Montretout.

Pendant que se livrait l'assaut victorieux de la redoute, le général de Bellemare était parvenu sur les crêtes de la Bergerie ; mais, en attendant que sa droite fût appuyée, une partie de sa réserve fut employée à assurer la possession du plateau.

A la droite, Ducrot fut le Grouchy de ce nouveau Waterloo.

Sa colonne, mal dirigée, allait dès la première heure se butter contre un train d'artillerie, engagé lui-même dans une fausse voie, puis obligé de rétrograder.

Durant l'instant de désarroi qui suivit, des batteries prussiennes établies sur les coteaux bordant la rive opposée de la Seine, ouvrirent un feu meurtrier auquel on ne pouvait répondre.

Force fut de télégraphier à Paris, et d'amener sur le remblai du chemin de fer de Saint-Germain deux locomotives blindées portant de l'artillerie, pour soutenir la diversion.

Après midi seulement, Ducrot entrait en ligne. Sa droite, établie à Rueil, fut canonnée de l'autre côté de la Seine par des batteries formidables, contre-battues par l'artillerie qu'elle avait à sa disposition et par le mont Valérien.

L'action s'engagea vivement sur la porte de Longboyau où elle rencontra une résistance acharnée, en arrière des murs et des maisons qui bordent le parc. Plusieurs fois de suite, le général Ducrot ramena à l'attaque les troupes de ligne et la garde nationale sans gagner du terrain de ce côté.

Chose étrange, et qui montre bien le peu de sincérité que les généraux apportaient dans l'action !

Après les imposants préliminaires auxquels nous avions assisté la veille et qui avaient mis en ligne plus de cent régiments ; à peine, dans le cours de la journée, vingt-cinq mille hommes se trouvèrent-ils engagés !

Ainsi, la brigade Lespiau, formée des 96e, 144e, 145e, 228e bataillons de guerre de la garde nationale et du 121e de ligne, perdue pendant la moitié de la nuit à la recherche de son campement, cantonnée à la Garenne, c'est-à-dire à 8 kilomètres du théâtre de la lutte, arrivait après quatre heures de repos et dix heures de marche, vers le parc de Buzenval.

Là, un mur crénelé arrêtait depuis midi la tête de la colonne ; les assauts se succédaient infructueux contre un obstacle que six coups de canons eussent jeté à bas !

Où donc était l'artillerie ?

Égarée, comme nous l'avons dit, ou engagée dans les fondrières. Et personne n'eut l'idée de dételer quelques pièces de 4, de transporter canons et affûts à force de bras et de jeter quelques madriers sur le sol pour le consolider !

C'était pitié de voir nos braves gardes nationaux, héroïques dans leur impuissance, s'élancer *à la baïonnette* contre ce mur, dont la plus large brèche pouvait à peine livrer passage à un homme.

Dans cette situation, il devenait dangereux d'attendre, sur des positions si chèrement acquises, une attaque de l'ennemi qui, amenant des forces de toutes parts, ne devait pas manquer de reprendre l'offensive dès le lendemain matin.

Les troupes étaient harassées par douze heures de combat et par les marches des nuits précédentes; on se retira alors en arrière, dans les tranchées entre la Malmaison et le Mont-Valérien.

Dans ce combat, honteux pour les généraux, mais glorieux pour les officiers et les soldats, on aurait eu peine à compter les actes de courage. Les chefs de la garde nationale, surtout, surent valeureusement justifier le choix des suffrages qui les avaient élevés.

Le brave commandant de Rochebrune était tombé pour ne plus se relever ; le vieux colonel Langlois, au premier rang malgré ses soixante-six ans, avait le bras traversé par une balle ; un autre vieillard, un septuagénaire, le marquis de Coriolis, succombait bravement à côté de son fils : — tous deux faisaient partie du même régiment de marche ; le peintre Regnault, une des jeunes gloires de la France artistique, était frappé au cœur par une balle prussienne ; bien d'autres, dont le nom m'échappe, restaient parmi les morts ou les blessés.

Un jeune homme de seize ans, presque un enfant, était, dans les tranchées, l'objet d'une sorte d'ovation. On avait reconnu en lui le jeune Parisien qui, non loin de la gare de Saint-Cloud, s'était fait remarquer par son sang-froid et sa courageuse audace.

Une quarantaine de miliciens occupaient les abords d'une maison à l'intérieur de laquelle plusieurs soldats prussiens se disposaient à faire feu.

— Attendez, dit l'enfant, je vais les déloger ; cachez-vous de façon à les surprendre au passage ; ils courront droit vers vous en s'enfuyant, et vous n'aurez qu'à les cueillir au bout de vos fusils.

Les gardes nationaux cherchaient à le détourner de son périlleux dessein et voulaient eux-mêmes marcher sur la maison ; mais il insistait tant et semblait si sûr de son fait, qu'ils le laissèrent aller.

Tournant adroitement l'habitation, qu'il connaissait fort bien, s'étant déjà plus d'une fois, sans doute, aventuré dans ces parages, l'intrépide petit soldat arrive jusqu'à la porte, frappe à coups redoublés, pénètre sur le seuil et se met à lui seul à faire un bruit épouvantable de remuements de meubles et de cliquetis d'armes.

Les choses se passèrent comme il l'avait prévu.

Se croyant surpris par des forces supérieures, les ennemis s'empressèrent de détaler, sautant à qui mieux mieux par les fenêtres de derrière ; aussitôt dans la rue, ils courent droit devant eux, et vont tomber en plein dans l'embuscade des nôtres.

Dans les campements où nos troupes passaient la nuit, on espérait reprendre l'action le lendemain matin, au point où on l'avait laissée.

Telle n'était pas l'intention du commandant en chef ; dès les premières heures du jour, l'armée rentrait tristement dans la ville.

En regagnant le foyer où nous attendaient, pâlies par l'angoisse de cette journée de lutte, nos mères nos femmes et nos sœurs, une dernière désillusion achevait de détruire l'espérance qui, pendant si longtemps, nous avait soutenus.

Le pain manquait.

Le pain, — je dis mal, — il y avait trois mois que le pain avait commencé à nous manquer ; mais cet atroce mélange, ce lourd et noir cataplasme qui formait presque toute notre nourriture, ne pouvait plus nous être distribué qu'à la ration de *trois cents* grammes par tête, pour vingt-quatre heures!

Pendant cette fatale journée du 19, tandis que le destin implacable et l'insouciance des généraux faisaient tomber à Montretout, à Garches, à Buzenval, des centaines de citoyens, l'incurie du gouvernement civil frappait dans Paris les faibles créatures que nous y avions laissées.

Depuis cinq mois, on demandait aux gouvernants :
— Rationnez le pain !

Depuis cinq mois, nos ministres répondaient :
— Le pain ? nous en avons plus qu'il n'en faut.

Pour n'avoir pas voulu rationner le pain en temps utile, on se voyait obligé, sans transition, de n'en plus délivrer à chacun qu'une quantité dérisoire — qu'on n'obtenait que sur la présentation d'une carte spéciale.

Aussi, s'il arrivait parfois, jadis, que le passant souriait en voyant quelque brave ouvrier entrer chez un marchand de vin, son morceau de pain sous le bras, ce temps-là est passé ; l'exception est devenue la règle, et il n'est plus un restaurant, parmi ceux qui ouvrent encore, qui n'ait affiché sur sa porte cet avis aux clients :

On est prié d'apporter son pain.

M ____

demeurant ____ n° ____

a droit à ____ **RATIONS DE PAIN**, à prendre

chez M. ____ boulanger, rue ____ n° ____

Vu par le **MAIRE**
du ___e Arrondissement

CARTE DE BOULANGERIE

AVIS IMPORTANT. — Toutes **RATIONS** non réclamées aux jours indiqués ci-dessous, seront périmées.

Jeudi **16** FÉVRIER	Mercredi **15** FÉVRIER	Mardi **14** FÉVRIER	Lundi **13** FÉVRIER	Dimanche **12** FÉVRIER	Samedi **11** FÉVRIER
Vendredi **10** FÉVRIER	Jeudi **9** FÉVRIER	Mororodi **8** FÉVRIER	Mardi **7** FÉVRIER	Lundi **6** FÉVRIER	Dimanche **5** FÉVRIER
Samedi **4** FÉVRIER	Vendredi **3** FÉVRIER	Jeudi **2** FÉVRIER	Mercredi **1er** FÉVRIER	Mardi **31** JANVIER	Lundi **30** JANVIER
Dimanche **29** JANVIER	Samedi **28** JANVIER	Vendredi **27** JANVIER	Jeudi **26** JANVIER	Mercredi **25** JANVIER	Mardi **24** JANVIER
Lundi **23** JANVIER	Dimanche **22** JANVIER	Samedi **21** JANVIER	Vendredi **20** JANVIER	Jeudi **19** JANVIER	Mercredi **18** JANVIER

CARTE RENOUVELABLE

XVIII

Une nuit orageuse.— Plus de gouverneur.— L'échauffourée du 22 janvier. — Le lendemain. — Un cri sans écho. — La suite du bombardement. — Les négociations. — Une note lugubre. — La fin d'un siége.

L'aggravation qu'apportaient dans notre situation ces derniers événements, avait jeté les esprits dans un violent état de surexcitation. Chacun comprenait le péril; toutes les physionomies étaient devenues sombres, et l'on sentait dans l'air comme l'approche de la crise suprême. L'exaspération se manifestait surtout dans les faubourgs, au sein de cette partie de la population que les souffrances du siége avaient plus particulièrement éprouvée. Le parti qui avait fait le 31 octobre commençait à s'agiter de nouveau. Cette agitation allait se traduire par des voies de fait durant la nuit du 21 au 22 janvier.

Deux attaques étaient dirigées presque simultanément contre la mairie de Belleville et contre la prison Mazas.

A Mazas se trouvaient détenus les prévenus du 31 octobre. Le poste de la prison était occupé par une compagnie de gardes nationaux. Un bataillon, dévoué à MM. Flourens et Blanqui, s'étant massé autour de la prison, les gardiens furent sommés d'ouvrir les portes. Après quelques pourparlers, trois délégués étaient introduits et amenés, sur leur demande, en présence du directeur, M. Bayet.

— Nous venons, disent-ils, réclamer nos amis qu'on garde injustement ; nous vous mettons en demeure de les rendre immédiatement à la liberté.

En vain M. Bayet leur oppose des objections ; en vain il excipe de son mandat qui le rend responsable des détenus ; en vain il s'engage à les délivrer le lendemain si on lui apporte un ordre régulier.

— Non ! s'écrient les délégués ; il nous les faut tout de suite ; — et ils contraignent les geôliers à ouvrir aussitôt les portes des cellules.

Pendant ce temps, le Gouvernement délibérait. Autour de la table du conseil, où ses membres étaient réunis, avec les principaux chefs de l'armée, des manifestations de mécontentement s'élevaient contre le général Trochu. Le gouverneur de Paris qui « ne capitulerait pas » semblait attéré. Il voulait quitter le pouvoir et offrait à ses collègues sa démission, que ceux-ci refusaient d'accepter. Enfin, après avoir discuté pendant une partie de la nuit, le Gouvernement de la défense nationale tombait d'accord sur la rédaction de l'affiche suivante qui, au matin, s'étalait sur tous les murs :

Le Gouvernement de la défense nationale a décidé que le commandement en chef de l'armée de Paris serait désormais séparé de la présidence du Gouvernement.

M. le général de division Vinoy est nommé commandant en chef de l'armée de Paris.

Le titre et les fonctions de gouverneur de Paris sont supprimés.

M. le général Trochu conserve la présidence du Gouvernement.

A côté de ce nouveau programme, on lisait la proclamation du général Clément Thomas :

A LA GARDE NATIONALE

Cette nuit, une poignée d'agitateurs a forcé la prison de Mazas et délivré plusieurs prévenus, parmi lesquels M. Flourens.

Ces mêmes hommes ont tenté d'occuper la mairie du 20e arrondissement et d'y installer l'insurrection ; votre commandant en chef compte sur votre patriotisme pour réprimer cette coupable sédition.

Il y va du salut de la cité.

Tandis que l'ennemi la bombarde, les factieux s'unissent à lui pour anéantir la défense.

Au nom du salut commun, au nom des lois, au nom du devoir sacré qui nous ordonne de nous unir tous pour défendre Paris, soyons prêts à en finir avec cette criminelle entreprise ; qu'au premier appel la garde nationale se lève tout entière, et les perturbateurs seront frappés d'impuissance.

Le commandant supérieur des gardes nationales,
CLÉMENT THOMAS.

Pour copie conforme :
Le ministre de l'intérieur par intérim,
JULES FAVRE.

Paris, ce 22 janvier 1871

Malgré tout, on s'attendait pour la journée à une manifestation à l'Hôtel-de-Ville.

Entre onze heures et midi, des groupes nombreux stationnaient déjà aux alentours de l'édifice ; groupes de curieux inoffensifs, venus *pour voir* et discourant pacifiquement sur les événements du jour. D'instant en instant la foule augmente, sans que rien cependant puisse donner lieu de prévoir la scène tragique dont ces parages vont être le théâtre.

Un peu avant trois heures, une troupe de gardes nationaux en armes, au nombre de cent cinquante environ, débouche par la rue du Temple et vient se ranger sur la place de l'Hôtel-de-Ville, en face de la grille. A l'intérieur, on peut voir, derrière les fenêtres du rez-de-chaussée et du premier étage, des gardes mobiles qui semblent n'attendre que l'ordre de leurs chefs pour se montrer tout à fait. Quelques-uns des nouveaux arrivants, se détachant de la bande, s'avancent jusqu'au devant de la grille, pendant que leurs camarades poussent les cris de : *A bas Trochu ! Vive la Commune !* Le long de l'étroite allée bitumée qui sépare cette grille de la façade du monument, en face du poste intérieur, quelques officiers de la garde nationale et de la mobile vont et viennent, pleins de calme et de sang-froid. Les hommes du dehors leur adressent la parole, et c'est le colonel Vabre, commandant du 3ᵉ bataillon du Finistère, qui s'approche pour leur répondre.

Tout à coup, tandis qu'on parlemente à la grille, contre laquelle vient se butter le flot sans cesse grossissant de la foule, le bruit d'un coup de feu se fait entendre. Au même instant, les fenêtres de l'Hôtel de Ville s'ouvrent avec fracas ; les battants de la porte du milieu s'écartent et laissent apercevoir deux rangées de mobiles, l'une, en avant, genou à terre ; l'autre, derrière, debout; tous, tenant leurs fusils en joue et prêts à faire feu.

Pendant que la multitude affolée se précipite au loin dans toutes les directions, une effroyable décharge retentit; du portail et de toutes les fenêtres, les soldats tirent sur la place qui, en quelques secondes, se trouve balayée. Elle n'est point complètement vide cependant. Tandis que, de tous côtés, hommes, femmes et enfants s'enfuyaient en poussant des cris de terreur, les insurgés, tout en ripostant contre l'Hôtel de Ville, avaient pris position en se réfugiant derrière tout ce qui pouvait les abriter. Quelques-uns s'étaient déployés en tirailleurs, en se couchant à plat-ventre, en contre-bas des trottoirs. D'autres, entrés dans les maisons qui longent l'autre extrémité de la place, apparaissaient à tous les étages, et, à leur tour, tiraient par les fenêtres. Plusieurs s'étaient postés aux encoignures des rues qui avoisinent l'avenue Victoria et la rue de Rivoli, ou, du côté opposé, sous le parapet du quai Lepelletier, d'où ils continuent à faire feu.

La fusillade dure une demi-heure environ, jusqu'à ce que paraisse dans l'avenue Victoria un brancardier volontaire, agitant un mouchoir blanc, et un officier de la garde nationale qui porte au bout de son sabre un morceau de calicot.

Le cri : « Ne tirez plus ! » retentit.

Le feu cesse.

D'autres brancardiers accourent relever les morts et les blessés. Une quinzaine de victimes, parmi lesquelles deux femmes, jonchent le sol. Sur la place se voient de larges taches de sang. A l'Hôtel de Ville, rien qu'un officier blessé.

A l'entrée des rues de la Coutellerie et de Rivoli, les plus braves parmi les curieux font une ample moisson de châles, de képis, de chapeaux, de bonnets, de chaussures abandonnés par les fuyards.

A quatre heures moins un quart, arrive sur la place le 117e bataillon de la garde nationale, qui se range sur le trottoir, en face de l'Hôtel de Ville. De forts détachements de gendarmes à pied et à cheval, et de mobiles, viennent prendre position, sous les ordres du général Corréard.

Cinq minutes après, le général Clément Thomas passe sur le front du 117e bataillon et lui adresse quelques paroles. Enfin le général Vinoy vient avec son état-major assurer les dispositions nécessaires au maintien de l'ordre.

On semble redouter, pour le soir, un retour agressif. Toutes les mesures sont prises pour le repousser avec vigueur. Des forces considérables sont envoyées sur les lieux. Des mitrailleuses et des canons occupent les abords du palais municipal. La place ne tarde pas à être entièrement occupée par les gendarmes à cheval, tandis que la garde républicaine à pied prend position à l'entrée de toutes les voies environnantes.

La tranquillité est revenue. Le rappel, battu par toute la ville, avait en peu d'instants réuni un grand nombre de bataillons de la garde nationale. Il en arrivait de la rive gauche qui s'échelonnaient le long des quais ; la rue de Rivoli recevait environ deux mille hommes dont les fusils en faisceaux étincelaient depuis le Louvre jusqu'à la place de la Concorde. Ces forces occupent la ville une partie de la nuit. Des troupes de cavalerie, d'infanterie, de mobiles, sont massées tout le long de la contre-allée de droite, aux Champs-Elysées ; à gauche, dans le palais de l'Industrie, plusieurs bataillons de la garde nationale bivouaquent. La rive gauche est calme et presque solitaire, jusqu'au boulevard Saint-Michel, où plusieurs pièces de canon et un demi-escadron de cavalerie gardent les abords du Palais-de-Justice.

Pendant que ce luxe de précautions se déploie au dedans, au dehors le canon ennemi ne discontinue pas de tonner ; et plus d'un, s'arrêtant pensif à l'écouter, se dit que la voix des Krupp s'élèverait peut-être avec moins d'arrogance si le 31 octobre avait réussi.

La ligne des grands boulevards est paisible. Dans toutes les mairies, on a doublé les postes. Toute la matinée du 23, place de la Bastille, de fortes patrouilles passent à intervalles fréquents, sillonnant également le boulevard Voltaire, la place du Château-d'Eau, le boulevard Magenta et l'artère des boulevards extérieurs. Mais tout est rentré dans le calme. La journée ne voit reparaître aucune tentative de la lutte fratricide du 22. Paris semble se réveiller au sortir d'un mauvais rêve. La guerre civile, l'horrible guerre civile conjurée, il n'a plus qu'une pensée : la victoire ; qu'un cri : sus aux Prussiens !

Mais déjà il semble que ce cri soit destiné à ne plus trouver d'écho parmi ceux qui, naguère, le jetaient à tous les vents, dans leurs allocutions au peuple et dans leurs proclamations à l'armée.

Les rapports militaires se font plus rares ; les mouvements de troupes sont comme paralysés ; le bruit de la canonnade se ralentit sur tout le périmètre. On dirait qu'une sorte de torpeur a engourdi le bras et le cerveau des chefs.

Alors Paris se livre aux plus funèbres commentaires ; des attroupements se forment à tous les carrefours ; les plus décourageants propos commencent à circuler dans la foule ; les uns parlent de dissensions parmi les membres du pouvoir, d'autres assurent que nous touchons au complet épuisement de nos vivres.

Tout à coup, avec la rapidité d'une traînée de poudre, un bruit lugubre se répand et gagne de proche en proche tous les quartiers de la ville. Sur la foi d'un article du *Moniteur de Seine-et-Oise*, ce triste journal prussien imprimé à Versailles, on annonce que Chanzy vient d'essuyer une irrémédiable défaite, que Faidherbe a subi un échec dans le Nord, que Bourbaki, battu, a dû se replier dans la plus grande hâte. Tous les commandants de la garde nationale ont été, ajoute-t-on, convoqués chez Clément Thomas pour recevoir communication de ces nouvelles. Enfin, on va même jusqu'à prétendre que Jules Favre est à Versailles où il débat les conditions d'une capitulation.

Le patriotisme de la population n'accepte ces rumeurs qu'avec défiance ; beaucoup les trouvent tellement entachées d'exagération, que même ils ne prennent point la peine de les discuter.

Mais tous les cœurs n'en sont pas moins douloureusement impressionnés ; on s'aborde avec contrainte ; on échange à voix basse des paroles qu'en vain on cherche à revêtir d'une apparence de confiante fermeté ; on jette vers l'horizon des regards chargées de doute ; on tente mille efforts pour pénétrer le voile qui enveloppe l'avenir. Sans oser se l'avouer, chacun sent qu'un malheur immense plane sur la cité.

Du côté des Prussiens, les détonations de l'artillerie et le crépitement des explosions d'obus semblent diminuer d'intensité. Le bombardement est entré dans une phase d'apaisement que parviennent seules à expliquer les rumeurs de négociations, qui, d'instant en instant, acquièrent plus de consistance.

Les récentes statistiques énumèrent ainsi les résultats des derniers jours :

Du 19 au 20

La canonnade ennemie dirigée sur Paris a subi depuis hier de notables variations. Très faible pendant la soirée du 19, elle s'est accentuée à partir de minuit, a continué assez vive ce matin, puis s'est de nouveau ralentie dans l'après-midi.

Les projectiles, dont un grand nombre n'ont pas éclaté, ont frappé comme d'ordinaire les quartiers de la rive gauche, et ils sont tombés, à peu d'exceptions près, dans la plupart des rues et sur les édifices ou établissements déjà atteints, entre autres : l'Entrepôt des vins, l'Ecole polytechnique, la Pitié, l'hospice des Incurables, le chemin de l'Ouest (rive gauche), la caserne Babylone, le Luxembourg et le Jardin des Plantes. Ce dernier a reçu dix-huit obus, et l'un d'eux a causé des dégâts assez sérieux dans les galerie du Musée zoologique.

Quarante-quatre propriétés particulières ont été endommagées. On ne signale depuis hier qu'un incendie causé par la projection d'un obus qui, en pénétrant dans une cave, a fait éclater trois tonneaux de pétrole.

On n'a pas eu d'accidents à déplorer, et le feu a été éteint au bout de quelques heures.

Du 20 au 21

Pendant la nuit du 20 au 21, plus de deux cents obus, partant presque exclusivement des batteries de Châtillon, ont été lancés sur la ville, et le matin le bombardement a encore redoublé d'intensité, frappant surtout les régions qui touchent aux remparts.

Il a été constaté qu'un grand nombre de projectiles tombaient sans éclater ; toutefois, soixante-treize immeubles ont été atteints, ainsi que la plupart des établissements publics signalés les jours précédents. Les quartiers les plus éprouvés sont ceux de Montparnasse et de Plaisance ; quant aux autres circonscriptions de la rive gauche, elles ont moins souffert qu'à l'ordinaire.

On n'avait signalé depuis la veille qu'un seul incendie, rue Masseran (7e arrondissement) ; il a été presque aussitôt éteint.

Du 21 au 22

Le bombardement a subi des intermittences assez marquées pendant la nuit, et s'est sensiblement ralenti à partir de cinq heures du matin ; mais il a repris avec violence, et le 16e arrondissement particulièrement a reçu un grand nombre d'obus.

Les projectiles lancés des batteries de Châtillon, Bagneux et Meudon, sont venus frapper les quartiers de Montrouge, de Grenelle, de Vaugirard, du Jardin-des-Plantes, du Panthéon, du Luxembourg, de Saint-Germain et du Val-de-Grâce ; ce dernier surtout a beaucoup souffert.

Il est aussi tombé une certaine quantité d'obus

dans les quartiers d'Auteuil et de la Muette ; la plupart atteignaient le viaduc du Point-du-Jour, la gare d'Auteuil, les abords de Sainte-Périne, et l'un d'eux est arrivé pour la première fois dans la rue du Ranelagh.

Il n'y a eu dans cette nuit que deux commencements d'incendie promptement éteints.

Du 22 au 23

La canonnade dirigée sur Paris s'est un peu ralentie depuis hier, et les 5ᵉ et 16ᵉ arrondissements seuls ont reçu beaucoup de projectiles. Quoique plusieurs édifices et trente-deux immeubles privés aient été atteints, les dégâts matériels sont relativement peu importants. Il n'y a eu qu'une seule personne blessée, et l'on n'a pas eu de mort à déplorer.

A Saint-Denis, au contraire, le bombardement sévit avec une extrême violence. Cette nuit, dans l'espace d'une heure, cent vingt obus sont tombés sur la ville, surtout aux abords de la cathédrale, qui sert principalement de point de mire aux feux convergents des batteries prussiennes.

La prison, en partie démolie, a dû être évacuée ; un grand nombre de maisons particulières sont atteintes, et plusieurs se sont effondrées. Bien que les habitants se soient en partie réfugiés dans les caves, quinze personnes ont été tuées et le nombre des blessés qui n'est pas exactement connu, est au moins égal.

Du 23 au 24.

Les rapports qui rendent compte des observations faites durant la nuit ne signalent point une accentuation marquée dans la canonnade ennemie dirigée sur la rive gauche. Cent vingt-huit obus sont tombés sur les mêmes quartiers, notamment ceux du Val-de-Grâce, du Luxembourg, Saint-Jacques, du Panthéon, des Invalides et de Montrouge.

Il est à remarquer que le 16ᵉ arrondissement (Auteuil et Muette), sur lequel l'ennemi concentrait il y a quelque temps ses efforts, est très peu éprouvé depuis plusieurs jours, et que l'action des batteries d'attaque semble se porter sur Saint-Denis et Aubervilliers.

Dans les régions du Sud, onze immeubles ont subi des dommages. Peu de monuments ont été atteints, et il n'y a eu à constater que deux incendies dont on s'est promptement rendu maître.

Du 24 au 25

Les régions au sud de Paris ont eu relativement moins à souffrir la nuit dernière, et le bombardement a subi, de ce côté, une décroissance ou, au moins, des intermittences marquées.

Les quartiers atteints sont ceux de Grenelle, de Vaugirard, du Luxembourg, de la Glacière et de Montparnasse. Celui du Petit-Montrouge a été exceptionnellement éprouvé, sans doute à cause de sa proximité des forts ; soixante-neuf obus sont tombés sur un seul établissement, l'asile Sainte Anne ; la rue Darreau en a reçu vingt-cinq.

Rue de la Glacière, un projectile a provoqué dans une fabrique de carton et de papier un incendie qui s'est propagé rapidement et qui l'a complétement anéantie, au bout de quelques heures. Un autre incendie s'est déclaré rue Clisson, 58, mais il a été promptement éteint.

Quarante-neuf propriétés particulières ont été endommagées, les édifices publics ont peu souffert.

La grêle meurtrière qui pleuvait sur Auteuil ces jours derniers, a subitement cessé depuis hier, et, de ce côté, le tir de l'ennemi est limité au rayon du mur d'enceinte.

A Saint-Denis, au contraire, le bombardement redouble de violence et il est peu de maisons qui ne soient détériorées. Une partie de la population entassée dans les caves n'y est même pas toujours en sûreté. Les habitants ne peuvent se risquer sans danger hors de leurs retraites. Un grand nombre de ces infortunés sans asile et sans ressources ont dû venir chercher un refuge à Paris.

Les victimes sont nombreuses ; plusieurs d'entre elles, frappées dans les étages supérieurs des maisons, restent sans sépulture, et le cimetière qui touche à l'église est lui-même tellement criblé d'obus, que l'on ne peut y pénétrer.

Aujourd'hui, surtout à partir de onze heures du matin, la canonnade a recommencé furieuse, incessante.

Du 25 au 26

Après l'espèce d'accalmie des journées précédentes, on a constaté la nuit dernière une certaine recrudescence dans le bombardement, et le nombre des projectiles qui ont éclaté sur la rive gauche s'est élevé, d'un jour à l'autre, de soixante-dix-neuf à cent trente-sept.

Quinze obus sont tombés sur l'hôpital du Val-de-Grâce, ainsi que sur l'asile Sainte-Anne, et, pour la première fois, l'usine à gaz de la Villette (quartier de la Chapelle) a reçu des projectiles.

Quarante-sept propriétés particulières ont été plus ou moins endommagées.

Trois incendies, à la vérité peu violents, se sont déclarés : l'un au Val-de-Grâce, l'autre rue Brézin, le troisième, rue Thiboumèry. Ils ont été promptement éteints, et pendant l'organisation des secours, personne n'a été blessé.

L'ennemi a de nouveau dirigé le tir de ses batteries sur Auteuil et sur le Point-du-Jour. Rue Lafontaine, quelques maisons déjà ébranlées se sont totalement effondrées ; d'autres, situées villa Montmorency, ont beaucoup souffert.

A Saint-Denis, il est tombé quelques obus et des boulets pleins ; trois personnes ont été mortellement atteintes dans la soirée d'hier.

La gare du chemin de fer a été sérieusement éprouvée : une dizaine de projectiles, en éclatant principalement sur les salles des marchandises, y ont causé des dégâts sérieux.

Paris allait avoir bientôt l'explication de cette recrudescence, qui coïncidait singulièrement avec la cessation des feux, ordonnée de notre côté sur tout le périmètre de la défense.

Tandis que nos pièces se taisaient, en effet, pendant qu'allaient leur train les négociations dont tout le monde parlait et dont nul n'osait affirmer l'existence, les armées ennemies, comme si elles eussent voulu ne perdre ni une charge de poudre ni un obus, épuisaient contre Paris leurs derniers coups de canon.

Mais les négociations ne pouvaient être éternelles. La dernière ligne du traité devait être le signal de la dernière bordée. Le 27 au matin une note de l'*Officiel*, que toutes les feuilles publiques reproduisaient encadrée de deuil, soulevait le dernier voile qui cachait encore les allées et venues mystérieuses des jours précédents.

> Tant que le Gouvernement a pu compter sur l'arrivée d'une armée de secours, il était de son devoir de ne rien négliger pour prolonger la défense de Paris.
>
> En ce moment, quoique nos armées soient encore debout, les chances de la guerre les ont refoulées, l'une sous les murs de Lille, l'autre au delà de Laval; la troisième opère sur les frontières de l'Est. Nous avons dès lors perdu tout espoir qu'elles puissent se rapprocher de nous, et l'état de nos subsistances ne nous permet plus d'attendre.
>
> Dans cette situation, le Gouvernement avait le devoir absolu de négocier. Les négociations ont lieu en ce moment. Tout le monde comprendra que nous ne pouvons en indiquer les détails sans de graves inconvénients. Nous espérons pouvoir les publier demain.
>
> Nous pouvons cependant dire dès aujourd'hui que le principe de la souveraineté nationale sera sauvegardé par la réunion immédiate d'une assemblée; que l'armistice a pour but la convocation de cette assemblée; que, pendant cet armistice, l'armée allemande occupera les forts, mais n'entrera pas dans l'enceinte de Paris; que nous conserverons notre garde nationale intacte et une division de l'armée, et qu'aucun de nos soldats ne sera emmené hors du territoire.

A la lecture de ces lignes, les yeux s'obscurcissent de larmes, une invincible prostration s'empare de nous tous. La vérité, terrible, implacable, se fait jour, enfin — et cependant personne ne veut croire !

Eh quoi ! ce serait vrai ? Cela est donc possible ? Sommes-nous réellement arrivés à une telle fin, ou bien ne sommes-nous que les jouets d'un songe ?

Comment ! nos murs sont debout, nos canons braquent toujours sur la campagne leurs gueules menaçantes, nos arsenaux sont pleins de boulets et de cartouches, nos soldats tiennent encore, invaincus, leur arme dans leur main, et notre résistance s'arrête !

Elles étaient donc vraies, ces sombres paroles qui, depuis huit jours, tintaient à notre oreille :

— Plus de pain !

Plus de pain ! Cela dit tout, et cela termine tout.

Le courage n'est plus rien. Le sang versé reste infécond, du jour où, derrière les combattants en armes, l'impuissante population des femmes et des enfants a épuisé ses dernières ressources...

Restait à connaître le texte du contrat intervenu entre les parties pour la cessation des hostilités.

La convention, rendue publique dès le lendemain, est commentée de mille façons diverses. Un paragraphe surtout paraît gros de danger pour l'avenir et met en éveil les défiances.

ARTICLE IV. « Pendant la durée de l'armistice, l'armée « allemande n'entrera pas dans la ville de Paris. »

La capitulation ne met donc pas du premier coup fin à nos souffrances, que jusque-là rendaient légères la foi en l'avenir et l'espoir du succès ?

Paris veut encore se faire illusion ; mais les derniers jours de l'investissement, en réalité, en seront les plus terribles et les plus longs.

La fièvre du combat n'est plus là pour nous aider à

surmonter la faim et le froid ; aux douleurs matérielles vient se joindre la souffrance de l'âme.

Comme dans la chambre d'un mort, on n'ose élever la voix, on parle bas, on parle peu ; les discoureurs de place publique eux-mêmes sentent instinctivement que l'on n'épilogue pas sur la fatalité.

Sans que peut-être chacun ait bien conscience de toutes les pensées qui s'agitent en son cerveau, il règne dans les esprits comme un malaise général, un sentiment de vague inquiétude qui a succédé à la surexcitation de la veille.

On se préoccupe de l'avenir. On se demande ce que peuvent encore recéler d'orages les jours qui vont suivre.

L'enceinte restera-t-elle sacrée pour l'étranger ? S'il en doit être ainsi, les termes de cette capitulation, ou pour respecter, comme l'ont fait nos gouvernants, les oreilles méticuleuses, les termes de la *convention* qui met fin à la résistance de Paris sont à coup sûr des plus honorables pour les défenseurs de la grande cité.

Nos rues, encore sillonnées par nos soldats, ne verront pas défiler les bataillons ennemis, et nous n'aurons point à subir un *ordre* établi par eux. Les Parisiens sentent bien tout le prix de cette clause : « Nous ferons notre police nous-mêmes. »

Ils oublient que nos forts ne sont plus à nous et que pour un temps ils restent séparés de l'enceinte.

Ils songent que du haut de ces forts dont ils n'ont pu nous chasser, les Allemands ne doivent voir dans Paris qu'un grand peuple que les hommes et les événements ont trahi, et qui a su tirer de graves leçons de ce chapitre d'histoire qu'il vient lui-même d'écrire.

XIX

La reddition. — Pendant l'armistice. — L'arrêté du 10 février. — La valise de M. Washburn. — Les colonnes du sentiment. — Liquidation des ambulances. — Les élections. — Plus d'accapareurs ! — Le retour des proscrits. — Les ravitaillés.

L'exécution de deux mesures importantes devait remplir l'intervalle de l'armistice : le ravitaillement de Paris et les élections.

Une autre besogne, — impitoyablement dure, celle-là — allait être accomplie : le désarmement de l'enceinte, la livraison des armes et la reddition des forts.

Rendre leurs forts, pour ces marins qui les avaient si énergiquement défendus ; livrer leurs armes, pour ces bataillons dont la plupart avaient fait des prodiges d'héroïsme, c'était un coup cruel que ni les uns ni les autres ne pouvaient supporter sans de violents efforts sur eux-mêmes. Mais cela se passait au dehors, loin des regards de Paris, et nous n'en ressentions que le contre-coup.

— Les canonniers ne veulent pas quitter Montrouge, disait-on par la ville.

— Le général Noël refuse de livrer le Mont-Valérien, affirmaient quelques-uns.

— L'amiral La Roncière ne peut se décider à abandonner Saint-Denis, assuraient certains autres.

Néanmoins, en quelques heures, l'autorité militaire parvenait à écarter toutes les entraves. Un à un, nos forts et nos redoutes étaient évacués et remis entre les mains des commandants prussiens envoyés pour en prendre possession. En quel état, bon Dieu! Les nouveaux occupants le pouvaient constater, et il leur fallait, malgré eux, rendre hommage à la valeur de la défense, en atteignant, à travers les décombres, l'intérieur de certains forts — Issy, par exemple — qui n'étaient plus que des ruines.

Mais lorsque vint le tour de nos murailles, quand il fallut retirer des embrasures les canons et leurs affûts, abandonner le chemin de ronde, emmener les pièces loin de l'enceinte, délaisser les casemates et vider les poudrières, Paris sentit du même coup se raviver sa douleur et la rage de son impuissance.

Rien de morne comme ces embrasures dégarnies et ces remparts abandonnés. Seuls, quelques rares postes de gardes nationaux restent disséminés le long de l'enceinte; quelques soldats de la ligne, marins, douaniers et mobiles montent encore la garde auprès des portes. Pendant que l'ennemi se retranche sur tous les points qu'il occupe, dans le rayon le plus voisin des fortifications, des militaires désarmés travaillent à démolir les barricades élevées sur les grandes avenues qui aboutissent à l'enceinte.

En revanche, il est vrai, et comme prix de tant de sacrifices, le ravitaillement s'effectue dans les proportions les plus larges. Dès le premier jour, des ingénieurs sont partis dans toutes les directions pour explorer les voies ferrées. Des terrassiers et des maçons ont été envoyés pour relever les remblais, rétablir les rails et remettre en état les constructions. Déjà des trains nombreux affluent vers la capitale. C'est par les lignes du Nord et de l'Ouest que nous parviennent les premiers convois de vivres. De nombreux traités passés par le Gouvernement avec des négociants de Paris et des départements assurent la promptitude des arrivages. Les farines, le bétail, le poisson, les victuailles de toutes sortes ne sont pas seuls à nous ravitailler. Des milliers de pains tout fabriqués sont aussi transportés par le chemin de fer. Les denrées généreusement mises à la disposition des Parisiens par la ville de Londres viennent ajouter leur appoint à ces nombreux contingents. Un arrêté du maire de Paris fixe au 10 février la cessation du rationnement du pain.

D'autre part, profitant de la réouverture des communications, l'administration des postes commence à réorganiser son service. Les négociations relatives à l'envoi et à la réception des lettres se poursuivent activement au quartier-général de Versailles.

Nos nouvelles de l'extérieur, jusqu'ici, se sont bornées à de rares journaux pris sur les prisonniers ou trouvés dans les sacs des morts ennemis. Pendant toute la durée du siége, il ne s'est rencontré parmi nous qu'un seul privilégié, M. Washburn, l'àmbassadeur américain, qui, par grâce spéciale, recevait chaque semaine un sac de dépêches qu'un officier prussien apportait jusqu'à nos avant-postes du pont de Sèvres.

Combien de jaloux faisait cette valise ! Combien de regards dardés sur elle cherchaient, à travers l'enveloppe extérieure, à en entrevoir le contenu !

M. Washburn recevait entre autres le *Times*; il n'était pas un de ses amis ou un de leurs recommandés qui ne sollicitât la communication de la feuille anglaise. Démarches vaines ! tentatives superflues ! Le ministre d'Amérique était lié par une promesse formelle qui lui interdisait de confier aucune nouvelle du dehors. Et pourtant, indépendamment de ces tartines politiques si peu favorables à la France, quel puissant intérêt eût eu le *Times*, rien qu'avec ses colonnes d'annonces ! Pas un numéro du journal qui, à cette place si banale d'ordinaire, ne renfermât des centaines d'avis ou de recommandations de toutes celles et de tous ceux qui, de loin, vivaient en pensée parmi nous et suivaient d'un regard anxieux les phases de notre existence tourmentée. Les exilés de Paris savaient que l'organe de la cité de Londres parvenait régulièrement à l'envoyé des États-Unis, et bien souvent c'était à lui-même qu'ils présentaient leur requête.

M. Washburn — faisait imprimer l'un — *est instamment prié de vouloir bien informer M. X. que son père est actuellement en bonne santé à Bruxelles, où il attend avec impatience des nouvelles par prochain ballon.*

M. Washburn — insérait un autre — *acquerra des titres éternels à la reconnaissance de M. Y. en faisant savoir à Mme Y. de qui il a été séparé par la brusque rupture de toutes les voies de communication, qu'il est dans la plus mortelle inquiétude, et compte sur une prompte lettre, adressée à l'hôtel ***, rue ***, à ***, sa résidence présente.*

D'autres fois, les avis s'adressaient directement aux intéressés :

M. Alfred V., *à* Paris. — *Nous nous portons tous bien. Edmond est dans l'armée de la Loire; Emma est à Nice où je la rejoindrai dans trois jours. Vite, écris-nous. Courage et espoir.   Ta femme, Louise V.*

Mme Zoé S. — *Écrivez-nous à Caen où nous sommes réfugiés depuis que l'ennemi occupe Rouen. Nous vous embrassons tous.*
R. P.

M. Raoul de B. — *Nous avons reçu toutes vos lettres. La province marche. Patience. Votre femme est heureusement accouchée d'un garçon; la mère et l'enfant se portent bien.*   K. Z.

Quel que pût être le bon vouloir de M. Washburn, cependant, la plupart du temps, ces nouvelles si précieuses qu'on les eût payées de la moitié de son sang, échappaient totalement à leur destination.

Mais bientôt nous allions avoir des lettres, nous aussi, et les employés de la poste, reprenant avec activité leurs occupations si longtemps interrompues, se préparaient à nous délivrer, pour commencer, les quelques millions de plis cachetés qui constituaient l'arriéré de nos correspondances accumulées dans les bureaux les plus proches de Paris.

Pendant ce temps, dans les ambulances, il fallait songer à liquider et mettre à jour les divers services, évacuer les nombreux locaux occupés par les blessés, rendre à la liberté le personnel qui, pendant tant de jours et de nuits avait prodigué ses soins à de si nombreuses victimes. Français et étrangers avaient rivalisé d'ardeur dans cette noble tâche. A côté des ambulances de la Presse et de la Société de secours, les ambulances belge, italienne, américaine, etc., n'avaient pas un instant cessé d'être à la hauteur de leur mission. Je ne parle point ici, pour n'être pas obligé de les flétrir comme ils le méritent, de ces simulacres de charité qui, sous prétexte d'*ambulances privées*, n'avaient en certains cas servi qu'à abriter, sous la croix rouge de Genève, les maisons sur lesquelles flottait le drapeau de la Convention. J'aime mieux rendre hommage à celles des ambulances privées qui, elles aussi, avaient compris la sainteté de leur rôle, — et, Dieu merci! elles étaient nombreuses.

L'évacuation de ces divers locaux ne pouvait s'effectuer que peu à peu. Il fallait s'assurer des moyens de transport et des lieux de convalescence.

Beaucoup de malades et de blessés devaient être dirigés sur le Midi, dès que l'état des lignes le permettrait. D'autres encore, ceux par exemple qui occupaient les hôpitaux annexes des ambulances de la Presse, allaient être réunis dans un village improvisé tout près de Passy, où, sous le nom de *pavillon de Longchamps*, vingt-cinq maisonnettes en bois avaient été construites et largement espacées autour d'un vaste enclos planté d'arbres.

La Société de secours avait fait élever des baraquements non loin de l'Ecole militaire.

Avant de se licencier, les membres du comité, sur la proposition de M. de Pages, prenaient une dernière résolution, destinée à perpétuer le souvenir de ces dévouements féminins, qui pas un seul jour n'avaient faibli.

A chacune des dames qui s'étaient consacrées aux

ambulances, devait être délivré un brevet de *dame infirmière*.

Décision touchante par le contraste même qu'elle établissait entre la grandeur des services rendus et la modestie de la récompense !

Cependant, le travail préparatoire des élections était mené avec ensemble, et déjà une ardente propagande recommandait aux votants les candidats à élire.

Les réunions tenues chaque soir dans tous les grands locaux de la ville, préparaient le scrutin du 8 février.

Si jusqu'à cette date, Paris a été agité par la fièvre électorale, un grand apaisement succède à cette animation passagère. Le ravitaillement devient, de nouveau, l'objet de l'attention universelle, depuis que quelques lenteurs sont venues l'entraver. Pourtant, bien peu de jours se sont écoulés depuis la conclusion de l'armistice, et nous voici déjà loin du temps où, pour assurer notre subsistance, il fallait réquisitionner le mouron des petits oiseaux, et où le gastronome avide d'une friture était forcé de pêcher les derniers poissons rouges du bocal qui ornait son salon.

L'heure du châtiment aurait-elle sonné pour les accapareurs et les spéculateurs du siége ?

On connaît cette vieille légende de l'avare mort de faim sur son trésor. Un peintre anglais, Hogarth, l'a fixée sur la toile dans deux tableaux saisissants.

Le premier montre l'homme dans tout l'épanouissement de sa fatale passion ; au milieu d'une cave dont les parois et le sol sont jonchés de pièces d'or et de pierres précieuses, il aspire à pleins poumons l'air enivrant qui, pour lui, se dégage de ces richesses; le flambeau qu'il tient dans sa main illumine les rayonnements extatiques de sa physionomie; son regard brille, tout son corps frémit de l'ivresse qu'il ressent ; une sorte de joie féroce l'enchaîne à sa contemplation.

Dans la scène qui suit, l'homme est toujours seul, mais cette fois accroupi sur un tas d'or dans lequel s'enfoncent avec rage ses doigts crispés ; une obscure lueur éclaire seule son visage que plissse un épouvantable rictus; de longues heures ont passé ; le flambeau consumé est tombé dans un coin. L'avare râle, il agonise ; la porte de son antre s'est refermée sur lui, bravant ses efforts impuissants, et aucune oreille humaine n'entendra, à travers les voûtes épaisses, les cris et les imprécations du mourant.

Volontiers on se remémore ces scènes, à la vue des trésors ignorés que la conclusion de l'armistice a fait surgir tout à coup des entrailles de notre Paris qu'on prétendait affamé.

Combien de ces gens qui spéculaient sur la misère publique vont-ils voir, se disait-on, leurs espérances de fortune envolées à jamais; combien seraient heureux de pouvoir seulement rentrer dans les débours qu'ils ont dû faire ; combien, enfin, en présence de l'abondance prochaine, resteront seuls, tristes, désolés, ruinés, devant les amoncellements gigantesques dus à leurs trop prévoyantes conceptions!

Nul ne les plaint ; car de quelle espèce de pitié peuvent être dignes ceux qui font de la détresse des autres le marchepied de leur fortune?

Leur avidité eût dû trouver son contre-poids dans un patriotisme inspiré par la situation, si le patriotisme pouvait germer dans ces cœurs d'où l'amour immodéré du lucre a exclu tout autre sentiment.

Ils ne sont pas seuls à blâmer, du reste, et il faut avouer que le Gouvernement du 4 septembre a bien peu fait pour conjurer la situation que devaient engendrer ces monstrueuses convoitises.

Aujourd'hui, du moins, Paris est prisonnier de guerre, — mais il mange.

Même, à voir avec quelle volupté certaines papilles se dilatent au contact des aliments nouveaux, on pourrait presque croire que la captivité a pour effet principal de développer l'appétit.

L'empressement de quelques-uns à jouir des bienfaits du ravitaillement, semblerait faire supposer qu'il existe, dans le monde parisien, un coin impur où l'on se console volontiers des déchirements de l'âme par les satisfactions de l'estomac,— sans parler de ces bandes faméliques d'individus abjects qui s'en vont jusqu'aux avant-postes ennemis quémander leur nourriture du jour, ou reviennent infecter nos marchés de produits comestibles achetés aux soldats allemands.

Le nombre de ces gens est restreint, disons le à notre honneur, et l'accueil qu'ils rencontrent dans la population n'est guère fait pour les encourager. S'ils trouvent parfois des preneurs pour leurs marchandises de source équivoque, le client, en général, s'en détourne avec dégoût ; et il n'est pas jusqu'aux enfants qui n'éprouvent une horreur instinctive pour tout ce qui peut provenir de cette obscure origine.

Je dînais chez un ami dont la petite fille ouvrait de grands yeux à l'aspect d'une table où s'étalaient quelques mets bien modestes pourtant, mais qui, depuis plusieurs mois, ne s'étaient pas offerts à ses regards.

L'enfant paraissait tout indécise ; elle ne savait s'il fallait se réjouir ou s'attrister du changement.

Et chaque fois qu'on lui offrait d'un plat nouveau,

la pauvre petite avançait son assiette, et, moitié anxieuse, moitié convaincue :

— Ça ne vient pas des Prussiens, au moins ? demandait-elle en regardant son père.

Dieu merci ! nous n'en sommes pas réduits à recevoir des mains de l'ennemi notre pitance journalière. Des trains de plus en plus nombreux se succèdent sans interruption. Nous voyons, peu à peu, revenir parmi nous les vivres proscrits naguère — plantureuse provende destinée à nous faire oublier que Paris, un moment, a frôlé de près la famine. Et à tous les marchés, devant chaque vitrine de comestibles, c'est, durant tout le jour, un long défilé de visiteurs.

Les uns viennent avec des intentions sérieuses, le portefeuille en poche ou la bourse à la main ; mais c'est le petit nombre, car jusqu'ici les prix restent trop élevés pour être accessibles à tous.

Les autres accourent, mus par une curiosité qu'aucun obstacle n'arrête ; ils veulent voir, ils tiennent à s'assurer par leurs yeux qu'on ne leur a pas menti. Volaille, gibier, poisson, beurre, jambon, fromages, viandes de toutes sortes, friandises de toutes qualités, s'étalent en faisceaux artistement combinés ; des fruits savoureux dressent sur des plats d'argent leurs appétissantes pyramides ; des pâtes, des crèmes, des coulis, sont ingénieusement rangés autour de la montre... et la foule est là, avide de regarder, presque immobile de surprise et se demandant si ce qu'elle voit n'est point quelque vision féerique toute prête à s'envoler.

Paris, enfin, si souvent abusé, semble se demander s'il n'est pas le jouet d'un rêve, et si *cela est arrivé*.

Hélas, oui ! cela est arrivé : nous savons tous à quel prix.

Nous mangions du cheval, nous allons savourer du

bœuf ; nous manquions de légumes, déjà les légumes abondent ; nous remplacions le beurre absent par l'huile rance, nos cuisinières auront du beurre frais ; le lait, les œufs, le fromage, nous faisaient défaut, notre ordinaire s'enrichit désormais du fromage, des œufs et du lait.

Ces victuailles, encore rares, redeviendront bientôt à la portée de tous ; laissons donc, quelques jours encore, les marchands en former des trophées ou les dresser en panoplies.

Pour moi, je n'ai pas éprouvé le moindre étonnement le matin où j'ai vu en montre une tête de veau enguirlandée de fleurs : c'était une noble tête, calme, digne et majestueuse, ainsi qu'il sied à un veau qui a conscience de sa valeur ; des roses s'enroulaient autour de son front, tandis qu'un feuillage touffu abritait ses oreilles en desdendant jusqu'au cou. La tête reposait sur un beau plat sculpté, semblable à un pavois. Quoi d'étrange ? Le veau n'est-il pas le vrai triomphateur du jour ?

Allons ! soyons contents et réjouissons-nous ! Nous ne manquerons plus de rien à l'avenir. Les souffrances sont finies — au moins en ce qui concerne nos ventres. On assure même que nous allons avoir du pain blanc. Ce sera trop de bonheur à la fois, n'est-il pas vrai ?

Et pourtant, à ce pain blanc de la capitulation, qui de nous n'eût préféré encore le pain noir de la résistance !

XX

Entreront-ils? — Les indécis. — Le général des Batignolles. — La dernière goutte du calice. — Proclamation Thiers, Picard, Favre. — Un deuil public. — Paris sans journaux. — La traînée prussienne. — Partis! — Ceux qui reviennent.

Nous touchons à la fin de cette longue crise. Cependant, la deuxième quinzaine de février est venue et Paris ignore encore de quelle façon se dénouera la situation douloureuse que lui crée la présence de l'ennemi autour de ses remparts.

Les Prussiens entreront-ils dans la ville, ou, vainqueurs généreux et politiques habiles, épargneront-ils à Paris cette suprême humiliation?

Nous en sommes, quant à ce point, réduits aux hypothèses et aux informations contradictoires que nous apportent les feuilles étrangères. Quant à la commission venue de Bordeaux pour traiter avec Versailles, chacun de ses membres s'est fait impénétrable ; toute demande de renseignements vient se briser contre la discrétion des négociateurs.

Jamais indécision ne pesa d'un poids plus lourd sur cette population qui avait fait jusqu'alors des prodiges de patience.

Jamais, même sur nos champs de bataille les plus meurtriers, nous ne vîmes tomber plus de victimes que n'en firent ces poignantes alternatives et ces accablements des derniers jours.

Infortunés qui, après avoir résisté à toutes les horreurs du siége et affronté vingt fois les balles ennemies, n'étaient, comme celui qu'on nommait le *général des Batignolles,* privés de la mort glorieuse qu'ils avaient rêvée, que pour devenir la proie d'une fin misérable.

Pauvre général ! enterré si obscurément, si tristement, et sans que le moindre tambour escortât son corbillard !

Il se nommait Roman. Dans son quartier on ne l'appelait que le général Roman.

C'était un vieux grognard à longues moustaches grises, portant la tête haute dans son col de bougran, le buste raide, le jarret fièrement campé malgré ses soixante ans, l'œil encore vif et le coffre solide.

Une particularité, entre autres, le désignait de loin à l'attention des passants ; à son côté pendait, invariablement, une gourde de cuir dont le large cordon vert reposait en sautoir sur sa poitrine. Cette gourde faisait partie intégrante de son équipement. De temps à autre, il la portait à ses lèvres pour absorber une gorgée de rhum.

— C'était, prétendait-il, une habitude d'enfance.

Le dimanche, au printemps, Roman montait d'un

pas alerte toute la Grande-Rue des Batignolles, afin d'aller s'asseoir sur un banc du grand square et aspirer à pleins poumons la fraîche senteur des jeunes pousses.

Tous les enfants accouraient pour le voir et, en se le montrant, tout bas, ils disaient :

— Voilà le général qui passe.

Combien le square va être vide, quand reviendront les beaux jours !

Dès le début du siége, une transformation s'était opérée chez le général. On ne l'entendait presque plus, comme auparavant, raconter ses campagnes. Il n'ébauchait guère qu'à peine, et par rares intervalles, ces longues histoires qui, naguère, commençaient invariablement par ces mots :

— Du temps que j'étais marchal'chef...

Car il avait servi dans la cavalerie, où il portait, au moment de sa retraite, les galons de maréchal des logis chef, — et si on l'appelait général, c'est qu'il avait depuis monté en grade... dans l'esprit de ses concitoyens.

Non! Plus de récits belliqueux lorsque, autour de Paris, vinrent camper les premiers régiments prussiens. La verve du général semblait tout d'un coup s'être éteinte. Il méditait.

Puis on le vit, un matin, s'en aller par les rues vêtu en garde national. Ceux qui le connaissaient comprirent : le temps n'était plus aux narrations guerrières; l'heure de l'action était venue.

Ce simple soldat de soixante ans fit, rien qu'en se montrant, plus de prosélytes à lui seul que toutes les proclamations des ministres. Il fut de ceux qui inaugurèrent le service des bastions. Toujours le premier à l'appel, il était le dernier à s'éloigner quand le capitaine avait dit : « Rompez les rangs ! »

Tout alla pour le mieux pendant quelques semaines. Le général avait repris son animation et sa verve des anciens jours, — et il retrouvait, dans ses nouveaux compagnons d'armes, des auditeurs sans cesse bienveillants.

Mais, peu à peu, de graves changements se manifestèrent en lui. Nos premiers insuccès étaient venus, suivis de ce cortége de déboires qui faillit plus d'une ois jeter le découragement jusqu'au fond des âmes les mieux trempées. Sa physionomie se rembrunit, son aspect devint sombre, son geste saccadé, et souvent on le surprit se parlant à lui-même et laissant tomber de ses lèvres des mots incohérents.

Par moments il s'en allait à l'écart, tirait une gorgée de sa gourde et sortait de sa poche une carte des environs de Paris qu'il contemplait longuement avec une attention minutieuse.

Parfois ses camarades s'approchaient et suivaient du regard les lignes et les points qu'à l'aide d'un crayon il traçait sur sa carte. Alors, il relevait la tête et, leur montrant du doigt ce qu'il venait de faire :

— Ce soir, soupirait-il, j'expliquerai ça à Trochu.

Le soir, rentré chez lui, il s'asseyait à une petite table, couverte de papiers, de compas et de notes, et il écrivait au général en chef des lettres que le lendemain il jetait à la poste, tout en murmurant avec une crispation de rage :

— A quoi bon ?

Cela dura trois mois pendant lesquels Roman, affaissé au moral et brisé au physique, semblait de jour en jour plus lugubre et plus désespéré.

A la suite du Bourget, il chancelait comme un homme

ivre; après Avron, ses jambes refusaient de marcher; le lendemain de Montretout, il se mettait au lit.

Un matin, des voisins lui apportèrent un journal. Il lut la convention qui rendait Paris à la Prusse.

— Les misérables, fit-il, ils ont capitulé !

Et, pendant plus d'une heure, il pleura comme un enfant.

Depuis, on ne l'entendit plus parler.

Le général avait exigé qu'on laissât sur son lit cette carte, sur laquelle il s'était penché si souvent. Il la regardait encore, et de faibles soupirs s'échappaient de sa poitrine.

Ce fut ainsi qu'il s'éteignit.

Comme Trochu, lui aussi, il avait son plan.

Il n'a pas réussi.

Seulement, — moins... philosophe que le gouverneur, il en est mort.

Combien d'autres que l'indécision tue, ou auxquels les perplexités du moment infligent les plus cruelles tortures !

Mais ceux-là n'auront plus longtemps à souffrir — hélas! — et l'annonce des préliminaires de paix va bientôt lever tous leurs doutes :

« L'entrée des troupes allemandes, dit le *Journal*
« *officiel* du 27 février, réglée entre l'autorité mili-
« taire française et l'autorité militaire allemande, aura
« lieu mercredi 1er mars, à dix heures du matin. L'ar-
« mée allemande occupera l'espace compris entre la
« Seine et la rue du Faubourg-Saint-Honoré, à partir
« de la place de la Concorde jusqu'au quartier des
« Ternes. »

Cette déclaration était suivie d'une proclamation du Gouvernement, affichée dans le courant de la journée.

RÉPUBLIQUE FRANÇAISE

Aux habitants de Paris,

Le Gouvernement fait appel à votre patriotisme et à votre sagesse ; vous avez dans les mains le sort de Paris et de la France elle-même. Il dépend de vous de les sauver ou de les perdre.

Après une résistance héroïque, la faim vous a contraints de livrer les forts à l'ennemi victorieux ; les armées qui pouvaient venir à votre secours ont été rejetées derrière la Loire. Ces faits incontestables ont obligé le Gouvernement et l'Assemblée nationale à ouvrir des négociations de paix.

Pendant six jours, vos négociateurs ont disputé le terrain pied à pied ; ils ont fait tout ce qui était souverainement possible pour obtenir les conditions les moins dommageables. Ils ont signé des préliminaires de paix qui vont être soumis à l'Assemblée nationale.

Pendant le temps nécessaire à la discussion de ces préliminaires, les hostilités auraient recommencé et le sang aurait inutilement coulé sans une prolongation d'armistice.

Cette prolongation n'a pu être obtenue qu'à la condition d'une occupation partielle et très momentanée d'un quartier de Paris. Cette occupation sera limitée au quartier des Champs-Elysées. Il ne pourra entrer dans Paris que trente mille hommes, et ils devront se retirer dès que les préliminaires de paix auront été ratifiés, ce qui ne peut exiger qu'un petit nombre de jours.

Si cette convention n'était pas respectée, l'armistice serait rompu : l'ennemi, déjà maître des forts, occuperait de vive force la cité tout entière ; vos propriétés, vos chefs-d'œuvre, vos monuments, garantis aujourd'hui par la convention, cesseraient de l'être.

Ce malheur atteindrait toute la France. Les affreux ravages de la guerre, qui n'ont pas encore dépassé la Loire, s'étendraient jusqu'aux Pyrénées.

Il est donc absolument vrai de dire qu'il s'agit du salut de Paris et de la France. N'imitez pas la faute de ceux qui n'ont pas voulu nous croire, lorsqu'il y a huit mois nous les adjurions de ne pas entreprendre une guerre qui devait être si funeste.

L'armée française, qui a défendu Paris avec tant de courage, occupera la gauche de la Seine pour assurer la loyale exécution du nouvel armistice. C'est à la garde nationale à s'unir à elle pour maintenir l'ordre dans le reste de la cité.

Que tous les bons citoyens qui se sont honorés à sa tête et se sont montrés braves devant l'ennemi reprennent leur ascendant, et cette cruelle situation d'aujourd'hui se terminera par la paix et le retour de la prospérité publique.

Paris, le 27 février 1871.

A. Thiers,
Chef du pouvoir exécutif de la République française.

Jules Favre,
Ministre des affaires étrangères.

Ernest Picard,
Ministre de l'intérieur.

Ces exhortations pouvaient n'être pas inutiles ; car, au premier moment, une vive exaltation s'était manifestée sur plus d'un point de la cité. Mais Paris, si héroïque jusqu'alors, était bien résolu à ne point démentir son passé. La rage au cœur, le deuil dans l'âme, il allait vider jusqu'au fond l'amer calice qu'une fois encore on approchait de ses lèvres. Chacun se préparait à s'enfermer chez soi. Plus de mouvement dans les rues ; plus d'établissements publics ouverts à tout venant ; plus de vendeurs sur la voie publique ; plus de journaux.

Une réunion avait eu lieu entre les directeurs des diverses feuilles, et la résolution suivante avait été arrêtée :

« Au moment où l'entrée des Prussiens dans Paris
« est officiellement annoncée, les directeurs des jour-
« naux soussignés, confondus dans un même senti-
« ment de patriotisme, croient devoir insister de nou-
« veau auprès de la population parisienne pour qu'elle
« conserve en face de la situation cruelle qui lui est
« faite, le calme et la dignité que les circonstances
« commandent impérieusement.

« Ils ont résolu, pour leur part, de suspendre la pu-

« blication des feuilles qu'ils dirigent, pendant l'occu-
« pation prussienne. »

Ainsi, nous avions vu tour à tour Paris sans soldats ou sans armes, sans fiacres ou sans sergents de ville, sans théâtre ou sans pain ; il nous était réservé de voir Paris privé de cette manne quotidienne qui est comme le thermomètre de son existence : les journaux.

De toutes les formes extérieures traduisant la tristesse qui accablait Paris, cette abstention de la presse était peut-être la plus profondément sentie, celle dont l'éloquence impressionnait le plus vivement la population entière.

A ces deux millions d'êtres qui vivent de la vie de l'intelligence autant que de l'existence matérielle, supprimer tout d'un coup ces carrés de papier qui répandent les nouvelles à chaque coin de la ville — n'est-ce pas leur enlever une parcelle d'eux-mêmes ?

Le journal est, en quelque sorte, l'artère dont les pulsations marquent l'état de ce fiévreux qu'on appelle Paris. Chaque matin, à son réveil, le patient se tâte le pouls, et c'est en ouvrant ses journaux qu'il se demande : Voyons comment je vais aujourd'hui ? Aussi, quel est le Parisien qui, durant les deux jours de l'occupation, ne se soit machinalement approché dix fois d'un kiosque pour acheter son journal ?

Mais les kiosques devaient demeurer vides tant que les Prussiens seraient là.

Ils étaient entrés le 1er mars, un mercredi, bêtement, timidement, après avoir d'abord éclairé le terrain qu'ils croyaient, eût-on dit, prêt à les engloutir. Dans le quartier d'où il leur était interdit de sortir, on les avait parqués loin du reste de la ville. Un triple cordon sanitaire de barricades, de soldats et de gardes nationaux, les isolait de nous tous.

Est-il besoin de dire quel immense soupir de soulagement accueillit cet avis publié le lendemain, à la suite de la dépêche qui annonçait la ratification des préliminaires de paix par l'Assemblée nationale :

Le ministre des affaires étrangères se rendra jeudi, 2 mars, à Versailles, pour demander l'évacuation immédiate des troupes allemandes, en vertu de l'article 3 des préliminaires.

C'était le vendredi matin.

Il était sept heures et demie à peine. Les sentinelles avancées prussiennes venaient de s'éloigner, rompant autour des quartiers occupés le cordon que ne formaient plus, dès lors, que nos soldats et nos gardes nationaux.

Un brouillard intense obscurcissait l'atmosphère. A travers ce voile épais, par les voies qui, tout le long du faubourg Saint-Honoré, ont des échappées sur la grande avenue des Champs-Elysées, on entrevoyait vaguement les masses sombres des corps prussiens commençant à défiler pour partir. En même temps, un vent faible apportait, par instants, comme des bouffées confuses de musique.

A mesure que les colonnes prussiennes se succédaient et s'éloignaient davantage, et comme si le ciel eût voulu lui-même témoigner d'un tardif revirement en notre faveur, le brouillard s'éclaircissait peu à peu, et le sombre voile qui couvrait la grande cité achevait de se déchirer. A onze heures, il ne restait pas un

Prussien dans Paris, — je ne parle pas de ceux qui s'étaient fait arrêter après avoir forcé la consigne d'internement, — et le ciel bleu se montrait enfin dans toute sa splendeur. Le ciel de la délivrance!

Peu d'instants après, le public, jaloux de se rendre compte de la conduite des occupants, pénétrait dans les Champs-Elysées et les rues adjacentes.

Tristes impressions que celles que l'on rapportait de cette courte visite; car, décidément, il a fallu que partout les Prussiens laissassent des traces irréfragables de leur passage.

Pendant cinq mois, c'est une traînée de sang que l'on trouvait derrière eux. Chez les Parisiens, ils n'ont su laisser qu'une traînée... d'ordures.

Il faut croire que ces Germains, comme le gibier de leurs forêts, tiennent à se faire suivre à la piste. L'odorat hésiterait à bon droit entre un de ces terrains vagues où la municipalité parisienne faisait transporter les immondices de nos rues, et les splendides abords du palais de l'Industrie après quarante-huit heures de séjour de ces hôtes singuliers.

Partout c'est la même chose, partout l'on retrouve les traces de cette manie des souillures indécentes, de cette malpropreté qui restera légendaire. Au Cirque des Champs-Elysées, comme d'ailleurs au palais de l'Industrie, l'intérieur était d'une saleté révoltante. C'était vraiment à tirer au sort pour savoir qui irait en dedans ouvrir les fenêtres. Le Cirque avait été littéralement saccagé, le péristyle converti en écurie, les bureaux de contrôle avaient servi à faire du feu, le velours était déchiré et coupé à coups de sabre. Aux alentours, c'étaient les cafés, les concerts d'été saccagés et à peu près mis au pillage. Tout le long de l'avenue Uhrich, de l'avenue de la Grande-Armée, les ignobles traces des occupants se retrouvaient et marquaient d'une façon non douteuse le terrain à eux dévolu.

Il faut que la race germanique soit bien spécialement organisée pour tout ce qui est souillure comme pour tout ce qui est destruction ; car ce ne sont pas là des faits de basse tyrannie, des vengeances de soldats en goguette, c'est de la manie au premier chef, c'est la malpropreté élevée à la hauteur d'un caractère national.

Que la ménagère allemande polisse régulièrement *ses cuivres* et fasse convenablement reluire sa batterie de cuisine, c'est là une qualité qu'il ne faut pas lui marchander. En Allemagne, les choses à cet égard sont à peu près irréprochables. Mais ces gens en sont loin ! Il n'est pas nécessaire, comme on l'a dit, de « gratter le Prussien » pour retrouver le barbare.

Il suffit de le déshabiller. Le fils des Germains a la malpropreté des races grossières et des gens mal élevés.

Au surplus, il me revient à la mémoire un mot d'une blanchisseuse, naïve et brave femme, qui depuis longtemps, avant le siège, venait régulièrement de Versailles à Paris prendre le linge de ses pratiques.

— Pendant cinq mois, disait-elle à un de ses clients, j'ai été forcée de laver le linge des soldats qui logeaient à Versailles. Il le fallait bien, on ne pouvait dire non.

— Vous payaient-ils, au moins ?

— Oh ! pour ça, ils payaient ce que l'on demandait.

— Sans marchander ?

— Marchander avec ceux qui touchaient à leur linge ?... Ils n'auraient pas osé !

Enfin, ils sont partis ! Paris est rendu à lui-même,

et tout ce qui avait fui loin de ses héroïques remparts revient peu à peu prendre au coin du foyer la place accoutumée.

A mesure que, par toute la France, se reconstitue le réseau des communications, la province rend à Paris ses absents et ses exilés volontaires.

Spectacle étrange que celui du retour de ces Parisiens d'antan, qui ne font que revenir chez eux et semblent des intrus, tant ils paraissent hésitants et surpris de cette rentrée après laquelle pourtant tous ont si longtemps soupiré !

On dirait, à les voir débarquer parmi nous, que ce sol sur lequel, après six mois d'éloignement, ils posent le pied pour la première fois, est miné de torpilles prêtes à faire explosion, ou recouvre mystérieusement des précipices insondables.

On dirait que le récit de nos luttes et les détails de nos préparatifs de défense ont imprimé, dans l'esprit de ceux qui n'étaient pas là pour partager nos périls, cette idée que Paris, bouleversé par ses combattants depuis les profondeurs de ses sous-sols jusqu'aux sommets de ses demeures, n'est plus qu'un vaste cratère aux grondements pleins de menaces, un immense champ de carnage outillé pour la mort comme un donjon d'Anne Radcliffe, une surface machinée comme un plancher de Robert Houdin, un décor menaçant de s'engloutir au premier signal, comme le cinquième acte du *Prophète*, ou le dernier tableau d'*Herculanum* à l'Opéra.

Où vont-ils, ces proscrits de la veille, et que trouveront-ils à la place de ce qu'ils ont laissé ?

Timidement ils se risquent au dehors de la gare où ils viennent d'aborder.

Les bagages sont là. Quel que soit le lieu terrible

vers lequel on va se diriger, ne faut-il pas, pour les y transporter, le fiacre traditionnel ?

Machinalement, donc, le voyageur cherche un fiacre.

Un fiacre! Le malheureux! Un fiacre, alors que nous avons mangé jusqu'à nos plus fougueux coursiers !

La rue vide de voitures lui rend soudain la notion de la réalité. L'infortuné se ravise, tandis que dans une vision fantastique passent devant ses yeux les cadavres de nos haridelles dévorées et les agapes funèbres déroulant leurs trois mois d'hippophagie forcée.

Un commissionnaire est là; les colis, en général, sont peu nombreux et peu lourds. On était parti si à la hâte et pour si peu de temps !

Tristement, le deuil dans l'âme et la pâleur au visage, le nouvel arrivant se met en marche derrière le sauveteur médaillé, grâce auquel il n'en est pas réduit à porter lui-même ses malles.

Il avance lentement, péniblement, osant à peine mettre un pied devant l'autre, s'attendant presque à voir, au détour de chaque rue, se dresser un fantôme, et se demandant avec terreur si ce semblant de promenade n'est pas une épreuve qu'on lui inflige avant de le conduire au supplice final.

Il faut bien qu'il se rassure pourtant.

Aucun spectre ne lui a barré la route, nulle trappe ne s'est entr'ouverte sous ses pas; l'Auvergnat débonnaire qui chemine devant lui montre une sûreté d'allures qui exclut décidément toute préoccupation tragique.

Alors le voyageur se hasarde à relever la tête.

Curieusement, il dévisage les passants, qu'il trouve bien alertes pour des gens qui se sont nourris de rats d'égout et d'os pilés. Il examine les maisons, tout surpris de les voir debout, et cherche dans les murailles les trous d'obus et les crevasses, les traces d'incendie et les plaies de toutes sortes qui vont, du moins, lui révéler les horreurs du bombardement.

Eh quoi ! pas même cela ? Il faudra, pour juger de ce que Paris a souffert, aller jusqu'aux arrondissements excentriques, jusqu'au dehors des remparts ! Quoi ! des quartiers entiers offrent déjà le spectacle de la sérénité des meilleurs jours ! Il se trouve encore dans Paris des gens qui se portent bien, qui se sont réinstallés dans leurs habitudes et ont repris leurs travaux !

Pour nos nouveaux arrivants, cela est presque à n'y point croire.

C'est pour le coup que ceux qui reviennent se repentent d'être partis ! Les hommes regrettent d'avoir quitté leur poste, les femmes d'avoir abandonné leurs foyers. Tous auraient voulu être là, eussent-ils dû ne pas survivre à l'épreuve.

Ils ont conscience alors de s'être, en fuyant Paris investi, privés du spectacle à la fois le plus étrange et le plus grandiose qu'aient offert les temps modernes.

Ils admirent toute la splendeur de l'enseignement qui s'impose à eux.

Ils comprennent enfin que si Paris a souffert, s'il s'est tordu tour à tour dans les angoisses de la faim et dans les convulsions de la rage, s'il a versé ses pleurs et répandu son sang, — ce géant qui, d'un bond, se relève de son lit de douleur, doit sortir de l'épreuve purifié et grandi.

FIN.

TABLE DES MATIÈRES

Pages.

Préface.. 1

I

Ceux qui s'en vont. — Un regard en arrière. — Oseront-ils venir? — Les épaves d'une armée. — Apprêts de défense. — Redoutes, forts, murailles et bastions. — Les camps parisiens. — Autour des remparts. — Le Moulin de la Galette. — Torpilles et trous de loup................. 3

II

L'heure des sacrifices. — L'incendie des forêts. — La chute des ponts. — Égouts et catacombes. — Paris devant Strasbourg. — Eugène Ferrand. — Autour des groupes. — La seule paix possible. — La revue du 13 septembre. 19

III

Le dernier convoi. — Les héroïnes de Paris. — La guerre des rues. — Henri Rochefort et les barricades. — Escarmouches. — Reconnaissances nautiques. — Espions et espionnes. — Histoire d'un coutelas. — Châtillon. — Les fuyards. — La première torpille. — Les positions des Prussiens. — Ce que veut le peuple. — Chevilly,........ 33

IV

Premières terreurs. — Le problème alimentaire. — Les comptoirs de consommation. — Nos caves. — Les Irlandais de la Villette. — Une heure à l'Académie. — La ligue contre la famine. — Le prophète Dorderon. — M. Richard et M. Riche. — La science et l'industrie. — Tous jardiniers ! — La récolte en douze temps. — Les pourvoyeurs de la mort.. 57

V

Rêveries d'un factionnaire. — La garde nationale et sa gaieté. — Contrastes. — Trochu voudra-t il ? — Départ de Gambetta. — La revanche de Châtillon. — Le rapport de Vinoy. — Nos braves. — Incendie du château de St-Cloud. — Le 21 octobre. — Engagement de Rueil. — Mesdames les amazones. — Les ambulances et leurs comités. — Infirmières et docteurs. — Les barbares du Nord. — Un faïencier de Bourg-la-Reine..................................... 80

VI

La confiance renaît. — La question des théâtres. — Sarcey et Thomas Grimm. — Le premier concert. — Victor Hugo à la Porte Saint-Martin. — *Patria*. — L'art et la charité. — Des canons ! — M. Legouvé et l'alimentation morale. — Les comédiens ordinaires de son ex-majesté. — Souvenirs de 92. — Les volontaires de 70............ 100

VII

Vrais et faux inventeurs. — Le génie civil. — L'extermination fantaisiste. — Dynamite et feux grégeois. — Plus de mystère! Réunions et expériences. — Le major des plastrons. — L'Alcazar de Thérésa. — Une pompe sans incendie. — Le télégraphe de poche. — M. Trouvé. — Les soirées des Folies-Bergère. — La province nous attend!. 113

VIII

Le triangle. — Monotonie des rapports militaires. — De l'Étoile à Courbevoie. — L'affaire du Bourget. — Metz. — Pas d'armistice! — Jules Favre et Bismark. — La journée du 31 octobre. — Oui ou non? — Autour du vote...... 127

IX

La guerre de partisans et ses apôtres. — Odyssée d'un substitut. — La levée en masse. — Le décret du 13 novembre. — Joseph Prud'homme fantassin. — Nos vivandières. — Exemptions plus ou moins légales. — Où sont les jeunes? — Aux Champs-Elysées. — La petite garde. — La réserve.................................... 147

X

La victoire d'Orléans. — Les lignes de fer. — La bataille de Villiers. — Les voix d'airain. — Renault-l'arrière-garde. Remuons de la terre. — Les funérailles de Champigny. — L'attaque du 2 décembre. — Les pigeons de Ducrot. — Moltke et Cambronne.................................. 159

XI

Révolutions culinaires. — Jadis et aujourd'hui. — La gastronomie platonique. — Encore la gélatine. — Le bonhomme La Fontaine. — Hippophagie et résignation. — Le chapitre XXXV. — Nos amies les bêtes. — Les cultures forcées. — MM. Joigneaux, Laizier et Fromentin. — Les cartes de boucherie. — Riz, paille et vin. — Les philosophes. — De la poudre et du pain!.................. 176

XII

Ballons et pigeons. — Une motion. — La tribune des progressistes. — Tribulations d'un musicien. — Un télégraphe dans les nuages. — La poste et les piétons. — Pauvres riches ! — Un port de lettre de cinq mille francs. — Les facteurs à quatre pattes.................................... 194

XIII

La fièvre de l'impatience. — Les engagements du 21 décembre. — Le rationnement des nouvelles. — Une reconnaissance au Raincy. — Noël. — Les cantines municipales. — MM. les gardes civiques. — Richard Wallace.. 204

XIV

1870-1871. — Les cadeaux du jour de l'an. — Les haricots secs du ministre. — Nos kiosques. — Sourires et sanglots. — Histoire de truffes. — Une place dans le Gouvernement. — Les petits-crevés militaires............... 217

XV

Le bombardement. — Une nuit au fort. — Vanves et Montrouge. — Les sous-sols. — Un croque-mort patriote. — L'obusomanie. — Le parti des capitulards. — Une phrase célèbre,... 229

XVI

Les compagnies de marche. — L'inventaire des bombardés. Les cicatrices de Paris. — Les héros ignorés. — En grand'garde. — Une héroïque folie. — Impatiences,.... 250

XVII

Le fond du sac. — En avant! — La colonne de Ducrot.
— Rochebrune et Langlois. — Un funèbre épilogue. —
Plus de pain!.................................... 261

XVIII

Une nuit orageuse. — Plus de gouverneur. — L'échauffourée du 22 janvier. — Le lendemain. — Un cri sans écho. — La suite du bombardement. — Les négociations. — Une note lugubre. — La fin d'un siège............... 273

XIX

La reddition. — Pendant l'armistice. — L'arrêté du 10 février. — La valise de M. Washburn. — Les colonnes du sentiment. — Liquidation des ambulances. — Les élections. — Plus d'accapareurs! — Le retour des proscrits. — Les ravitaillés.................................... 290

XX

Entreront-ils? — Les indécis. — Le général des Batignolles. La dernière goutte du calice. — Proclamation Thiers. — Picard. — Favre. — Un deuil public. — Paris sans journaux. — La traînée prussienne. — Partis! — Ceux qui reviennent.................................... 301

Paris. — Imprimerie Alcan-Lévy, rue Lafayette, 61

LES
SOIXANTE-CINQ JOURS
DE
LA COMMUNE

LES
SOIXANTE-CINQ JOURS
DE
LA COMMUNE

I

La fédération de la garde nationale. — Montmartre arsenal. — Un mot d'ordre. — Le 18 mars. — Le Comité central. — Place Vendôme. — Les élections du 26.— Vinoy, Dufaure, D'Aurelles et Valentin.— La question des trente sous. — La Commune de Paris. — Chut !

Après ses cinq longs mois de souffrances multipliées, Paris respirait enfin.

Tous les yeux se tournaient vers l'avenir ; les poitrines se gonflaient pour aspirer plus vivement, avec l'air de la liberté tant attendue, l'espérance que partout ramenait la cessation de la guerre.

Les ateliers rouvraient leurs portes, l'industrie commençait à renaître. Tous les cœurs, semblant oublier de vieilles rancunes, s'unissaient dans une même aspiration : cicatriser les plaies du pays, faire de 1871 la première année d'une ère de régénération.

Vain espoir !

Les préliminaires de la paix avaient à peine été ratifiés par l'Assemblée nationale récemment élue, les Prussiens avaient à peine abandonné à notre armée la moitié des forts qu'ils occupaient autour de Paris, qu'au blocus dont les traces n'étaient pas encore effacées devait succéder un nouveau blocus.

Après le sang français versé par l'étranger, le sang français allait couler encore, répandu cette fois par des mains françaises.

Dès les premiers jours de mars, un fait avait frappé la population parisienne, sans pourtant qu'elle y attachât toute la gravité qui allait bientôt en faire le principal élément de la crise communaliste.

Pendant les journées qui avaient précédé l'entrée des Prussiens, et durant leur séjour, il ne s'était guère passé de nuit sans que certains bataillons de la garde nationale fussent rassemblés en dehors des ordres de la place. Ces bataillons, sans rencontrer grande résistance, allaient prendre possession de quelques-uns des arsenaux ou des postes où se trouvaient renfermées les pièces d'artillerie fournies pendant le siège par les souscriptions patriotiques, avec des munitions de tout genre.

A toutes les interpellations, les auteurs de ces singuliers détournements répondaient :

— Nous voulons être sûrs que cette artillerie ne sera pas livrée aux Prussiens.

L'autorité militaire, il faut l'avouer, ne paraissait s'émouvoir que médiocrement de la prise successive des canons renfermés dans les divers parcs de la garde nationale ; le public commença à s'en préoccuper lorsqu'il vit s'organiser, après l'évacuation de Paris et des forts de la rive droite par l'ennemi, tout un système de garde défensive autour des pièces et des caissons.

On les avait accumulés principalement sur les buttes Montmartre et les buttes Chaumont. Nuit et jour, de nombreuses sentinelles restaient en faction tout autour des batteries, soutenues par des postes en armes.

Pourtant on se contentait de se demander — sans trop d'insistance, — si cet état de choses allait se prolonger et combien de temps. On se moquait même volontiers des gardiens du parc *national;* quelques journalistes souhaitaient en manière de plaisanterie que ce poste leur fût dévolu à perpétuité !

Ce ne fut pendant quinze jours qu'une sorte de vaudeville joué au bénéfice des indifférents.

Le vaudeville allait tourner au drame.

Le Gouvernement avait commencé à parlementer avec les gardes nationaux des quartiers qui peu à peu s'étaient comme isolés du reste de Paris. Il demandait à faire rentrer les canons aux arsenaux et à l'État, seul détenteur légitime des engins de guerre.

A toutes les démarches, maintenant, ceux de Belleville et de Montmartre répondaient :

— Ces canons sont à nous ; nous les avons payés de notre argent ; nous voulons les garder comme une propriété particulière de la garde nationale parisienne.

C'est que, depuis longtemps déjà, les mécontents de la garde nationale s'étaient groupés autour de quelques chefs. Une entente s'était établie entre eux, et, petit à petit, des bataillons presque entiers avaient accepté le mot d'ordre et les principes d'un *Comité central*, devenu ainsi une puissance avec laquelle il fallait compter.

En réalité, c'était une conspiration permanente, — la plus vaste peut-être qui eût jamais existé.

Le Gouvernement, vivement pressé par l'Assemblée, voulait, coûte que coûte, une solution.

Nous arrivons ainsi au 18 mars.

Ce matin-là, Paris s'éveille sous le coup d'une impression lugubre.

Une vive agitation règne dans certains quartiers. Le rappel, battu dans les rues depuis l'aube, n'attire pourtant que de rares gardes nationaux.

La ville est enserrée dans un cordon de troupes échelonnées le long des boulevards extérieurs, et occupant sur les quais l'entrée de tous les ponts.

Ces dispositions ont été prises par l'autorité militaire, durant la nuit.

— C'est un petit Deux-Décembre, dit quelqu'un dans un groupe.

La butte Montmartre est complètement cernée.

La plupart des troupes qui attendent, l'arme au pied, les instructions de leurs chefs, faisaient partie de l'armée de la Loire et sont arrivées la veille au soir ; elles semblent harassées et démoralisées par la fatigue et la privation de vivres.

Néanmoins, lorsque vers cinq heures l'ordre d'occuper les hauteurs est donné à la ligne, un régiment, le 88e, divisé en plusieurs colonnes, s'élance au pas de charge, franchit les parapets des parcs où l'artillerie n'est que faiblement gardée, et s'empare, sans coup férir, des pièces de canon qu'il eût été facile d'emmener sur-le-champ si l'on eût eu sous la main le nombre de chevaux nécessaire.

Mais les chevaux étaient en retard ! Tout n'est-il pas en retard depuis le commencement de cette campagne ? — Durant les deux heures d'attente que la ligne passe sur les sommets de la butte, la garde nationale a eu le temps de se rassembler, de se mêler aux rangs de la troupe. Bientôt le 88e fraternise avec les soldats citoyens, restitue les canons à la garde nationale et abandonne les chefs qui cherchent à le rappeler au devoir.

Il fait alors grand jour, et les habitants des boulevards extérieurs peuvent voir le double cordon de sentinelles qui garde l'entrée des diverses voies. Des pièces de campagne et des mitrailleuses sont braquées de distance en distance, à l'intersection des boulevards et des rues.

Plusieurs piquets de gendarmerie, à pied et à cheval, occupent les abords des principales artères.

A dix heures, une collision sanglante se produit sur la place Pigalle : une charge de chasseurs d'Afrique est accueillie par un feu de peloton. Un capitaine de chasseurs à cheval s'avance bravement ; il est frappé à mort. Ses soldats s'enfuient dans les maisons. Le désordre est à son comble ; presque partout la troupe lève la crosse en l'air.

Pendant que Montmartre délibère et décide de marcher sur l'Hôtel de Ville, les généraux Clément Thomas et Lecomte, faits prisonniers le matin et internés au Château-Rouge, sont entraînés par une bande de misérables vers un local de la rue des Rosiers, où siège une sorte de sous-comité. Quelques instants après, plusieurs détonations retentissent : les deux généraux tombent frappés à mort par de vils assassins.

Le 19 au matin, l'Hôtel de Ville était au pouvoir de l'insurrection. Des gardes nationaux, des garibaldiens, des zouaves, travaillaient aux nombreuses barricades qui allaient en hérisser les abords. Le *comité central* commençait à faire couvrir les murailles de ses proclamations, décrétant la levée de l'état de siège et appelant les citoyens au scrutin pour les élections de la Commune.

Pendant la nuit, le Gouvernement s'était replié sur Versailles, avec toutes les troupes restées fidèles et les divers services des ministères et des caisses publiques.

Le *Journal officiel*, dont les insurgés se sont emparés, est rempli, à dater du 20, par de nouvelles proclamations et des arrêtés signés des membres du comité :

<small>AVOINE FILS, ANT. ARNAUD, G. ARNOLD, ASSI, ANDIGNOUX, BOUIT, JULES BERGERET, BABICK, BOURSIER, BAROU, BILLIORAY, BLANCHET, CASTIONI, CHOUTEAU, C. DUPONT, FERRAT, HENRI FORTUNÉ, FABRE, FLEURY, FOUGERET, C. GAUDIER, GOUHIER, GUIRAL, GERESME, GROLLARD, JOSSELIN, FR. JOURDE, MAXIME LISBONNE, LAVALETTE, CH. LULLIER, MALJOURNAL, MOREAU, MORTIER, PRUDHOMME, ROUSSEAU, RANVIER, VARLIN, VIARD.</small>

Des commissions de *délégués* sont désignées pour les services publics : télégraphes, ministères, police, etc.

Cependant, Paris ne peut croire encore que tout ce mouvement puisse aboutir à des conséquences sérieuses. Montmartre, Belleville, Montrouge, le Panthéon, la place Vendôme, se couvrent de barricades ; les mairies tombent une à une aux mains du pouvoir nouveau ; les municipalités sont désorganisées ; Versailles se sent terrifié ; la province est dans la consternation... et nul pourtant ne veut admettre que tout ce cataclysme ne se termine à bref délai par une entente pacifique entre le Gouvernement de droit et le Gouvernement de fait.

Pour accentuer l'idée de conciliation en germe dans les esprits, une manifestation composée de deux ou trois mille personnes parcourait, dès la journée du 21, la ligne des boulevards et les abords de la place Vendôme. Arrivée devant l'hôtel de l'état-major, la manifestation, invitée à se retirer, ne tardait pas à se disperser — non sans se promettre de revenir le lendemain.

Le lendemain fut horrible.

Aux cris de : L'ORDRE! L'ORDRE! VIVE L'ORDRE! la foule tentait de franchir le premier cordon de sentinelles placé en avant de la rue Castiglione, lorsque les factionnaires, se repliant sur la place Vendôme, l'obligèrent à avancer dans cette direction.

Au milieu de la place, un bataillon entier était massé. A peine la tête de colonne touchait-elle les maisons qui avoisinent l'état-major, que l'on entendait le roulement de tambour qui, en pareilles circonstances, signifie : dispersez-vous.

Néanmoins, animés du vif désir de donner suite à la démarche de conciliation qu'ils tentaient auprès de la garde nationale, les chefs de la manifestation approchaient toujours. Au-dessus de leur tête se déployait un drapeau tricolore portant cette inscription :

Réunion des partisans de l'ordre.

Une immense sensation d'angoisse oppressait tous les cœurs.

Tandis que les gardes nationaux les plus proches de la foule échangeaient avec elle des paroles sans animosité, et que quelques-uns d'entre eux élevaient même en l'air la crosse de leurs fusils; par un mouvement aussi subit qu'inattendu, les hommes placés en arrière sur la place abaissaient leurs chassepots.

Au même instant, trois ou quatre coups de feu partaient en l'air et, bientôt après, une effroyable décharge s'abattait sur la foule qui emplissait la rue de la Paix.

Aussitôt la masse compacte se rompait ; des groupes affolés fuyaient dans tous les sens, tandis que tombaient ceux que les balles avaient frappés.

Quinze cadavres jonchaient le sol.

De proche en proche, une panique indescriptible s'emparait de la ville ; les maisons se fermaient, les rues se vidaient ; entre trois et quatre heures de l'après-midi, la cité ressemblait à un vaste sépulcre.

Paris venait d'entrevoir enfin le désastre de la guerre civile avec tout son cortége de sanglantes horreurs.

Le 23, une affiche est apposée sur les murs, par l'initiative des municipalités, auxquelles le ministère venait de conférer une sorte de délégation de pouvoirs.

L'amiral Saisset est nommé commandant supérieur de la garde nationale, avec le colonel Langlois en qualité de chef d'état-major et le colonel Schœlcher comme commandant de l'artillerie.

Tous les trois sont députés de la Seine.

Un semblant de résistance s'organise contre le Comité dans les quartiers du centre ; la mairie du deuxième arrondissement, respectée jusqu'alors, grâce à l'énergie du maire Tirard et de ses adjoints, devient le quartier général des défenseurs de l'ordre. Les rues qui avoisinent la Bourse et la Banque, les abords du nouvel Opéra, le Grand-Hôtel, la gare Saint-Lazare, sont occupés par des gardes nationaux qui renient l'autorité du Comité central.

Mais tout cela s'effectue mollement, sans enthousiasme, sans conviction.

Par contre, ni les petits ni les grands journaux ne sauraient suffire au déluge de proclamations qui nous inonde. Proclamations du Gouvernement, proclamations du Comité, proclamations des officiers de la garde nationale, des députés, des maires, de l'amiral commandant...

Plusieurs fois ajournées, grâce à l'influence des députés et des maires qui, avec toute l'énergie de leur dévouement, s'entremettent entre Paris et Versailles, — les élections municipales sont fixées définitivement au 26 mars.

Le résultat, connu le lendemain, ne pouvait plus laisser de doute sur l'issue des événements intérieurs. Le triomphe de l'émeute entraînait la fuite de l'amiral Saisset, reparti pour Versailles sous un déguisement, et la dispersion des rares bataillons qui avaient répondu à l'appel de ce chef.

L'indifférence apparente de la majorité des Parisiens paraissait, du reste, justifiée.

La population tout entière de la grande ville s'était trouvée unanime dans certains griefs contre les gouvernants.

La solde de la garde nationale, question vitale au premier chef, n'avait reçu aucune solution. On s'était ainsi aliéné le plus grand nombre des citoyens armés, dont la plupart, en effet, étaient loin de voir le terme des misères enfantées par le siége.

La loi Dufaure, sur les échéances des effets de commerce, votée à la hâte, n'avait satisfait que les créanciers, et retirait au ministère le concours actif de la classe commerçante lésée dans ses intérêts.

Le maintien de l'état de siége, sous le commandement d'un soldat, dont le passé rappelait trop la date funeste du 2 décembre; la nomination d'un général bien connu pour son *énergie*, à la tête d'une troupe aussi difficile à manier, aussi nerveuse que la garde citoyenne, n'avaient pas peu contribué à la désaffectionner. Les noms de Vinoy et d'Aurelles de Paladine qui, dans l'esprit des gouvernants, devaient symboliser l'ordre, étaient, au contraire, parmi la population des faubourgs, le mot de passe de l'insurrection.

Quant au transfert de l'Assemblée à Versailles, quant au départ précipité, surtout, des hommes du pouvoir, ils avaient profondément froissé l'orgueil naturel à la cité, qui se sent, non pas simplement plus grande que les autres, mais l'abrégé de la France entière. C'est la province, en réalité, qui fait Paris. Combien donc, parmi les deux millions d'habitants, sont nés dans l'enceinte des fortifications?

La grande ville, résumé du pays entier, se croyait le droit de recevoir l'Assemblée nationale, émanation de la France entière.

Au 18 mars, on avait sonné la générale, battu le rappel... au nom de qui? Autour de quel drapeau pouvaient venir se grouper les bataillons fidèles?

La Chambre s'était désintéressée de Paris.

Paris avait répondu en se désintéressant de la Chambre.

En vain le Gouvernement, quelques jours après sa fuite, avait fait annoncer à la garde nationale que des mesures étaient prises pour la réorganisation du service de paie à la mairie du deuxième arrondissement. Nombre de bataillons, d'abord fidèles, puis indécis, avaient pris le chemin de l'Hôtel de Ville, où, dès le premier moment, on avait eu l'habileté de distribuer la solde à tous les partisans du Comité. Cette misérable question des trente sous par jour avait fait perdre à la cause de l'ordre plus de cent mille de ses adhérents : il fallait vivre, avant tout.

Le mardi 28 mars, sur la place de l'Hôtel-de-Ville, avait lieu la proclamation de la Commune, en présence de soixante ou quatre-vingt mille gardes nationaux et d'un concours immense de population. Des salves de canon avaient annoncé le commencement et la fin de cette solennité ; le citoyen Assi avait acclamé les noms des quatre-vingt-dix candidats élus, et le citoyen Lavalette prononcé un discours aussitôt couvert d'applaudissements par la foule.

Le drapeau rouge flotte sur nos principaux monuments.

Le lendemain, on lit dans l'*Officiel* : « Le Comité central a remis ses pouvoirs à la Commune. » Et le placard suivant s'étale sur les murs :

COMMUNE DE PARIS

Citoyens,

Votre Commune est constituée.

Le vote du 26 mars a sanctionné la Révolution victorieuse.

Un pouvoir lâchement agresseur vous avait pris à la gorge : vous avez, dans votre légitime défense, repoussé de vos murs ce gouvernement qui voulait vous déshonorer en vous imposant un roi.

Aujourd'hui, les criminels, que vous n'avez même pas voulu poursuivre, abusent de votre magnanimité pour organiser aux portes mêmes de la cité un foyer de conspiration monarchique. Ils invoquent la guerre civile ; ils mettent en œuvre toutes les corruptions; ils acceptent toutes les complicités; ils ont osé mendier jusqu'à l'appui de l'étranger.

Nous en appelons, de ces menées exécrables, au jugement de la France et du monde.

Citoyens,

Vous venez de vous donner des institutions qui défient toutes les tentatives.

Vous êtes maîtres de vos destinées. Forte de votre appui, la représentation que vous venez d'établir va réparer les désastres causés par le pouvoir déchu : l'industrie compromise, le travail suspendu, les transactions commerciales paralysées, vont recevoir une impulsion vigoureuse.

Dès aujourd'hui la décision attendue sur les loyers;

Demain celle des échéances;

Tous les services publics rétablis et simplifiés;

La garde nationale, désormais seule force armée de la cité, réorganisée sans délai,

Tels seront nos premiers actes.

Les élus du peuple ne lui demandent, pour assurer le triomphe de la République, que de les soutenir de leur confiance.

Quant à eux, ils feront leur devoir.

Hôtel de Ville, 29 mars 1871.

La Commune de Paris.

Aussitôt en fonctions, le nouveau pouvoir publie décrets sur décrets :

Abolition de la conscription;

Remise générale aux locataires des termes d'octobre 1870, janvier et avril 1871;

Suspension de la vente des objets déposés au Mont-de-Piété;

Changement du personnel de l'administration des postes;

Réorganisation des services publics, placés sous l'autorité de commissions spéciales.

L'Hôtel de Ville est plus sévèrement gardé que jamais; on n'y pénètre qu'à l'aide d'un laissez-passer. La grande salle est transformée en corps de garde; on y boit, on y fume, on y cause bruyamment. Mesdames les cantinières sont de la partie. Des matelas, épars sur le parquet, dans les embrasures de croisées, servent de lits de repos aux gardes nationaux qui reviennent de la faction. Parfois, cinq ou six cents gardes envahissent les salons et s'y font servir à souper. Une escouade de quarante cuisiniers et marmitons fonctionne en permanence.

Le cabinet de l'ex-préfet de la Seine sert de bureau de réclamations. Deux délégués y siègent pour recevoir la multitude des visiteurs. C'est un va-et-vient continuel de gardes nationaux réclamant leur solde; de commerçants demandant, en dépit de l'interdiction, l'autorisation de faire sortir de Paris des produits de oute nature; d'estafettes apportant ou venant cher cher des dépêches.

Dans la salle de l'ancien conseil municipal, les membres de la Commune délibèrent. Ils portent en sautoir l'écharpe rouge, ou, à la boutonnière, la rosette à franges d'or, insignes de leurs fonctions. Pour toutes les séances, le huis-clos le plus strict est observé.

L'un des premiers actes du Conseil communal a été de défendre qu'à l'avenir les décrets ou proclamations émanant de Versailles fussent affichés sur nos murs. Ainsi s'est trouvé brisé le dernier lien qui nous rattachait encore au Gouvernement régulier.

La portion de la population parisienne qui ne pactise pas avec l'émeute a bien, à la vérité, la ressource de lire chaque jour l'*Officiel* qui s'imprime à Versailles; mais c'est en vain qu'elle y cherche quelque trace des résolutions prises ou projetées en vue de mettre fin au conflit!

Les Français ont été bien longtemps réputés pour

un peuple bruyant. M. Thiers songerait-il par hasard à les réhabiliter aux yeux du monde, se demande Paris ; et la représentation nationale aurait-elle fait vœu de n'être plus qu'une Chambre sépulcrale, étouffant tous les bruits du dehors ?

Versailles transformé en succursale du pont des Soupirs, des ministres muets ; une Assemblée sans voix — est-ce là l'idéal rêvé pour nous par les arbitres de nos destinées ?

Pendant quelques années, l'empire nous avait gratifiés de ministres sans portefeuille — ainsi dénommés, sans doute, parce qu'ils portaient sous le bras un portefeuille bien plus volumineux que celui de leurs collègues.

Le ministre sans portefeuille — vrai moulin à paroles — était un porte-voix qui remplissait la Chambre du bruit de ses discours. Toujours sur le qui-vive, ne quittant presque pas la tribune, prêt sans cesse à toutes les reparties, il était devenu l'oracle devant lequel une majorité imposante s'inclinait avec dévotion. Ce n'était plus un ministre : c'était un flambeau.

Puis un jour vint où le flambeau s'éteignit. On méditait la fameuse campagne qui devait, en huit jours, nous mener à Berlin. La discrétion était de rigueur absolue : comment aller à Berlin si on n'était discret ?

Il fallut par malheur qu'on s'arrêtât en route ; entre Paris et la Prusse, il était des obstacles qu'on n'avait pas prévus.

— Avec de la discrétion, se dit Palikao, nous en viendrons à bout.

Et ce guerrier imperturbable berçait toute la France dans l'espoir du succès, rien qu'avec le sourire, qui tenait lieu de réponse aux rares interpellations d'une

Assemblée, d'ailleurs trop bien élevée pour insister sur la nécessité d'explications plus complètes.

Tandis que Palikao souriait, cependant, les régiments français tombaient à la frontière ; les armées de Guillaume avançaient à grands pas, et déjà, sur le grand registre où il consigne les destinées des humains, Dieu avait inscrit :

— Paris, cinq mois de prison.

Mais que nous importait ! n'avions-nous pas Trochu qui devait nous sauver !

— Nous sauver ? Comment ? Parbleu, la belle affaire si nous avions su comment ! M. le gouverneur voulait bien nous confier qu'il avait son *plan*. Cela devait suffire.

Le chef de la défense opérait à sa guise, lançait ses bataillons ou les conservait inactifs, prenait des positions ou les abandonnait ; nul n'avait rien à y reprendre. Et si, par aventure, un fâcheux s'en mêlait, on avait bientôt fait de lui imposer silence ; un seul mot suffisait :

— Chut !... Trochu a son plan.

Paris a été pris — ce qui probablement n'était pas dans le plan. Alors dans le pays il n'y eut plus qu'une voix : tout ce qui avait un cœur, un esprit, une intelligence, s'exclama avec désespoir :

— Ah ! si l'on nous avait consultés !

On changea les hommes ; on renouvela les dépositaires du pouvoir.

Nos maux allaient enfin cesser, pensait-on. Ah bien oui ! Nous voici, de nouveau, plongés dans l'incertitude la plus cruelle.

Paris a traversé une crise sans égale. Les événements les plus graves se déroulent parmi nous. Une anxiété croissante envahit le pays. L'Assemblée de

Versailles a les yeux fixés sur le chef de l'exécutif comme le tournesol regarde le soleil.

M. Thiers ne dit mot.

Et pendant que le sort de la nation tout entière est en jeu peut-être, pendant que c'est l'avenir de la France qui est mis en question, Versailles s'entretient d'autre chose.

Ce que Paris n'ignore pas, néanmoins, c'est que non loin de ses murs se concentrent des troupes nombreuses.

La Commune s'attend-elle à une attaque? est-elle décidée à brusquer elle-même les événements en marchant sur Versailles ? Toujours est-il que le 1er avril au matin, les régiments de la garde nationale sortent pour occuper les forts du sud. Cinq bataillons reçoivent l'ordre d'aller camper à Puteaux.

Ils construisent avec activité des retranchements dans les principales rues et à l'entrée des routes. Des réquisitions se font dans les communes environnantes.

Enfin, les éclaireurs signalent du côté de Ville-d'Avray une avant-garde de l'armée de Versailles.

Que présage cette apparition ?

II

A Versailles ! — L'envers d'une victoire. — Veuves et orphelins. — Les arrêts du pouvoir. — Jacobins et fédérés. — Assi. — D'Ivry à Gennevilliers.— Les généraux de la Commune. — Ces dames.

L'incertitude ne devait pas être de longue durée.
Le 2 avril au matin, le Mont-Valérien ouvrait le feu sur l'avenue de Neuilly, en même temps que des corps de troupes, — gendarmes et soldats de la ligne, étaient lancés à l'assaut de la barricade élevée au rond-point de Courbevoie et occupée par les fédérés.

Après une lutte violente, la barricade était prise, et immédiatement les troupes de Versailles commençaient à construire des batteries destinées à prendre d'enfilade le pont et l'avenue de Neuilly.

Cela n'empêchait pas, le soir, les insurgés d'annoncer tout haut, dans les rues de Paris :

— Demain, nous allons à Versailles !

Tel se dessinait en effet le projet du Comité.

Pendant toute la nuit, les bataillons furent sur pied, se disposant à tenter un double mouvement: à l'ouest, par Neuilly, Nanterre et Rueil; au sud, par Châtillon et Clamart.

Des démarches, disait-on dans les rangs, avaient été faites auprès du commandant du Mont-Valérien, il était gagné à la cause de la Commune, et n'apporterait aucun obstacle à la réalisation de ses audacieux projets.

C'est dans cette illusion que trente mille hommes se pressaient en une longue colonne, le 4 au matin, sur la route de Neuilly à Courbevoie.

Le passage de la Seine s'effectua sans encombre ; l'espoir du succès, parmi les gardes nationaux, élevait l'enthousiasme à son apogée... lorsque tout à coup, au moment où ils touchaient au pied de la formidable forteresse, bombes et obus vinrent éclater au milieu des bataillons.

Un cri se fait entendre : — Trahison !

Les compagnies débandées rentrent dans Paris.

Quelques centaines d'hommes, cependant, avaient forcé le passage du Mont-Valérien et erraient dans la plaine de Gennevilliers, où ils se faisaient tuer ou prendre en détail.

Cette journée était décisive.

Pour la Commune, c'était la perte d'une illusion qu'elle avait caressée jusqu'au dernier moment.

Elle savait qu'il n'y avait plus à compter sur les régiments qui mettraient la crosse en l'air.

Il n'y avait plus à faire, pour l'instant, de tentative sur Versailles.

De l'offensive on passait à la défensive.

Voici cependant de quelle façon les généraux improvisés de la Commune rendaient compte, par affiches, des résultats de la journée :

3 avril, 11 h. 20.

Colonel Bourgoin à Directeur général

Bergeret et Flourens ont fait leur jonction ; ils marchent sur Versailles. Succès certain.

2 h. 30

Vers quatre heures du matin, les colonnes commandées par le général Duval et le colonel Flourens ont opéré leur jonction sur le rond-point de Courbevoie. A peine arrivées, elles ont essuyé un feu nourri ouvert par le Mont-Valérien.

Les troupes se sont abritées derrière les murs et les maisons. Ainsi garanties, les commandants ont pu organiser un mouvement qui a complètement réussi, et les deux colonnes ont pu franchir les lignes et se mettre en marche sur Versailles.

Le général Bergeret, en tête de ses troupes, les a entraînées au cri de *Vive la République !* et a eu deux chevaux tués.

Le feu de l'armée de Versailles ne nous a occasionné aucune perte appréciable.

Pendant que là-bas, hors des murs, coulait le sang de la guerre civile, Paris avait le spectacle lamentable des funérailles de ceux de ses enfants tombés frappés à mort.

Un long cortége défilait par la ville, menant à leur demeure dernière les victimes des récents combats.

Des tambours et des clairons pavoisés de deuil marchaient en tête des convois avec la musique de la garde nationale.

Derrière ce défilé venaient les chars mortuaires laissant flotter au vent leurs trophées de drapeaux rouges. La marche officielle était fermée par une délégation des membres de la Commune, tête nue et ceints de l'écharpe écarlate.

Mais ce n'était encore là que la moitié du cortége. Entre une double haie de gardes nationaux, s'avançait, à la suite, un immense concours de population, hommes, femmes, enfants; graves, recueillis, attristés. Sur le passage du convoi, la foule se pressait, tous les fronts se découvraient; et plus d'un, en sentant des larmes monter à ses yeux, se demandait qui il fallait plaindre le plus, des victimes ou de la ville infortunée qui les voyait passer.

Pendant plusieurs journées consécutives, autour de Paris, ce fut une suite non interrompue de combats acharnés, une lutte continue et sans trêve. La barricade établie à l'entrée du pont de Neuilly, disputée quarante-huit heures, fut enlevée, non sans pertes cruelles, par les troupes de l'armée régulière. En même temps, les pièces mises en batterie sur la hauteur qui forme le rond-point de Courbevoie, croisant leur feu avec celui du Mont-Valérien, commençaient à bombarder le village de Neuilly, les fortifications de la Porte-Maillot, et l'avenue en ligne directe qui relie Courbevoie aux Champs-Élysées. Bien des projectiles, tombant sur les habitations, chassaient la population parisienne des quartiers orientaux.

Au sud, une canonnade presque sans interruption entre les forts d'Issy, Vanves et Montrouge, défendus par les fédérés, et les positions occupées par les troupes de Versailles, nous rappelait les jours les plus bruyants du siége.

Jusqu'au soir, des flots de curieux remplissaient, malgré le danger permanent, les avenues qui rayonnent autour de l'Arc-de-Triomphe. Sur les escaliers du Trocadéro s'étageaient des milliers de personnes anxieuses du sort de cette horrible lutte.

Aux portes encore, dont une consigne sévèrement observée interdisait le passage, une foule de vieillards, de femmes, d'enfants, attendaient pendant des heures entières, avec une inquiétude fiévreuse, le retour de leurs fils, de leurs époux ou de leurs pères... qui, trop souvent, hélas ! ne devaient pas revenir.

Le soin des opérations militaires n'empêche pas les arrêts de la Commune de se succéder avec une rapidité réellement vertigineuse.

L'incorporation obligatoire dans la garde nationale des citoyens de 19 à 40 ans ; la mise en accusation de MM. Thiers, Favre, Picard, Dufaure, Simon, Pothuau, et la mise sous séquestre de leurs biens ; la séparation de l'Église et de l'État ; la suppression du budget des cultes et la saisie des biens des congrégations religieuses ; la suppression de plusieurs journaux : les *Débats*, la *Liberté*, le *Constitutionnel*, etc., sont autant d'actes qui viennent frapper de stupeur les Parisiens.

Des visites domiciliaires, des arrestations, des perquisitions, quelques scènes de pillage, des incarcérations de prêtres, de directeurs de grandes compagnies, de journalistes, de réfractaires de la garde nationale, ajoutent à l'odieux de ces mesures contre lesquelles un petit nombre de citoyens courageux ose seul protester.

Un dernier décret vient y mettre le comble : la loi des suspects, terrible et effrayante en sa simple teneur :

La Commune décrète :

Art. 1er. Toute personne prévenue de complicité avec le gouvernement de Versailles sera immédiatement décrétée d'accusation et incarcérée.

Art. 2. Un jury d'accusation sera institué dans les vingt-quatre heures pour connaître des crimes qui lui seront déférés.

Art. 3. Le jury statuera dans les quarante-huit heures.

Art. 4. Tous accusés retenus par le verdict du jury d'accusation seront les otages du peuple de Paris.

Art. 5. Toute exécution d'un prisonnier de guerre ou d'un partisan du gouvernement régulier de la Commune de Paris sera, sur-le-champ, suivie de l'exécution d'un nombre triple des otages retenus en vertu de l'article 4, et qui seront désignés par le sort.

Art. 6. Tout prisonnier de guerre sera traduit devant le jury d'accusation, qui décidera s'il sera immédiatement remis en liberté ou retenu comme otage.

L'insurrection s'est faite Révolution. Le mouvement du 18 mars, allant chaque jour grandissant, acquiert des proportions d'autant plus menaçantes que nul symptôme n'indique ni son but précis, ni les tendances exactes des hommes que le scrutin a portés au pouvoir. Par les démissions des membres de la Commune que l'*Officiel* de Paris enregistre chaque matin et par les mille bruits de l'Hôtel de Ville qui se font jour jusque dans le public, on sait que l'accord n'est pas parfait au sein du conseil communal; on sait aussi que le Comité central qui continue de siéger, malgré sa promesse de disparaître le jour où Paris aurait élu sa municipalité, n'est pas en complète harmonie d'idées avec la Commune. Par ordre de celle-ci, l'homme qui passait pour la forte tête du Comité, Assi, a été arrêté. Pourquoi? Il conspirait, disent les uns; il était tiède, affirment les autres. Mais, ce qui, pour quelques-uns, ressort clairement de cette arrestation, c'est que le principe au nom duquel s'est effectué le mouvement du 18 mars, la fédération ouvrière, est débordé par cet autre principe qui prédomine au sein de la Commune : le jacobinisme.

Depuis quelque temps déjà, d'ailleurs, parmi les potentats de l'Hôtel de Ville, les doctrines fédéralistes et l'idée jacobine dessinent de plus en plus nettement leur antagonisme.

Une lutte sourde s'est établie entre les deux dogmes, dont l'un, logiquement, doit finir par absorber l'autre.

La question sociale et la question politique sont confondues. Au milieu du chaos qui les enveloppe, comment dégager les tendances de chacun des partis qui se partagent le pouvoir, en attendant que l'heure soit venue de s'entre-dévorer ?

D'un côté, les adeptes de la fédération, rêvant le morcellement de la France, la division du pays en communes autonomes ayant chacune leur gouvernement distinct, le soulèvement des classes laborieuses contre la bourgeoisie ; un 89 ouvrier, enfin, destiné à révolutionner les rapports entre le capital et le travail et à affranchir du joug des patrons les artisans qu'opprime la féodalité industrielle.

D'autre part, les apôtres de l'unité, les fils des Jacobins de 92, les doctrinaires qui, au-dessus des revendications sociales, placent les élucubrations politiques dont le triomphe doit être le signal de leur avénement.

Evidemment, si ces deux partis, dont les vues offrent une telle dissemblance, dont les principes semblent tendre à des buts si distincts, si ces deux partis ont pu, en un jour de violence, se réunir pour renverser, il ne semble pas que de leur alliance éphémère puisse sortir un édifice durable.

L'*Internationale*, cette société identifiée avec les aspirations des travailleurs des divers pays, en se faisant le champion des théories fédéralistes, qui exigeraient la division de la France en une multitude de petites républiques, ne s'interdisait-elle pas, par ce seul fait, toute alliance avec le jacobinisme qui, au fronton de sa déclaration de principes, a inscrit cette devise :

République française une et indivisible.

Le jacobinisme rêve la suprématie des idées démagogiques pures, sans distinction de castes ou de provenances.

Le fédéralisme, au contraire, caresse l'espoir d'une prépondérance absolue des hommes du travail manuel, sur les autres classes de la société.

Le jacobinisme s'attaque directement, on pourrait dire même uniquement, aux institutions politiques.

Le fédéralisme vise exclusivement les abus sociaux, au premier rang desquels il place l'exploitation illicite du travail par le capital.

Le jacobinisme constitue le retour à la Commune sanglante de 93 ; il nous fait souvenir de la loi des suspects et de la loi du *maximum*, du farouche Comité de salut public, et de l'échafaud en permanence ; nous ne pouvons oublier, enfin, qu'au premier rang de ses croyances, il avait arboré cet article de foi : *Il n'y a pas de crimes en révolution!* Le fédéralisme, au contraire, procède des idées philosophiques spéciales à notre temps ; au lieu de reprendre la question où 89 l'avait laissée, il fait son profit de toutes les modifications survenues depuis. Au lieu de choisir pour ses prophètes Fouquier-Tinville ou Marat, il puise ses inspirations chez Babeuf, chez Proud'hon ou chez Auguste Comte.

Le jacobinisme, enfin, n'est qu'un replâtrage de notre première révolution, une friperie où nous voyons défiler un à un, poudreux, usés, hors de service, les oripaux fanés avec lesquels s'est écroulé le dix-huitième siècle.

Le fédéralisme, au contraire, représente, malgré ses utopies et ses rêves irréalisables, la protestation du dix-neuvième siècle contre les restes de barbarie qui ont subsisté dans nos mœurs ; les revendications, exagérées sans doute, mais parfois justes en principe, des classes laborieuses ; l'anéantissement du prolétariat.

L'un est le combat du passé contre l'avenir, l'autre la lutte de l'avenir contre le passé.

Que peuvent donc avoir de commun ces deux sortes de révolutionnaires ? Pourquoi serait-ce sous la bannière des jacobins que marcheraient les fédérés ? Pourquoi les hommes qui luttent pour ce qu'ils appellent les droits du travail, c'est-à-dire pour une cause qui leur est personnelle, iraient-ils se faire tuer au nom de doctrines absolument étrangères à leur cause et dont ils ignorent jusqu'au premier mot ?

Le *Comité central,* ce pouvoir, qui — après avoir, au 26 mars, résigné son autorité entre les mains de la Commune, — n'en a pas moins continué à veiller dans l'ombre et dont les efforts ont obtenu enfin la mise en liberté d'Assi, le *Comité central* a dû se poser ces questions.

A le sentir s'agiter sourdement, on devine que, issu par l'élection des éléments ouvriers que renferme la garde nationale, il s'est souvenu qu'il représente avant tout les intérêts des travailleurs.

Dans leur apparente inaction, les hommes qui le composent s'apprêtent à demander des comptes sévères à la Commune, que ce contrôle gêne, bien qu'elle n'en fasse point l'aveu.

Les collaborateurs de la révolution du 18 mars s'apercevraient-ils donc à temps que, choisis pour organiser la fédération du travail, ils n'ont organisé jusqu'ici que la fédération de la mort ?

La mort ! chaque jour elle fait des victimes dans les rangs des « défenseurs de Paris; » — chaque jour, de nouvelles hétacombes ensanglantent l'abord des remparts.

Un champ de bataille qui s'étend maintenant du fort d'Ivry à l'extrême sud, à la redoute de Gennevilliers au nord-ouest, est le théâtre de cette lutte sans cesse renaissante, où le courage français s'exerce contre des Français.

Combien de fois, à l'aspect de ces combattants que la ville voit passer noirs de poudre ou ivres de carnage, courant à la mort en chantant ou revenant d'affronter la mitraille ; combien de fois ne nous sommes-nous pas sentis étreints des plus poignantes angoisses, au souvenir de ces longs jours de siège où tant d'héroïsme avait été délaissé ?

Que n'auraient pas fait naguère contre les Prussiens ces hommes dont l'énergie et le mépris de la mort se déploient aujourd'hui dans la lutte fratricide qu'ils soutiennent avec un tel acharnement !

La présence autour de nous de l'armée allemande ajoute encore, s'il se peut, aux horreurs de cette guerre impie. Nos ennemis de la veille se réjouissant et s'étonnant qu'on n'ait pas su diriger contre eux le courage et l'ardeur dont fait preuve aujourd'hui sous leurs yeux la garde nationale de Paris, c'est là un voisinage atrocement cruel.

A entendre quelques vieux Parisiens, la leçon du 31 octobre eut dû porter d'autres fruits.

En somme, c'est toujours dans le même cercle que tournent les opérations militaires.

Neuilly continue à être le centre principal des combats qui se livrent nuit et jour : combats terribles dont tout l'enjeu est la prise ou la reprise d'une barricade, la possession d'un coin de parc, la conquête d'une maison propice aux embuscades ; luttes meurtrières où les hommes s'entre-tuent à bout portant, où les haines s'assouvissent poitrine contre poitrine.

L'acharnement, des deux parts, atteint parfois les proportions d'une véritable sauvagerie. Après le colonel Galiffet qui, du côté des Versaillais, s'est vanté d'avoir fait fusiller des gardes nationaux pris les armes à la main, c'est le colonel Henri qui adresse à la délégation de la guerre cette dépêche que la Commune fait désavouer le lendemain de sa publication :

Place à Guerre.

Dombrowski m'apprend que des paysans cachés dans les maisons nous ont tué plusieurs hommes.
Paysans pris et fusillés séance tenante.
HENRY.

Dombrowski, le Polonais Dombrowski, est le général en chef des forces fédérées à Neuilly, le successeur de l'incapable Bergeret, ce malheureux dont tout Paris faisait des gorges chaudes depuis le jour où, dans le rapport d'un de ses aides-de-camp, avait paru cette phrase malencontreuse :

« Bergeret *lui-même* est à Neuilly. »

Dombrowski relève directement de l'autorité du général Cluseret, le nouveau délégué à la guerre, sous l'impulsion duquel l'organisation militaire se perfectionne.

Un décret ordonne la formation immédiate des compagnies de marche telles qu'elles existaient pendant le siège. Des ateliers se rouvrent de toutes parts pour les réparations des armes et la fabrication des munitions. De nombreuses batteries d'artillerie sont mises en position, non-seulement autour de l'enceinte, mais encore sur les divers points de l'intérieur où leur présence est jugée nécessaire : au Trocadéro, à l'avenue d'Eylau, sur les buttes Montmartre, etc.

Cependant, tous les bataillons — même parmi ceux sur lesquels la Commune croyait pouvoir compter le plus — ne semblent pas décidés à marcher.

Malgré l'exaltation qu'a créée la nouvelle de la mort de deux chefs aimés, Duval et Flourens, il s'en faut de beaucoup que les régiments qu'on envoie au feu comptent leur effectif complet.

L'exemple même des femmes ne suffit pas pour entraîner ceux que retiennent leurs répugnances, la nature de leurs opinions ou une défiance instinctive touchant l'issue de la lutte.

Et pourtant les actes d'héroïsme féminin, — hélas ! quel triste abus de ce mot héroïsme, — ne sont pas rares. Nombre de personnes de l'autre sexe combattent dans les rangs de la garde nationale. Plusieurs d'entre elles, déjà, ont été tuées ou blessées. A Neuilly, on a vu une cantinière qui, frappée à la tête, a fait panser sa blessure et est revenue prendre son poste de bataille. Dans les rangs du 61e de marche, combat une énergique virago. Elle a tué de sa main plusieurs gendarmes et gardiens de la paix. Au plateau de Châtillon, une cantinière, restée avec un groupe de gardes nationaux, chargeait son fusil, tirait, rechargeait sans interruption. Elle se retira presque la dernière, se retournant à chaque instant pour faire le coup de feu. Parmi les plus intrépides, enfin, on se montre la citoyenne Eudes, qui, au fort d'Issy où commande son mari, trouve chaque jour l'occasion de se signaler.

Aussi, quand passent les bataillons, les cantinières en tête portant le chassepot en bandoulière, la foule se presse pour voir ces nouvelles amazones qui ne sont pas une des moindres étrangetés du Paris affolé dans lequel nous vivons.

Dans cette foule, pourtant, combien de cœurs battent pour l'autre cause, celle de la justice et du suffrage universel, dont les représentants siègent à Versailles !

L'un des traits caractéristiques des réflexions qui s'échangent dans les groupes, c'est que chaque fois qu'un interlocuteur approuve ou désapprouve un mouvement militaire, paraît se rassurer ou bien s'attrister, dit: « cela va bien, » ou « cela va mal, » chacun le regarde d'un air interrogateur.

Tout, en effet, dépend du point de vue auquel se place l'orateur ; il s'agit de savoir d'abord s'il est pour la Commune ou bien pour l'Assemblée ; pour les exaltés du Comité ou pour les endormis de Versailles.

Ce qui va bien aux yeux de l'un, va mal envisagé par un autre, et toutes les épouvantes de la guerre civile se retrouvent encore dans cette indécision des masses, divisées en deux camps, et se demandant, en écoutant les colporteurs de nouvelles :

— A quel parti appartient celui-ci ?

III

L'Église et l'atelier. — Perquisitions et otages. — Ici et là-bas. — Les urnes du 16 avril. — Les décrets pneumatiques. — Quand on prend du galon. — Les séances de la Commune. — Un croc-en-jambes. — Ostyn, Ranvier, Régère et Bergeret lui-même. — Diplomatie et socialisme. — Le droit aux prisons. — Sténographie et repentir. — Vive la liberté ! — Raoul Rigault démissionnaire.

Si l'on peut dire que la Commune gagne chaque jour des partisans, ce n'est point, en général, parmi les gens honnêtes. Appliquée par d'autres hommes, l'idée sociale franchement présentée pourrait faire son chemin ; mais les tristes consécrations que lui donnent, pour la plupart, les citoyens de l'Hôtel de Ville, la rendent antipathique au plus grand nombre. On sent que pour ces gens-là le mot de Commune est un prétexte, et la revendication des franchises municipales un programme menteur rédigé après coup.

Les réquisitions et les perquisitions ne discontinuent pas ; les quelques ateliers où l'on travaillait encore sont fermés par la force, sous prétexte que les ouvriers se doivent avant tout à la défense de Paris. La plupart des églises se trouvent sous séquestre; des visites ont lieu dans les couvents; à la Miséricorde, au Sacré-Cœur et jusque chez les Petites-Sœurs des pauvres ; l'archevêque de Paris, le vénérable M. Deguerry, curé de la Madeleine, les prêtres desservants de Saint-Eustache, de la Trinité, de Saint-Etienne-du-Mont, sont emprisonnés.

— Ils nous serviront d'otages, dit la Commune, pour toute explication de ces arrestations.

Devant la porte de Notre-Dame-de-Lorette, les fidèles peuvent lire ce distique tracé sur une page arrachée à la *prière des agonisants :*

<blockquote>
De par la Commune en ce lieu,
Pour elle on ne peut prier Dieu.
</blockquote>

A Saint-Pierre-Montmartre, l'avis suivant est affiché sur un des piliers extérieurs :

« Attendu que les prêtres sont des bandits et que les églises sont des repaires où ils ont assassiné moralement les masses *en courbant la France sous la griffe des infâmes Bonaparte, Favre et Trochu* (ces mots en énormes caractères romains),

« Le délégué des Carrières près l'ex-préfecture de police, ordonne que l'église Saint-Pierre (Montmartre) soit fermée et décrète l'arrestation des prêtres et des ignorantins.

« 10 avril 1871.

« Le Moussu. »

A toutes ces exécutions, ce sont les gardes nationaux qu'on emploie — quelle que puisse être leur répugnance à y prêter la main. Car les soldats citoyens, unique force de la cité, sont devenus des instruments dociles aux mains de ceux qui les emploient, et déjà ils paraissent incapables de discerner où commencent et l'immoralité et la violation du droit.

Lorsque, brandissant le sabre de garde national, Joseph Prudhomme s'écriait que cette arme était prête, selon le cas, à défendre ou à renverser les institutions de son pays, — le héros d'Henri Monnier ne se doutait guère, à coup sûr, qu'il aurait, en 1871, les imitateurs convaincus que nous voyons à l'œuvre.

Où sont les institutions à renverser?

Où sont les institutions à défendre?

Réellement on s'y perd, et la notion entre le vrai et le faux, le bien et le mal, le juste et l'injuste, devient chaque jour plus obscure.

Hors des remparts, — on envoie la garde nationale se battre pour les droits de Paris;

En dedans des remparts, la même garde nationale est employée à sévir contre Paris;

Hors des remparts, on défend, prétend-on, les franchises municipales;

En dedans des remparts, — on attaque les franchises municipales.

Hors des remparts, — on défend la liberté individuelle;

En dedans des remparts, — on viole la liberté individuelle par des arrestations arbitraires et des incarcérations fréquentes.

Hors des remparts, — on défend la propriété;

En dedans des remparts, — on immole la propriété à coups de perquisitions et de saisies.

Hors des remparts, on défend la liberté de la presse, la liberté de conscience, la liberté du vote...

En dedans des remparts, on saisit les journaux, on ferme les églises, on effarouche le vote.

Au dehors comme au dedans, quel est l'exécuteur de ces hautes et basses œuvres, si contradictoires dans leurs tendances, si différentes dans leurs applications ?

La garde nationale.

La garde nationale, que l'on envoie là-bas combattre ce qu'on appelle la police de Versailles, et qu'on oblige ici à faire la police de Paris.

La garde nationale qui, dans les rues de Neuilly, verse héroïquement son sang pour d'incompréhensibles utopies, et, dans les rues de Paris, raccole les passants qu'on lui désigne comme réfractaires.

Comme si ce raccolage devait produire autre chose que des déceptions ; comme s'il suffisait de mettre la main sur un homme et de lui dire : Marche ! pour en faire un soldat.

Mais les réfractaires, en ce moment, c'est tout le monde ; ce sont tous les citoyens auxquels la guerre civile fait horreur et qui préféreraient se laisser tuer sur place plutôt que de prendre les armes contre leurs concitoyens.

Combien, dont le courage ne saurait être suspecté, qui ont dans leur passé des actions d'éclat, et que pendant le siége on a vu toujours au premier rang, — qui pourtant aujourd'hui emploient tous les subterfuges imaginables pour se soustraire à l'obligation d'un service, à la seule pensée duquel se révoltent tous leurs sentiments de devoir et d'honneur.

Enfin, il se mêle dans les rangs de notre milice citoyenne une telle quantité d'étrangers qu'elle cessera bientôt d'être une garde *nationale*.

Qu'est-ce que ces Anglais, ces Polonais, ces Italiens et ces Valaques ? Que sont ces chefs cosmopolites : Dombrowski, Landowski, Romanelli, Ockolowitz, La Cecilia, Wroblewski ?

Quel intérêt pousse ces émigrés de tous pays à venir se mêler à nos querelles intestines ?

De quel droit leur présence, offensante pour nous, aggrave-t-elle la lutte qui déchire la France ?

N'est-ce pas eux qui, le plus volontiers, se livrent aux arrestations et aux perquisitions ?

Et puis, où peut mener cette manie de prêter main forte au premier venu qui va fouiller dans les caisses de tel négociant ou de telle administration !

Un délégué, le sieur Pilotell, appuyé par des gardes nationaux en armes, prend un soir 200,000 francs dans les coffres d'une compagnie, la Compagnie parisienne du gaz.

Le lendemain, la Commune désavoue l'acte du soi-disant délégué et fait restituer la somme.

Mais les gardes nationaux, qu'ont-ils fait, eux, en prêtant leur concours ?

Le Code n'a qu'un terme pour qualifier ces sortes d'expéditions......

Perquisitions, arrestations, surveillance occulte, dénonciations, — autant d'actes du domaine de la police et indignes de la milice citoyenne, qui s'avilit en y prêtant la main,

Car la garde nationale ne doit-elle pas être le premier dépositaire de l'honneur national ?

Il est impossible, au surplus, que la Commune se fasse illusion sur le découragement qui se manifeste jusque dans certains des bataillons qui passent pour lui être le plus dévoués.

L'armée de Versailles gagne du terrain chaque jour; elle avance lentement, car elle a entrepris un siége en règle; mais enfin elle avance, et les moins clairvoyants d'entre les combattants commencent à appréhender l'issue de la lutte.

A l'enthousiasme des premiers instants a succédé une sorte d'atonie que révèle, à n'en pouvoir plus douter, la physionomie des élections du 16 avril.

Bien qu'il s'agisse de combler les vides causés principalement par les nombreuses démissions qui se sont produites au sein de la Commune, on chercherait vainemement ce jour-là, à travers Paris, quelque indice qui trahît la préoccupation du jour. A voir l'indolence des électeurs, le peu d'empressement qui règne autour des sections, le petit nombre des votants, l'apathie de la population tout entière, on a peine à croire qu'il doive sortir des urnes autre chose qu'un vote... d'indifférence.

La tendance de Paris s'affirme décidément dans le sens de l'abstention.

Qu'il y ait ou non des vides dans les rangs de la Commune; que ces vides se comblent ou continuent à subsister; qu'ils soient remplis par du blanc, du bleu ou du rouge, ce sont là autant de détails dont l'existence paraît n'intéresser que médiocrement les Parisiens.

Si les abstentions ont été nombreuses le 26 mars, il est aisé de voir qu'aujourd'hui Paris est las, accablé, écœuré.

C'est ainsi que les majorités relatives, qui avaient été dans les 2ᵉ, 3ᵉ, 8ᵉ, 9ᵉ, 17ᵉ arrondissements, de 5,600,

5,000, 2,200, 7,500, 9,300, ne sont plus que de 3,500, 3,000, 520, 2,500, 3,500.

C'est ainsi que l'on compte maintenant dans le premier arrondissement 9,271 votants sur 21,300 électeurs inscrits; dans le 6e, 3,462 sur 24,000; dans le 7e, 1,039 sur 22,002, dans le 8e, 1,130 sur 18,000.

Mais qu'importe à la Commune? Elle passera outre, et ces élections scandaleuses seront validées de par l'unique droit de sa fantaisie.

Est-ce en guise de représailles que, quatre jours après, *l'Officiel* enregistre l'arrêté suivant :

La Commune, considérant qu'il est impossible de tolérer dans Paris assiégé des journaux qui prêchent ouvertement la guerre civile, donnent des renseignements militaires à l'ennemi, et propagent la calomnie contre les défenseurs de la République, a arrêté la suppression des journaux le *Soir*, la *Cloche*, l'*Opinion nationale* et le *Bien public*.

En revanche, on continue de plus belle à crier dans es rues les feuilles rédigées sous l'inspiration ou par la plume même des membres de la Commune : le *Cri du peuple*, de Vallès; l'*Affranchi*, de Grousset; le *Paris libre*, de Vésinier; le *Vengeur*, de Pyat, et quelques autres, parmi lesquelles il faut, en première ligne, citer le *Père Duchêne*, des citoyens Humbert, Villaume et Vermesch.

Ces gazettes prêchent ouvertement la terreur. La terreur, néanmoins, ne règne pas encore dans Paris comme on se l'imagine volontiers au dehors; mais il suffit que la cité en subisse les apparences pour déterminer à partir tous ceux qu'épouvante un plus long séjour.

Le décret qui rend obligatoire le service des compagnies de guerre, et le fonctionnement actif des cours martiales, jettent le désarroi dans la population.

Tous les jours, des milliers de personnes en quête d'un passeport se pressent aux abords de l'*ex*-préfecture de police ; de la place Dauphine, la queue s'étend jusqu'au delà du pont Neuf. Des entraves sans nombre sont mises à la livraison des laissez-passer, jusqu'au moment où paraît enfin cet arrêté, vrai chef-d'œuvre du genre :

EX-PRÉFECTURE DE POLICE
Délivrance des passe-ports.

Considérant que l'autorité civile ne saurait, sans manquer à ses devoirs, favoriser l'inexécution des décrets de la Commune ;

Qu'il est aussi nécessaire qu'elle empêche les communications avec des êtres qui nous font une guerre de sauvages;

Le membre du Comité de sûreté générale délégué près l'ex-préfecture de police,

Arrête :

Art. 1er. Les passe-ports ne seront délivrés que sur pièces justificatives sérieuses.

Art. 2. Aucun passe-port ne sera délivré aux individus tombant sous le coup de la loi militaire.

Art. 3. Aucun passe-port ne sera délivré aux individus qui, soit agents de l'ancienne police, soit à elle étrangers, ont des relations avec Versailles.

Art. 4. *Les individus qui, rentrant dans les cas prévus par les articles 2 et 3, se présenteraient pour obtenir des passe-ports, seront immédiatement envoyés au dépôt de l'ex-préfecture de police.*

Le membre du Comité de sûreté générale,
RAOUL RIGAULT.

Dès lors, toutes les ruses sont mises en œuvre pour échapper aux recherches de jour en jour plus actives dans les divers quartiers.

Aux perquisitions qui s'acharnent contre les réfractaires, ceux-ci échappent par une fuite précipitée. Des hommes quittent Paris déguisés en femmes ; d'autres en soudoyant à prix d'or les préposés dans les gares ; d'autres, sous des costumes d'emprunt, travestis en rouliers ou grimés en vieillards. Un employé du chemin de fer du Nord gagne cinq cents francs par jour à procurer aux fuyards une défroque de graisseur, grâce à laquelle ils peuvent sans danger prendre place dans un fourgon. Et c'est en ces jours d'effarement qu'on peut lire cet écriteau à la vitrine d'un coiffeur facétieux :

Location de barbes blanches pour voyages.

Les parents retirent leurs enfants des lycées. Les Facultés et les écoles suspendent leurs cours ; les élèves de l'École polytechnique se sont transportés à Tours dès le 5 avril.

En deux jours seulement, la gare du Nord a délivré 60,000 billets de départ. D'après la diminution des demandes quotidiennes chez les boulangers, on peut déjà estimer à près de 700,000 le nombre des émigrants. Cependant, le mouvement qui règne par la ville dissimule pendant quelque temps cette diminution notable de la population.

D'un côté, le décret, qui en exonérant de tout payement les locataires en retard des loyers échus pendant le siège, les autorise à quitter leurs logements, provoque un grand nombre de déménagements auxquels n'osent s'opposer les propriétaires ; les rues, sillonnées d'une foule de charrettes transportant des mobiliers, sont pleines d'animation et de bruit.

D'autre part, le désarmement des gardes nationaux dissidents, effectué par des escouades qui, accompagnées de voitures à bras, vont de maison en maison requérir les fusils et les fourniments, amène sur la voie publique une recrudescence de tumulte et d'activité.

Mais insensiblement le vide se fait sentir. Toute la vie de la cité se réfugie sur les boulevards, où des groupes se forment encore. Autour des tables des cafés, les costumes militaires foisonnent, remarquables surtout par le nombre et la dimension des galons d'or et d'argent. Car la *galonomanie* fleurit plus étincelante que jamais. Tout le monde veut être pour le moins colonel, et tel établissement en vogue ne compte plus que des généraux dans sa clientèle.

Quant aux gens sensés qui restent encore à Paris, ils emploient leurs efforts à s'isoler du spectacle de cette lutte douloureuse. Ils savent que l'heure de la justice aura son tour.

Depuis ses débuts, la Commune avait délibéré dans le mystère du huis-clos, et la salle de l'ancien conseil municipal était restée murée comme l'antre redoutable de Polyphème.

Messieurs de l'Hôtel de Ville, comprenant enfin ce qu'avait de par trop vénitien ce système renouvelé du Conseil des Dix, s'étaient décidés, — après avoir beaucoup hésité, et pour cause, — à donner à leurs séances une publicité retentissante.

Cette ère nouvelle est inaugurée dans l'*Officiel* par le compte rendu de la séance du 13 avril, signé des secrétaires Ant. Arnaud et Amouroux.

Mais d'abord faisons justice de la légende qui ornait de bocks et de chopines la table autour de laquelle des récits quelque peu fantaisistes dépeignaient les représentants de Paris discutant à grands renforts de jurons, tout en culottant des pipes et en crachant sur les tapis.

Les membres de la Commune savent que le monde

a l'œil sur eux, et leur tenue ferait presque honneur à un professeur de maintien. L'on croirait à les voir que l'Hôtel de Ville inscrit volontiers sur ses portes :

Une mise décente est de rigueur.

Elles sont curieuses à plus d'un titre, ces séances. A côté des révélations sur les hommes et sur les choses du moment, on y voit défiler, jour par jour, toute l'histoire de ce gouvernement étrange qui semble une parodie voulue de notre grande Révolution.

Celle du 13, ouverte à trois heures, débute par l'adoption d'un décret relatif à la réorganisation du service des ambulances et de l'assistance publique.

Le citoyen Lefrançais se plaint vivement de ce que, dans la plupart des maisons de secours tenues par les Sœurs, la Commission de sûreté générale ait fait saisir les sommes destinées aux orphelinats.

Le citoyen Billoray s'élève énergiquement contre la pensée de laisser, ne fût-ce qu'une parcelle d'autorité aux religieuses.

Le citoyen Oudet flétrit la manière dont l'assistance publique était organisée, et le citoyen Fortuné expose que, dans le XIXe arrondissement, sur 250,000 francs affectés à ce service, 56,000 francs étaient pris pour rétribuer les fonctionnaires.

Les discussions se prolongent jusqu'à sept heures environ. Elles ont lieu sous la présidence du citoyen Arthur Arnould, ayant le citoyen Oudet pour assesseur.

Le surlendemain, c'est M. Ostyn qui préside ; chacun son tour et guerre au privilége !

Quel politiqueur à vues louches a donc osé prétendre qu'aucun poste n'était plus délicat, ne nécessitait plus de tact, n'exigeait plus d'expérience, que celui de président d'une assemblée parlementaire ?

L'Hôtel de Ville va donner désormais un démenti quotidien à cette assertion de la diplomatie routinière ; à voir l'aisance avec laquelle l'élu du jour s'assied sur le fauteuil présidentiel, on devine que rien n'est plus simple que de diriger les débats d'une chambre délibérante. M. Ostyn, lui, est président... de naissance. A en juger par la facilité qu'il déploie dans l'exercice de ses fonctions, on jurerait que de sa vie il n'a fait autre chose.

Il faut l'entendre lire à son auditoire attentif les dépêches qui relatent les opérations militaires. La prose de Cluseret, en passant par sa bouche, acquiert la majesté d'un rescrit impérial, les dithyrambes d'Eudes ont des allures épiques, et Bergeret lui-même verrait briller son nom d'un éclat tout nouveau si ses récits belliqueux tombaient des lèvres patriotiques du citoyen Ostyn.

Est-il nécessaire de dire que la séance a été ouverte à trois heures ?

L'*Officiel*, chaque jour, le constate avec un soin scrupuleux. Ce détail a peut-être une importance qui nous échappe.

La séance du 18 est consacrée à la validation des fameuses élections du 16. Voici les étonnantes conclusions adoptées par la Commune à la majorité des voix : 26 pour, 13 contre.

Considérant que, dans certains arrondissements, un grand nombre d'électeurs se sont soustraits par la fuite à leur devoir de citoyens et de soldats, et que dans les graves circonstances que nous traversons, nous ne saurions tenir compte pour la validité des élections du nombre des électeurs inscrits, nous déclarons qu'il est du devoir de la Commune de valider toutes élections ayant obtenu la majorité absolue sur le nombre des votants.

Le 19, le citoyen Lefrançais préside; le citoyen Demay est désigné comme assesseur. L'Assemblée est inquiète, agitée; il semble qu'elle se repente déjà d'avoir adopté la mesure de la publicité des comptes rendus; cette publicité la préoccupe et sa préoccupation se traduit, dès le début de la séance, par cette décision :

« Les discussions ou incidents qui pourraient se produire, devant rester secrets, ne seront pas mentionnés à l'*Officiel*. »

Ce qui n'empêche pas ledit *Officiel*, interprétant la pensée de M. Arthur Arnould, de caractériser de la sorte la validation des élections du 16 :

« Quel est notre pouvoir ? Qu'est-ce qui fait sa force ? C'est que nous sommes des élus. Nous porterions la plus grave des atteintes au suffrage universel si nous procédions autrement. Dans ce cas, il aurait mieux valu laisser l'autorité au Comité central. Si vous admettez les conclusions du rapport, il n'y a pas de raison pour qu'un candidat ne soit pas élu par cinquante électeurs. Il faut se maintenir dans les termes de la loi. Dans les circonstances graves où nous nous trouvons, on ne doit pas valider les élections en dehors du huitième. Ce serait *le plus grand croc-en-jambe que jamais gouvernement ait donné au suffrage universel*; d'ailleurs, nous ne serions pas les élus de la population de Paris. »

MM. Grousset, Varlin, Billioray déplorent le nombre des abstentions; M. Urbain, au contraire, en est moins qu'affecté.

« Pour moi, dit-il, l'abstention ne peut jamais être une raison. Il y a un moyen de manifester son opinion : c'est le bulletin blanc. Le nombre de bulletins blancs eût pu invalider l'élection : or, puisque ceux qui ne veulent pas de nous ne l'ont pas fait, nous devons passer outre. »

On ne saurait être plus accommodant. Du reste, l'urbanité de M. Urbain n'a pas de bornes. Un membre a témoigné la crainte que la Commune ne tombe dans le ridicule et l'odieux. Eh bien, pour lui, ce sont ceux qui n'ont pas voté qui sont tombés les premiers dans l'odieux et le ridicule !

La moralité de cette séance se trouve tout entière résumée dans ce court dialogue entre MM. Ranvier et Régère :

M. Ranvier. — Dans le 18ᵉ arrondissement, le citoyen Combault n'est pas élu ; dans le 20ᵉ, ils sont tous élus à une faible majorité ; *nous ne connaissons pas de loi électorale.....*

M. Régère. — Mais nous n'en avons pas fait ! Nous appelons tout le monde au vote. *Tant pis pour ceux qui ne se présentent pas !*

Le lendemain, sur la proposition de M. Delescluze, la Commune procède à la nomination d'une commission exécutive, non sans une discussion longue et passionnée. Sont nommés pour composer cette commission :

Guerre...............	Cluseret.
Finances.............	Jourde.
Subsistances.........	Viard.
Relations extérieures.	Paschal Grousset.
Travail et échange...	Franckel.
Justice...............	Protot.
Services publics......	Andrieu.
Enseignement.........	Vaillant.
Sûreté générale......	R. Rigault.

Le 22, séance plus orageuse encore que les précédentes.

La parole est à M. Vermorel, qui fulmine contre Félix Pyat un véritable réquisitoire.

Mais Pyat trouve en M. Régère un défenseur chaleureux. M. Régère est indigné; il ne veut pas qu'on calomnie les absents; il lance à l'accusateur Vermorel des épithètes violentes. La discussion dégénère en querelle; les propos les plus vifs s'échangent entre les deux champions. Mais l'auditoire s'interpose et le président use de son autorité pour mettre fin à ce qu'il appelle poliment un « incident ».

Le conseil se prépare à délibérer avec le calme et le sérieux qui conviennent à une assemblée aussi grave, lorsqu'un nouveau temps d'arrêt l'oblige à surseoir à ses bonnes intentions.

Deux citoyens, MM. Dereure et Mortier, se sont levés à la fois.

M. Dereure demande la parole.

M. Mortier ne la demande pas.

Il n'y a point à hésiter : c'est M. Mortier qui l'obtient. Mais il ne peut se faire entendre. Toutes les têtes sont échauffées. M. Varlin s'agite avec impatience sur son fauteuil présidentiel. Un sténographe de Versailles trouverait ici une admirable occasion d'écrire entre parenthèse : « *Mouvements en sens divers; tumulte.* » Mais les rédacteurs du compte rendu de la Commune sont des sages qui évitent de leur mieux de donner aux scènes par trop échevelées la publicité de l'*Officiel*.

Enfin une voix parvient à dominer le bruit, c'est celle d'un citoyen membre qui demande à grands cris l'arrestation de M. Pyat.

M. Arnould est là pour exprimer un avis contraire.

Il trouve prodigieux qu'on parle toujours d'arrêter pour l'expression d'une opinion.

Cette révélation subite paraît stupéfier l'auditoire; on s'entre-regarde avec surprise.

M. Blanchet — retenons bien ce nom — constate avec douleur que depuis quelques jours la Commune n'agit pas. Elle se fait du tort et compromet la Révolution. M. Blanchet gémit; sa voix tremble d'émotion. Ce bon M. Blanchet voudrait qu'on employât les moyens vigoureux. Tout doit se faire à la fois : et la chasse aux réactionnaires, et les poursuites contre les réfractaires, et jusqu'à la démolition de la colonne Vendôme, qui vient à peine d'être décrétée.

En vain le président émet l'avis que « ceux qui crient le plus fort ne sont pas ceux qui font le plus »; M. Blanchet se démène comme un diable, et il ne faut rien moins pour le calmer que l'intervention de M. Delescluze.

— On se plaint, dit ce dernier, de l'inexécution de nos décrets; eh bien, citoyens, n'êtes-vous pas un peu complices de cette faute? On se plaint que la loi contre les réfractaires et les complices de Versailles ne soit pas exécutée. Eh bien, quand la commission exécutive est venue vous demander cette loi, les uns l'ont trouvée trop douce, les autres trop sévère...

M. Delescluze n'approuve pas tout ce qui se fait à la Commune, et cependant il se déclare prêt à se faire tuer sur les remparts ou sur les marches de l'Hôtel de Ville. Il voit au sein du gouvernement communal des discordes d'autant plus déplorables qu'elles ont pour origines de misérables querelles de galons qui divisent certains chefs. On donne trop d'importance à l'élément militaire; c'est l'élément civil qui devrait dominer toujours. (Bravos prolongés.)

M. Henri proteste. Il est colonel quelque part, M. Henri. Ses galons ont été attaqués ; il a le droit, dit-il, de les défendre. Mais un bruit croissant l'empêche de faire entendre autre chose que ces mots :

— Nos électeurs trouvent que nous ne faisons rien !

Peste ! les électeurs de M. Henri sont difficiles !

Une heureuse diversion est produite par le délégué à la justice, M. Protot, qui lit un projet de loi relatif à la formation des tribunaux et à la nomination des juges.

Enfin, sur une interpellation de M. Avrial, la Commune vote la mise en liberté immédiate du général Bergeret, incarcéré depuis quelques jours par une décision de ses collègues, et contre lequel une longue instruction n'a relevé, paraît-il, aucune charge nécessitant le maintien de son arrestation.

M. Pindy, chargé d'aller quérir le général, revient au bout d'un instant. Un officier le suit : c'est Bergeret *lui-même*. (Sensation.) Il salue l'Assemblée, et d'une voix émue :

— La Commune avait jugé à propos de me mettre en état d'arrestation, dit-il, et elle vient de me faire mettre en liberté. Je tiens à déclarer que je n'apporte ici aucun sentiment d'amertume, mais, au contraire, mon dévouement tout entier.

Exactement ce que disait Job sur son fumier : Dieu me l'a donné, Dieu me l'a ôté ; que son nom soit béni !

Et voilà comment cette séance finit à la façon d'un chapitre de la Bible.

La suivante s'ouvre sur une révélation qu'il serait intéressant de connaître dans son entier, mais au sujet de laquelle le *Journal officiel* garde un silence prudent.

Il s'agit de « faits reprochés à la Cour martiale ».

La Commission de justice n'a point préparé de rapport ; en revanche, par l'organe de M. Protot, elle propose à la sanction de la Commune un décret assimilant les huissiers, notaires, commissaires-priseurs et greffiers de tribunaux à de simples fonctionnaires, recevant des appointements fixes. Le décret est adopté.

M. Régère, à son tour, veut faire une motion; il est plein d'inquiétudes à l'égard des comptes rendus de l'*Officiel*. Ces comptes rendus sont d'une aridité désespérante, d'un décousu qui irrite les nerfs du lecteur, d'une obscurité que parfois ne parviendrait pas à percer la plus translucide des somnambules. M. Régère, lui, les trouve encore trop explicites, trop suivis et d'une rédaction trop claire.

En vain le public s'accorde-t-il à reconnaître que jamais débats d'une assemblée quelconque n'ont été plus effacés, plus écourtés, rendus d'une façon plus terne et plus insignifiante. En vain la presse se plaint-elle de ce que, dans les analyses que rédigent les secrétaires de la Commune, chacun des membres n'ait qu'un court paragraphe insipide et monotone auquel bien souvent les gens les plus habitués à déchiffrer les rébus ne comprennent absolument rien, M. Régère déclare que cela est encore trop. Il demande à revoir en épreuves les comptes rendus de l'*Officiel*, afin d'en pouvoir retrancher tout ce qui ne sera pas à sa convenance.

— Il nous échappe souvent, dit-il, dans la chaleur de la discussion, des expressions vives, que nous retirerions nous-mêmes si elles passaient sous nos yeux avant la publication du compte rendu.

Vraiment, on n'est pas plus candide ! M. Régère

aurait-il été engagé par la Commune pour jouer les ingénuités? Ainsi donc, le compte rendu a pour but, dans la pensée de ce chaud patriote, non pas de rendre public ce qui s'est passé dans les séances de la Commune, mais de dévoiler, selon le bon plaisir des élus, tel ou tel mystère de ces conciliabules!

Mais que devient alors, demande M. Arnould, presque un sage celui-là, le contrôle populaire? Dans quel magasin d'accessoires remise-t-on ce fameux fantôme de la responsabilité, dont l'ombre est censée protéger les membres de la Commune?

Le 24, l'ordre du jour appelle la discussion de la question du secret des détenus.

M. Raoul Rigault déclare qu'il donnera sa démission si la Commune ne renonce au droit de visiter les prisonniers.

Encore une démission! Quelques membres, à cette perspective, témoignent un effroi dont M. Rigault doit être bien flatté.

M. Arnould se charge de répondre au délégué de l'*ex*-préfecture de police. M. Arnould a du bon, décidément.

— Eh quoi! s'écrie-t-il, maintenir le secret! Je proteste de toutes mes forces. Le secret est immoral et inutile. Nous avons tous été mis au secret sous l'empire, et pourtant nous sommes parvenus à communiquer avec le dehors. Je ne comprends pas des hommes qui ont passé toute leur vie à combattre les errements du despotisme, s'empressant, quand ils sont au pouvoir, de tomber dans les mêmes fautes!

MM. Jourde, Amouroux, Billioray, Parisel éprouvent, à les entendre, un violent amour pour toutes les libertés en général, et pour celle du cachot en parti-

culier. Mais... il y a un mais... l'état de guerre, la nécessité,
       l'occasion, l'herbe tendre...
tout cela les décide à voter en faveur du secret.

Nous voilà retournés aux beaux jours de la Bastille et du château de Pignerol. Ce serait le moment de reprendre *Latude ou trente-cinq ans de captivité*.

Mais M. Delescluze ne l'entend pas tout à fait de cette oreille :

— Je ne trouverais pas mauvais qu'un membre de la Commune pût pénétrer dans la cellule d'un prisonnier au secret, et lui demander depuis combien de temps il est arrêté, et s'il a été interrogé dans le délai légal. Tant qu'un individu n'est pas condamné, il est supposé innocent.

Certes, c'est parler sainement. Eh bien! M. Parisel n'est pas encore content. Il admet qu'un membre de la Commune pénètre dans une cellule, — à condition qu'il soit accompagné d'un membre de la sûreté !

— Je donne ma démission ! s'écrie M. Clément, puisque l'on nous met tous en suspicion !

— Aujourd'hui, essaie d'insinuer M. Parisel, nous sommes en état de guerre, prenons nos précautions ; plus tard, nous verrons.

— Oui, le couronnement de l'édifice comme sous Napoléon III ! C'est le raisonnement de tous les despotes ! s'écrie M. Arnould.

24 voix contre 17 décident qu'il sera passé outre.

M. Rigault est de parole ; il donne sa démission ; il ne reste plus à la sûreté générale que comme membre de la Commission.

C'est M. Cournet qui, par 35 voix sur 55 votants, remplace M. Rigault en qualité de délégué à la... pardon... à l'*ex*-préfecture de police.

IV

**Un président à poigne. — Les Prussiens. — Le projet
Miot. — Pour et contre. — Nos conciliateurs. — Le
littérateur Longuet. — La tribune orageuse. — Rivalité. — Versailles avance. — Le financier Jourde.
— Un capucin en faillite. — Nouvelle hécatombe.**

Quel est donc ce rapport sur la Cour martiale dont il a été question en séance et au sujet duquel l'*Officiel* est demeuré silencieux ? Qu'a fait le tribunal militaire ? Quels crimes ont commis ceux qui ont pour mission de punir le crime ? Quel sort va-t-on leur infliger ?

Voici ce qui s'est passé :

La Cour martiale, qui siége de nuit rue du Cherche-Midi, fonctionne sous la présidence du citoyen Rossel, un officier transfuge de l'armée régulière, devenu chef d'état-major du général Cluseret.

Cette Cour a rendu déjà quelques arrêts dont la sévérité excessive a été remarquée — même de la Commune. En dernier lieu, elle a condamné à mort le commandant d'un bataillon de marche, le 105ᵉ, qui aurait refusé de conduire ses hommes au feu.

Mais, outre que les faits à la charge de l'accusé n'ont pas été suffisamment prouvés, la condamnation offre cette particularité aggravante que le président Rossel s'est trouvé tout à la fois être juge et partie. C'était son propre père, en effet, qui, avant le chef si sommairement condamné, commandait le 105ᵉ bataillon ! De là, cassation de l'arrêt révisé par la Commune et démission du colonel Rossel, qui commençait vraiment à se faire une belle réputation de président *à poigne*.

Ce n'est là cependant qu'un triomphe passager des idées modérées sur le jacobinisme.

Un décret interdisant, sous les peines les plus sévères, le travail de nuit des boulangers, nous rappelle que nous vivons sous le régime arbitraire de la violation des droits.

Paris, à l'avenir, devra se passer de pain frais le matin.

Le 28, sur une interpellation de M. Johannard, une discussion s'élève au sujet de faits graves, survenus à la gare du Nord. Le matériel a été expédié sur Saint-Denis; les trains ne marchent plus que très irrégulièrement; l'approvisionnement de Paris est compromis de la sorte, et il n'est pas jusqu'aux Prussiens qui, neutres jusqu'à ce jour, ne se mettent contre la Commune : témoin, la dépêche suivante d'un général allemand :

« MM. de la Commune empêcher wagons et colis de ligne Nord; moi empêcher ravitaillêment de Paris. »

Cet *ultimatum* en petit nègre ne laisse pas d'inquiéter vivement M. Régère. Mais ses collègues Andrieu et Ostyn se hâtent de le rassurer. Il n'y a eu qu'un malentendu, qui, d'ailleurs, a cessé, assurent-ils.

Les malentendus, au reste, ne sont point rares par le temps qui court. Ainsi, il avait été convenu, depuis plusieurs jours déjà, que le prix de l'*Officiel* serait abaissé, et aucune mesure n'a encore été prise dans ce sens.

M. J.-B. Clément demande énergiquement la fixation du prix de cinq centimes.

Gain de cause lui est donné; il est convenu en outre qu'un soin tout particulier sera apporté à la rédaction du *Journal officiel*, trop négligée jusqu'ici, et que des rédacteurs de choix seront attachés à cette feuille d'ordinaire si peu récréative.

La séance finit en comité secret — moyen commode, fréquemment employé pour éluder la publicité à laquelle la Commune s'est imprudemment engagée.

La journée du 29 est consacrée à la discussion d'une proposition de M. Miot, relative à la formation d'un Comité de salut public.

Les circonstances sont graves ; des rumeurs de trahison ont commencé à se faire jour parmi nos dictateurs ; les hommes de l'Hôtel de Ville s'entre-regardent avec défiance ; une impérieuse nécessité commande des mesures énergiques, radicales.

Quelques protestations se font entendre. Elles sont étouffées par les rappels à l'ordre qui s'élèvent de tous côtés. M. Régère déclare que le projet Miot n'offre rien d'excessif ; il ajoute que la Commune n'exercera son action de salut, de défense, que lorsqu'elle aura un gouvernement permanent, régulièrement constitué, c'est-à-dire cinq membres chargés de transmettre le pouvoir de la Commune aux divers délégués.

M. Grousset se lève, outragé. Il somme M. Miot de lui dire si *oui* ou *non* sa proposition a le caractère d'une mise en accusation ou d'un vote de défiance contre la commission exécutive.

Néanmoins, l'urgence est adoptée, au grand contentement de M. Billioray qui, lui aussi, veut le comité.

La délégation de la guerre tend à devenir de plus en plus dictatoriale; les allures de M. Cluseret l'inquiètent; pour arrêter ce que le citoyen Billioray appelle *l'organisation de la désorganisation*, il faut « un comité souverain qui fasse marcher tous les services ».

M. Babyck ne voudrait pas pour la Commune d'autre dictature que celle de la Commune elle-même.

Bref, l'affirmative l'emporte à une faible majorité.

Il a été convenu que les votes seraient motivés. Voici, sans autres commentaires, les plus saillantes d'entre les déclarations qui accompagnent le scrutin.

POUR

Attendu que le mot de salut public est absolument de la même époque que les mots de République française et de Commune de Paris, je vote pour.

Pyat.

Espérant que le Comité de salut public sera en 1871 ce que l'on croit généralement, mais à tort, qu'il a été en 1793, je vote pour.

Raoul Rigault.

Quoique je ne voie pas l'utilité de ce Comité, mais ne voulant pas prêter à des insinuations contraires à mes opinions révolutionnaires socialistes, et tout en réservant le droit d'insurrection contre ce Comité, je vote pour.

Léo Franckel.

Je vote pour un Comité de salut public, attendu que, si la Commune a su se faire aimer de tous les honnêtes gens, elle n'a pas encore pris les mesures indispensables pour faire trembler les lâches et les traîtres...

Blanchet, Dupont.

CONTRE

Je ne crois pas à l'efficacité du Comité de salut public, ce n'est qu'un mot, et le peuple s'est trop longtemps payé de mots : je vote contre.

A. VERMOREL.

Contre. Parce que je n'aime pas les défroqués inutiles et ridicules qui, loin de nous donner de la force, nous enlèveront celle que nous avons.

G. TRIDON.

Vu que nous ne pouvons nommer personne à une institution considérée par nous comme aussi inutile que fatale, et où nous voyons poindre un Comité de capitulation;

Nous nous abstenons.

TRIDON, VERMOREL, AVRIAL, V. CLÉMENT, THEISZ, PINDY, GÉRARDIN.

30 avril. — Comme les séances précédentes, celle-ci devait s'ouvrir à deux heures; comme elles, elle est en retard d'une heure et demie. Qui oserait s'en plaindre ? Le temps pendant lequel messieurs de l'Hôtel de Ville ne font ni lois ni décrets n'est-il pas autant de gagné ? Où elle diffère, par exemple, c'est qu'à peine messieurs du conseil ont pris place sur leurs sièges, qu'une visite inattendue les force à se lever et à quitter la salle.

Quatre ou cinq mille personnes attendent dans la cour ou sur la place de l'Hôtel-de-Ville, demandant à parler à la Commune; elles s'annoncent sous le titre de députation de l'*Alliance républicaine des départements*, et viennent en droite ligne de la cour du Louvre, où un grand *meeting* a eu lieu le matin.

Comme on ne peut pas faire asseoir tout ce monde, c'est le moment de *jouer du balcon*, une manœuvre qui, du reste, devient familière aux collègues de M. Pyat et consorts.

Pour *jouer du balcon*, qu'il s'agisse de recevoir la *Ligue des droits de Paris*, les *Représentants des Loges*

Maçonniques ou les *Délégués des Départements*, — associations qui depuis quelque temps s'agitent en sens divers, bien que n'ayant qu'un but unique : la conciliation, — la Commune s'avance en bon ordre sur le perron de l'escalier de la cour d'honneur, se groupe majestueusement sur la plate-forme et jusque sur les marches supérieures ; puis quelques membres se présentent au-devant des visiteurs et aiguisent les tirades éloquentes que Paris, le lendemain, pourra déguster tout à l'aise dans les colonnes des feuilles dévouées.

Cela dure généralement trois quarts d'heure ; il est donc quatre heures et quart quand la Commune rentre en séance. Mais il doit être écrit quelque part qu'on sera dérangé sans cesse. C'est le citoyen Longuet qui, cette fois, apporte la perturbation au sein de l'assemblée.

L'avant-veille, en son absence, on a parlé de l'*Officiel*; et pourquoi en a-t-on parlé ? Pour en médire. Eh bien ! on ne touche pas ainsi impunément à l'arche sainte dont M. Longuet est devenu le David. M. Longuet demande des excuses. En vain des murmures violents l'interrompent. M. Longuet ne veut rien entendre.

Le président ne sait où donner de la tête ; il prend la parole à son tour :

— Comme sténographie, la séance est très bien prise, et dans son entier ; mais ce sont les secrétaires qui en ont escamoté une partie dans l'*Officiel*.

En entendant cette expression, l'assemblée se livre aux réclamations les plus vives ; les interruptions se succèdent, les exclamations s'entre-croisent.

Le citoyen Ostyn. — Je propose une motion d'ordre au sujet du mot « escamoter ».

Le citoyen président. — Citoyen Ostyn, vous n'avez pas la parole. (Nouvelles réclamations.)

— Et vous, crie M. Johannard au président, vous n'avez pas le droit d'insulter la Commune !

Un tumulte indescriptible règne dans la salle.

Vingt voix demandent à la fois l'ordre du jour, pendant que vingt autres s'élèvent contre.

— Oui ! oui ! s'exclame-t-on d'un côté.

— Non ! non ! vocifère-t-on de l'autre.

Le président tente de mettre aux voix.

M. Lefrançais demande la parole.

M. Longuet se déclare « douloureusement surpris qu'il faille insister pour une question de bonne foi, de loyauté... »

On l'interrompt de nouveau.

Un, deux, trois, quatre, dix membres demandent la parole.

Un orateur parvient enfin à dominer le tumulte.

— Il y a, s'écrie-t-il, des paroles qu'évidemment nous ne devons pas publier ; mais en ce moment, il se passe des choses considérables qui demandent des solutions immédiates, et auxquelles nous devons donner la priorité. (Bruit et interruptions diverses.)

— Taisez-vous, citoyen : c'est une question de vie ou de mort !

En effet, tandis que la Commune discute, et qu'à l'intérieur des conflits incessants se produisent entre son autorité et l'autorité rivale du Comité central, des événements graves suivent leur cours au dehors. La défense va s'affaiblissant. Versailles gagne du terrain. Les forts d'Issy, de Vanves et de Montrouge, criblés d'obus et presque cernés, menacent de succomber à bref délai. Sur plusieurs points, l'enceinte est directement menacée, et l'heure va sonner où il faudra recourir aux barricades, dont quelques voies se couvrent déjà sous l'impulsion de l'ex-cordonnier Gaillard. Ce n'est point en mettant en adjudication les matériaux de la colonne Vendôme, ni en décrétant la démolition des chapelles expiatoires de Louis XVI et de Bréa, que l'Hôtel de Ville parera aux dangers de la situation.

La position financière de la Commune n'est pas mauvaise. Le bilan présenté par le délégué aux finances, Jourde, avoue les chiffres suivants :

Recettes. — Trouvé dans les caisses publiques, 4,658,000 fr. Produit des divers établissements et administrations, environ 22,000,000. Les sources les plus fortes de ce revenu sont représentées par 7,750,000 fr. remis par la Banque de France; 8,500,000 fr. versés par l'octroi; 1,760,000 fr., manufacture des tabacs; 1,300,000 fr., versements par divers à la caisse municipale de l'Hôtel de Ville; le restant provient des halles et marchés, enregistrement et timbre, travaux publics, etc., etc.

Dépenses. — Payement aux diverses municipalités, 1,445,000 fr.; à la délégation de la guerre, 20,000,000 fr.; à l'intendance, 1,800,000 fr.; à la commission de sûreté, 235,000 fr.; relations extérieures, 112,000 fr.; hôpitaux, ponts et chaussées, frais généraux, télégraphe, pompiers, bibliothèques, imprimerie nationale, etc., etc., 1,500,000 fr. environ.

Total général des recettes.........	26,013,916 70
Total général des dépenses........	25,138,089 12
Excédant en caisse..........	875,827 58

Ce n'est pas seulement sur sa comptabilité que la Commune tend à faire le jour. Il a été question d'admettre le public aux séances. Mais la salle de l'Hôtel de Ville n'offre pas de proportions assez vastes.

Bientôt, sans doute, MM. Billioray et Courbet soumettront à l'approbation de leurs collègues un local qu'ils ont mission de rechercher. Ces citoyens jetteront-ils de préférence leur dévolu sur une église ?

Rien n'est mieux porté, pour l'instant, que cette transformation des églises en lieux de réunions politiques, où hommes et femmes se pressent autour de la chaire devenue tribune. A Saint-Bernard, aux Batignolles, on fait régulièrement salle comble ; à Saint-Nicolas-des-Champs, on refuse du monde tous les soirs ; Saint-Eustache ne désemplit pas.

D'un autre côté, la Commune a des scrupules. Ses membres, après tout, ne se connaissent guère entre eux. S'il allait survenir beaucoup d'incidents pareils à l'affaire Blanchet ? Blanchet, on s'en souvient, était un des plus acharnés promoteurs des mesures coërcitives ; on le voyait souvent renchérir sur ses collègues et il a su se faire passer à leurs yeux pour un fervent animé de la foi la plus pure.

Eh bien ! Blanchet ne s'appelle pas Blanchet. Des citoyens délégués de Lyon auprès de la Commune, l'ont reconnu pour un nommé Panille, ancien secrétaire de commissaire de police, puis capucin, puis enfin, après avoir exercé diverses professions, condamné à la prison pour banqueroute frauduleuse.

Grand scandale, comme on le conçoit bien, parmi les frères et amis. Mais d'autres événements se pressent et emportent celui-ci dans leur tourbillon. C'est à peine si Paris a le temps de s'apercevoir de ce nouvel arrêté en date du 5 mai, qui porte le coup suprême à la presse : Les journaux le *Petit Moniteur*, le *Petit National*, le *Bon Sens*, la *Petite Presse*, le *Petit Journal*, la *France*, le *Temps* sont supprimés.

V

Cluseret et Rossel. — Le citoyen Delescluze. — Exécutive et Salut public. — Au fort d'Ivry. — L'Officiel de la Commune. — Une ténébreuse affaire. — Le lieutenant Barrois et le colonel Schœlcher. — Le concert des tyrans. — Le sieur Thiers. — La Colonne. — Commune et Comité. — Un triomphe. — Le bilan de l'Hôtel de Ville.

Le 30 avril, au moment d'une première évacuation du fort d'Issy, la commission exécutive avait fait arrêter et incarcérer à Mazas le général Cluseret. Pour remplacer Cluseret il fallait un homme énergique ; la Commune se souvint de Rossel : elle lui confiait, le 1er mai, le commandement en chef. Le 2 mai, un décret avait composé le Comité de salut public des citoyens Antoine Arnaud, Léo Meillet, Ranvier, Félix Pyat et Charles Gérardin.

Mais ce n'est pas à coups de décrets que l'on assure le salut des institutions destinées à périr.

Après huit jours écoulés, la Commune s'aperçoit

que, pour avoir remplacé Cluseret par Rossel et l'initiative de la Commission exécutive par celle du Comité de salut public, ses affaires n'en prennent pas davantage la tournure rassurante qu'elle attendait de ces changements.

Est-ce par des changements nouveaux qu'elle espère atteindre son but ? Pense-t-elle conjurer le sort qui la menace en mettant d'autres hommes à la place des hommes dont la fortune a trahi les efforts ?

Déjà en face de la Commission exécutive, en face du délégué à la guerre, le Comité central, jusque-là resté dans l'ombre, a affirmé son existence par une large participation aux actes de la défense et un contrôle actif des faits et gestes des chefs militaires.

En séance de l'Hôtel de Ville, le délégué aux finances Jourde, s'est élevé avec amertume contre ces empiétements d'une autorité qu'il a été, dit-il, « profondément étonné de voir se fixer elle-même ses attributions, » et dont il ne saurait reconnaître les ordres.

D'autres voix s'élèvent encore contre l'immixtion intempestive du Comité central dans les affaires publiques. MM. Varlin, Avrial, Arnold, prennent tour à tour la parole pour battre en brèche les prétentions de cette espèce de dictature nouvelle.

Personne n'ose tenter d'atténuer les torts du Comité accusé, lorsque, enfin, le citoyen Régère se lève pour prendre sa défense.

— Le Comité central, dit-il, était bien à tous les titres, et par son passé, et par son énergie, l'entourage le plus capable de seconder le délégué à la guerre dans l'accomplissement de ses fonctions.

Quand je vous entends attaquer le Comité central, je vous trouve illogiques ; c'est la fédération de la garde nationale que vous devez attaquer, et vous ne l'avez fait ni ne pouvez le faire. Le Comité central en est le produit direct.

Le citoyen Dupont est d'avis que l'ingérence du Comité central ne pouvait être évitée.

La situation était grave en effet. Le Comité, issu de la garde nationale s'autorisait de son origine pour émettre la prétention de se mêler aux choses du gouvernement. Le Comité de salut public, né de la Commune, avait d'abord repoussé cette prétention comme attentatoire à la souveraineté de son mandat. Un conflit allait se produire, fatal, inévitable. Le Comité de salut public céda.

M. Félix Pyat se félicite de ce résultat.

— Comme nous regardions, a-t-il dit, le *ministre* de la guerre insuffisant pour tout diriger lui-même, nous étions heureux qu'il acceptât l'aide de la garde nationale sous la forme administrative. Si le citoyen Rossel n'a eu ni la force ni l'intelligence de maintenir le Comité central dans ses fonctions purement administratives, ce n'est pas la faute du Comité de salut public, et j'ajoute que nous n'avons pas encore reçu de rapport du colonel Rossel.

Le colonel Rossel a d'excellents motifs pour n'envoyer point de rapports.

Le 8 mai au soir, une dépêche portant sa signature annonce aux Parisiens que le drapeau de Versailles a été arboré sur le fort d'Issy.

L'heure n'est plus aux discussions.

M. Delescluze le fait sentir à ses collègues dans la séance du 9.

— Vous discutez, s'écrie-t-il, quand on vient d'afficher que le drapeau tricolore flotte sur le fort d'Issy. Citoyens, il faut aviser sans retard. J'ai vu ce matin

Rossel; il a donné sa démission, il est bien décidé à ne pas la reprendre. Tous ses actes sont entravés par le Comité central; il est à bout de forces. Je fais un appel à vous tous. J'espérais, citoyens, que la France serait sauvée par Paris, et l'Europe par la France. Je suis allé aujourd'hui à la guerre, j'ai vu le désespoir de Rossel...

Il se dégage de la Commune une puissance de sentiment révolutionnaire capable de sauver la patrie. Déposez aujourd'hui vos haines. Il faut que nous sauvions le pays. Le Comité de salut public n'a pas répondu à ce qu'on attendait de lui. Il a été un obstacle au lieu d'être un stimulant. Je dis qu'il doit disparaître. Il faut prendre des mesures immédiates, décisives. La France nous tend les bras, nous avons des subsistances, faisons encore huit jours d'efforts... »

Huit jours! Ils en sont déjà là!

Enfin, la Commune décide:

1º De déclarer la démission des membres actuels du Comité de salut public et de pourvoir immédiatement à leur remplacement;

2º De nommer un délégué civil à la guerre, qui sera assisté de la commission militaire actuelle, laquelle se mettra immédiatement en permanence;

3º De nommer une commission de trois membres, chargée de rédiger immédiatement une proclamation;

4º De ne plus se réunir que trois fois par semaine en assemblée délibérante, sauf les réunions qui auront lieu dans le cas d'urgence, sur la proposition de cinq membres ou sur celle du Comité de salut public;

5º De se mettre en permanence dans les mairies de ses arrondissements respectifs, pour pourvoir souverainement aux besoins de la situation;

6º De créer une cour martiale dont les membres seront nommés immédiatement par la commission militaire;

7º De mettre le Comité de salut public en permanence à l'Hôtel de Ville.

Conformément à cette décision, le Comité de salut public, renouvelé, se compose des citoyens :

Ranvier, Antoine Arnaud, Gambon, Eudes, Delescluze.

Quant à Rossel, il est en fuite, et son « désespoir » se traduit par une lettre insensée à l'adresse de l'Hôtel de Ville.

Paris est défiant, inquiet, agité. La garde nationale ne marche qu'à contre-cœur. Delescluze, qui succède à Rossel avec le titre de *délégué civil à la guerre*, et que le citoyen Billioray remplacera au Comité de salut public; Delescluze, le plus populaire, à coup sûr, des membres du pouvoir, adresse en vain aux fédérés une proclamation destinée à ranimer leur confiance. Il faut chercher mieux encore, et l'on invente un drame à grand spectacle dont l'*Officiel* du 12 mai se charge d'enregistrer le *scenario*.

Il en a fait bien d'autres, l'*Officiel*; œuvre bizarre, étrange, où souvent le grotesque est mêlé au tragique et où le rire tinte à côté des sanglots.

Feuille sans préjugés dont les colonnes éclectiques voient se coudoyer tour à tour le sinistre décret qui livre les « traîtres » aux bourreaux et l'ordre du jour élégiaque qui ouvre aux poitrinaires et aux bonnes d'enfants les squares embaumés et les jardins en fleur; l'appel aux fédérés qui revendent les vestes que leur livre l'État, et l'arrêt inflexible qui « rase » la maison du sieur Thiers!

O Vésinier! ô Longuet! scribes pleins de faconde, délégués par la Commune à la rédaction de son *Moniteur*, qui pourra savoir jamais quels mystères se sont agités dans les profondeurs de vos âmes?

Quel poème, par exemple, que ce numéro du 12 mai qui débute par la « Proclamation au peuple de Paris. »

Ce sont MM. Arnaud, Ranvier, Eudes et Gambon qui parlent au peuple.

La trahison, s'écrient-ils, s'était glissée dans nos rangs.

Désespérant de vaincre Paris par les armes, la réaction avait tenté de désorganiser ses forces par la corruption. Son or, jeté à pleines mains, avait trouvé jusque parmi nous des consciences à acheter.

Qui eût osé le croire ? Qui eût pu s'en douter, que jusque dans les rangs de nos *sang-impurs*, il y eût des consciences à vendre ?

L'abandon du fort d'Issy, annoncé dans une affiche impie par le misérable qui l'a livré, n'était que le premier acte du drame.

Ah! les Versaillais ont pris le fort d'Issy ! Est-ce qu'un fort se prend ? Allons donc ! Ça ne s'est jamais vu. Il arrive parfois que des traîtres l'abandonnent : tel est le cas de Rossel, « le misérable qui l'a livré. » Et sais-tu, ô peuple! quel était le but de cet homme, qu'avant la défaite nous appelions sauveur et qu'aujourd'hui nous traitons de bandit ?

Une insurrection monarchique à l'intérieur, coïncidant avec la livraison d'une de nos portes, devait nous plonger au fond de l'abîme.

Car il est bien évident que toute révolte contre notre dictature ne peut-être qu'une « insurrection monarchique »; il est hors de doute que les républicains ne s'insurgeraient point contre nous; de quel droit le feraient-ils ? n'est-ce pas nous qui sommes de la République calme, digne, féconde, avec toute sa loyauté et toutes ses libertés ?

Mais rassure-toi, peuple,

Tous les fils de la trame ténébreuse dans laquelle la Révolution devait se trouver prise sont entre nos mains. La plupart des coupables sont arrêtés. Leur châtiment sera exemplaire.

Heureusement, même au milieu de leurs plus terribles anxiétés, nos gouvernants du jour ne perdent pas un instant leur sang-froid; c'est d'un front olympien et d'une main calme qu'au-dessous des lignes indignées qu'on vient de lire, le Comité de salut public signe les nominations de plusieurs citoyens au poste de... commissaires priseurs.

Il est vrai qu'une nouvelle immolation de journaux sacrifie sur l'autel de la Sûreté générale le *Moniteur universel*, l'*Observateur*, l'*Univers*, l'*Anonyme*, etc.

Mais que de mansuétude dans l'invitation qui suit, adressée aux débitants de tabac par le citoyen Olivier, directeur de l'enregistrement et du timbre, d'avoir « à renouveler ou compléter immédiatement leur approvisionnement de papiers timbrés », sous peine d'être expulsés de leurs bureaux.

Quelle hauteur de vues dans cet entrefilet qui s'étale vers le bas de la première page :

> Bientôt, l'enseignement religieux aura disparu des écoles de Paris. Cependant, dans beaucoup d'écoles reste, sous forme de crucifix, madones et autres symboles, le souvenir de cet enseignement.
> Les instituteurs et les institutrices devront faire disparaître ces objets, dont la présence offense la liberté de conscience.

Et comme le dernier paragraphe est pratique :

> Les objets de cet ordre qui sont en métal précieux, seront inventoriés et envoyés à la monnaie.

En tournant le feuillet, cependant on se sent pris d'un frisson involontaire :

> Le colonel Schœlcher a été arrêté hier soir aux Tuileries.
> C'est un lieutenant de la garde nationale, le citoyen Barrois, qui a invité le député Schœlcher à le suivre à l'ex-préfecture de police.
> Le délégué à la sûreté générale a maintenu l'arrestation. L'ex-représentant du peuple de Paris est accusé de connivence avec l'ennemi.

M. Victor Schœlcher, représentant du peuple, proscrit au 2 décembre 1851, demeuré vingt ans dans l'exil, où il a sacrifié la plus grande partie de sa fortune pour la cause républicaine, revenu en France avec la République, élu député de Paris, le 8 février, par 150,000 voix, est arrêté par un lieutenant de la garde nationale.

Un homme sans autorité et sans mandat met la main sur l'élu de 150,000 citoyens et le conduit à la préfecture de police!...

Cela apprendra au colonel Schœlcher à aller écouter les concerts de la Commune.

Car il y avait un concert aux Tuileries. Que dis-je, un concert? Trois concerts !

Le docteur N. Rousselle, *chirurgien en chef de la République Universelle* (à ce qu'il a assuré) avait été chargé de l'organisation, et sa lettre aux journaux prévenait les « citoyens rédacteurs » que :

Trois concerts distincts auraient lieu simultanément : l'un dans la salle des maréchaux, l'autre dans la galerie de Diane, et le troisième dans la salle de spectacle.

Chaque salle aurait un orchestre approprié à sa dimension, et les mêmes artistes y chanteraient alternativement.

Il faut, concluait le docteur, que cette soirée, tout en produisant une somme considérable pour les veuves et les orphelins de la République, soit une imposante manifestation jetée à la face de la réaction. Il faut que le repaire de la tyrannie, devenu la propriété du peuple, serve enfin à soulager le peuple, après avoir englouti pendant des siècles le produit de ses sueurs.

Et la fête a eu lieu, et Madame Bordas, du *Grand café Saint-Martin*, a chanté *la Canaille*, auprès de mademoiselle Agar, des *Français*, qui disait le *Lion blessé*; l'orchestre a joué la *Marseillaise*, et ce n'est que longtemps après minuit que la foule s'est séparée aux accents du *Chant du départ*.

« L'éclairage, dit l'*Officiel*, était splendide, non-seulement à l'intérieur, mais encore au dehors. Des verres de couleur rouge étaient disposés partout dans les arbres et les massifs ; des lampions émaillaient les gazons et les bordures. C'était d'un charmant effet. »

Car il dit tout, l'*Officiel*; à côté de son compte rendu du concert, un article sur *l'alimentation de Paris* nous apprend que des mesures intelligemment prises ont déjà un résultat excellent, malgré les entraves mises en œuvre par le gouvernement de Versailles pour affamer les Parisiens.

Lorsque les négociants de province ont pu constater que l'intérieur de Paris, qui depuis bientôt deux mois leur était présenté par les intéressés comme le théâtre de pillages, d'assassinats et de luttes intestines, n'avait été jamais plus tranquille et que les transactions, restreintes, il est vrai, s'y opéraient comme par le passé, ils ont envoyé leurs denrées en abondance.

Ils sont vraiment bien bons, les négociants de province ; mais ne trouveront-ils pas tant soit peu bizarre cette phrase faisant suite à l'arrestation de Schœlcher et aux menaces fulminées contre les traîtres ?

Bah ! la Commune est le dieu du moment et l'*Officiel* est son prophète.

D'ailleurs, s'il est un moyen de gouverner à la portée de ce pouvoir sans préjugés, n'est-ce pas le mensonge ? Le mensonge se retrouve partout, dans ses proclamations comme dans ses actes, dans ses délibérations aussi bien que dans ses décrets. Mais il n'en subira pas moins l'agonie qui depuis longtemps le menace.

Pendant que s'effondrait la colonne Vendôme, croulant sur un lit de sable et de fumier, que le marteau des démolisseurs jetait à bas l'immeuble de M. Thiers et que la pioche attaquait les fondations du monument expiatoire, un document important faisait le tour de la presse communale : le manifeste de la minorité de la Commune, par lequel vingt-deux membres déclaraient ne vouloir plus prendre part aux délibérations de cette assemblée, qu'ils accusaient de s'être annihilée en déposant ses pouvoirs aux pieds du Comité de salut public. C'est à la suite de cette déclaration que la lutte entre le Comité central et la Commune touche à son dénoûment.

Le Comité central l'emporte. A dater du 20 mai, c'est le Comité central qui, sous prétexte de « pacte de bonne foi », substitue son autorité à celle des élus qui siégent à l'Hôtel de Ville.

Sa proclamation, que voici, est une prise de possession en règle, en même temps qu'un cri de triomphe mal déguisé par la formule, devenue si banale, d'union et de fraternité :

FÉDÉRATION RÉPUBLICAINE DE LA GARDE NATIONALE

Comité central

Au peuple de Paris,
A la garde nationale,

Des bruits de dissidence entre la majorité de la Commune et le Comité central ont été répandus par nos ennemis communs avec une persistance qu'il faut, une fois pour toutes, réduire à néant par une sorte de pacte public.

Le Comité central, préposé par le Comité de salut public à l'administration de la guerre, entre en fonctions à partir de ce jour.

Lui, qui a porté le drapeau de la révolution communale, n'a ni changé ni dégénéré. Il est à cette heure ce qu'il était hier, le défenseur né de la Commune, la force qui se met en ses mains, l'ennemi armé de la guerre civile, la sentinelle mise par le peuple auprès des droits qu'il s'est conquis.

Au nom donc de la Commune et du Comité central, qui signent ce pacte de la bonne foi, que les soupçons et les calomnies inconscientes disparaissent, que les cœurs battent, que les bras s'arment et que la grande cause sociale pour laquelle nous combattons tous triomphe dans l'union et la fraternité.

Vive la République !
Vive la Commune !
Vive la Fédération communale !

Paris, 19 mai 1871.

La Commission de la Commune
BERGERET, CHAMPY, GERESME, LEDROIT, LONCLAS, URBAIN.

Le Comité central
MOREAU, PYAT, B. LACORRE, GEOFFROY, GOUHIER, PRUDHOMME, GAUDIER, FABRE, TIERSONNIER, BONNEFOY, LACORD, TOURNOIS, BAROUD, ROUSSEAU, LAROQUE, MARÉCHAL, BISSON, OUZELOT, BRIN, MARCEAU, LÉVÊQUE, CHOUTEAU, AVOINE fils, NAVARRE, HUSSON, LAGARDE, AUDOYNAUD, HANSER, SOUDEY, LAVALETTE, CHATEAU, VALATS, PATRIS, FOUGERET, MILLET, BOULLENGER, BOUIT, DUCAMP, GRÉLIER, DREVET.

Ainsi, quoi qu'elle dise ou fasse, la Commune est morte, bien morte; les énergumènes qui continuent à délibérer dans la grande salle du palais municipal, ne représentent plus que l'ombre de cette institution qui, en si peu de temps, a trouvé le moyen de se rendre si tristement célèbre.

Et comment en pourrait-il être autrement ?

Sur 101 membres nommés aux élections du 26 mars et du 16 avril, — les uns, tels que M. Mortier, par 21,186 voix; les autres, comme M. Longuet, par 1,058, — la Commune n'en compte plus aujourd'hui, virtuellement, que 47... moins de la moitié !

Encore est-il juste d'ajouter que les esprits les plus bornés, les auteurs des discours les plus échevelés, des propositions les plus arbitraires, des mesures les plus extrêmes, sont compris parmi ces 47 survivants :

Amouroux, Ant. Arnaud, Assi, Babick, Billioray, Clément, Champy, Chardon, Chalain, Demay, Dupont,

Decamp, Dereure, Durand, Delescluze, Eudes, Henry Fortuné, Ferré, Gambon, Geresme, Paschal Groussct, Johannard, Ledroit, Langevin, Lonclas, Mortier, Léo Meillet, Martelet, J. Miot, Oudet, Protot, Puget, Pillot, Félix Pyat, Philippe, Parisel, Pottier, Rochard, Régère, R. Rigault, Rastoul, Sicard, Triquet, Urbain, Vaillant, Verdure, Vésinier, Viart.

Pour ceux qui sont partis, il y a toute une comptabilité à établir :

Démissionnaires : Adam, Barré, Brelay, Beslay, de Bouteiller, Chéron, Desmarest, Ferry, Fruneau, Goupil, Loiseau-Pinson, Leroy, Lefèvre, Méline, Murat, Marmottan, Nast, Ulysse Parent, Robineat, Ranc, Tirard.

Ont refusé : Briosne, Menotti Garibaldi, Rogeard.

Morts : Duval, Flourens.

Capturé : Blanqui.

En fuite : Charles Gérardin.

Incarcérés : Allix, Panille *dit* Blanchet, Brunel, Emile Clément, Cluseret.

Signataires du manifeste : Arthur Arnould, Avrial, Andrieux, Arnold, Clémence, Victor Clément, Courbet, Franckel, Eugène Gérardin, Jourde, Lefrançais, Longuet, Malon, Ostyn, Pindy, Serrailler, Tridon, Theisz, Varlin, Vermorel, Jules Vallès.

Et maintenant, qui pourra dire en vertu de quel droit les tronçons épars qui s'agitent encore sur les fauteuils de l'Hôtel de Ville osent s'intituler : *la Commune de Paris*.

VI

Situation intérieure. — La réaction. — Comment on meurt pour trente sous. — L'entrée des troupes. — Les quatre corps d'armée. — Barricadiers et barricades. — Le vieillard de l'Opéra. — Un monstrueux document. — Prise de Montmartre. — Le râle de l'Hôtel de Ville.

Mais qu'importe, désormais! Comité central ou Commune, le monument du 18 mars, miné de toutes parts, marche à pas rapides vers la ruine finale.

Les événements se précipitent. Versailles approche lentement, mais sûrement. Le plan combiné par Mac-Mahon, aidé de M. Thiers, dessine de mieux en mieux sa réussite imminente...

A mesure qu'il s'affaiblit davantage, le gouvernement de Paris paie plus largement d'audace et de cynisme. Les procédés arbitraires sont mis en œuvre avec une rigueur nouvelle. La recherche et la capture des personnes jugées propres à servir d'otages ne discontinuent plus. Quant à la poursuite des réfractaires de la garde nationale, elle a acquis déjà le caractère d'une véritable chasse à l'homme, et c'est dans les rues, dans les cafés et jusque dans les maisons que des fédérés en armes relancent les récalcitrants pour les envoyer de force aux avant-postes.

A l'Hôtel de Ville, les mesures suprêmes de la résistance désespérée de Paris se discutent et s'agitent au sein des conseils. Deux camps se sont formés parmi les apôtres de la défense à outrance. Dans l'un, sont les fanatiques, les fous furieux, les misérables criminels et les énergumènes stipendiés que guident les mains mystérieuses dont la trace est visible en cette épouvantable intrigue. Dans l'autre, se remarquent les tièdes, les indécis, les pseudo-humanitaires et les quelques exaltés dont la bonne foi tranche sur l'abjection de ceux qui les entourent.

Un semblable travail de désagrégation s'opère parmi la population; une barrière de plus en plus distincte sépare, d'avec les éléments favorables à la Commune, l'immense majorité des habitants qui appellent de tous leurs vœux l'armée de Versailles. A ceux qui n'ont cessé de résister aux entraînements ou aux injonctions de l'Hôtel de Ville, viennent se joindre les malheureux qui, entraînés d'abord par de fausses doctrines, reculent au dernier moment devant les projets dont déjà ils entrevoient l'horreur; puis les hésitants de la veille; puis enfin tout ce qui jusqu'ici n'a marché qu'à contre-cœur. Car ils sont nombreux, ceux qui courent à la mort poussés par la faim ; et si le représentant Baudin, sur sa barricade, avait pu faire voir en 48 « comment on meurt pour 25 francs », plus d'un, parmi les tristes héros de la Commune, pourrait montrer à son tour comment on meurt pour trente sous!

Et cependant, combien de victimes nouvelles vont tomber! Après les ruines et les cadavres entassés hors des murs, que de cadavres et de ruines vont s'entasser en dedans des remparts! Après la guerre des buissons et des routes allait commencer la guerre des rues.

Bien que Paris n'ait connu que lundi, 22, la présence de l'armée à l'intérieur, une portion de troupes avait effectué son entrée dès l'après-midi de dimanche. L'attaque était mûre, la Commune le sentait; quelques membres cherchaient à se ménager des moyens de refuge et de fuite; les violents et les implacables travaillaient à ensevelir Paris dans leur propre ruine. Deux jours de plus, et ces projets auraient certainement abouti à une catastrophe plus terrible encore que la catastrophe à laquelle nous allions assister.

Dans l'esprit des généraux de l'armée régulière, l'assaut ne devait être donné que le 23; mais les travailleurs du génie venaient de s'apercevoir que les brèches étaient suffisantes pour livrer passage à un corps d'armée.

Tandis qu'ils délibéraient sur le parti qu'ils devaient prendre, quelques bons citoyens veillaient autour des murailles, et, remarquant que les abords en étaient abandonnés sur une étendue assez considérable, ils dépêchèrent un des leurs auprès d'un petit groupe de soldats qui campaient, attendant l'occasion, au delà d'Auteuil, en face du Point-du-Jour.

Ils étaient là une poignée d'hommes, faibles en nombre, mais forts par le courage et la résolution; pour la plupart, des marins et de ceux qui, au fort de Vanves, s'étaient si vaillamment signalés, pendant la durée du siége.

Le capitaine de frégate Trêves les commandait.

N'écoutant que son intrépidité, ce brave chef se met à la tête de ses hommes; le cri : — En avant! retentit, et quelques instants après les quatre compagnies qu'il avait sous ses ordres avaient franchi le rempart, à la hauteur de la porte de Saint-Cloud.

Bientôt, le corps entier du général Douay prenait position au pied des fortifications, à la suite des premiers occupants. Le soir venu, un détachement d'infanterie s'éloignait, en suivant le chemin de ronde, dans la direction des portes du sud et allait ouvrir aux corps des généraux Cissey et Vinoy les entrées de Vaugirard et d'Issy.

Trente mille hommes de troupes campaient déjà dans Paris durant la nuit de dimanche à lundi.

Pendant que, dans la nuit, la Commune éveillait la population par la générale battue dans tous les quartiers, et le tocsin sonné à tous les clochers, le corps d'armée du général Ladmirault, suivant le général Douay, entrait à son tour par les portes de Passy et d'Auteuil.

Encore tout entiers à leur première surprise, les bataillons fédérés accourus sur les lieux se débandent et s'enfuient. Le château de la Muette est surpris et l'état-major fait prisonnier. La barricade en avant de l'Arc-de-Triomphe est emportée. De leur côté, les généraux Clinchant et Montaudon suivaient, l'un à l'intérieur, l'autre au dehors, les fortifications.

Ce n'est qu'aux abords de la gare de Saint-Lazare que se livrent les premiers de ces combats acharnés dont, tout une semaine durant, nos rues ont été le théâtre.

Les chefs de la Commune revenus à eux volent de tous côtés organiser la défense. Les délégués se rendent dans leurs arrondissements respectifs.

Sur les boulevards, à tous les carrefours, dans toutes les rues, les fédérés arrêtent les passants, réquisitionnent des tonneaux vides, des meubles et entassent les pavés.

Jusqu'à six heures du soir, la fusillade éclate avec des alternatives de violence et de ralentissement ; les régiments lancés dans trois directions simultanées, de front par la rue de Clichy, de flanc par les boulevards extérieurs et les rues adjacentes, sur la droite et sur la gauche, terminent la journée par l'enlèvement d'assaut de la formidable barricade de la place de Clichy. Au nord, l'attaque de Montmartre se préparait. Au sud, les batteries des bastions avaient été abandonnées dès la première nouvelle de l'entrée des troupes. Au milieu de ce désarroi, la Commune avait fait des efforts désespérés pour garder les portes de Montrouge et de Châtillon, abandonnées par ses milices.

Pendant toute cette nuit, sur la rive gauche, les tambours avaient battu le rappel et les clairons sonné la charge ; des estafettes parcourant les rues dès le matin lançaient à tous le formidable mot d'ordre :
— Des barricades ! Aux barricades !

Des bataillons fédérés, ralliés enfin à grand' peine, s'élancent au pas de course vers l'avenue du Maine, l'avenue d'Orléans, la barrière de la rue d'Enfer, le boulevard Saint-Michel, le Panthéon et le Luxembourg.

Vers cinq heures, la fusillade se fait entendre ; la bataille s'engage vers la gare de l'Ouest, sur le boulevard Montparnasse, et sur l'avenue du Maine, du côté de Montrouge. La gare et l'énorme barricade des *Quatre-Chemins* sont prises après une lutte acharnée. Les barricades de l'avenue d'Orléans et de la route de Châtillon sont tournées et prises à rebours.

A huit heures du soir, tout le périmètre intérieur, dans une étendue d'un kilomètre, à partir du Point-du-Jour jusqu'à la porte d'Orléans, délivré des insurgés rejetés dans l'intérieur de la ville, appartenait aux troupes du Gouvernement.

Obligés d'abandonner à la hâte les positions du périmètre extérieur, les fédérés se ralliaient à la voix de leurs chefs qui les organisaient de tous côtés pour la résistance.

Les barricades poussent de terre, au bout de chaque rue, à l'angle de chaque carrefour.

Cependant, jusqu'à la fin de la journée, elles ne s'élèvent encore qu'à deux ou trois pieds ; mais, dans les quartiers hauts, l'agitation est grande ; des bataillons descendent, par les boulevards, au centre de la ville, musique en tête et canons en queue. Un assez grand nombre de femmes, fusil au dos et vêtues en hommes pour la plupart, se font remarquer dans les rangs des fédérés par leur ardeur maladive et un acharnement qui tient du délire. Il passe même, sur les boulevards, un bataillon exclusivement féminin ; les malheureuses qui le composent marchent en gesticulant et en hurlant *la Marseillaise*.

Les femmes, une certaine classe de femmes, du moins, ont pris une part importante aux affaires de Paris depuis l'intronisation du pouvoir criminel du 18 mars. Mais jamais, jusqu'au moment de la lutte suprême, leur rôle ne s'était révélé avec autant d'audace et d'éclatante impudence.

Les incidents fourmillent pourtant, dans cette épopée meurtrière — et à côté du drame principal, les détails accessoires de la lutte se déroulent en d'étranges et sinistres péripéties.

C'est ainsi que, le matin, dans le quartier de Montrouge, cinq cents citoyens réfractaires aux ordres de la Commune, d'honnêtes pères de famille pour la plupart, arrêtés par les fédérés et amenés à la porte d'Orléans, étaient attendus par deux cents bandits, qui, en leur présentant des armes et des munitions, voulaient les forcer à se battre dans leurs rangs.

Quelques-uns s'emparent des armes de leurs gardiens et il s'ensuit une horrible mêlée.

Une autre collision entre citoyens allait éclater presque au même moment dans le quatorzième arrondissement. Deux bataillons se trouvaient en présence, l'un se refusant à marcher, l'autre voulant contraindre celui-ci à se rendre avec lui à Passy, sur un ordre signé de la Commune.

— Nous ne vous suivrons pas! s'écriaient les gardes réfractaires.

— Eh bien, nous vous forcerons à venir! vociféraient les séides de l'Hôtel de Ville.

Déjà, des deux côtés, on s'apprêtait à en venir aux mains; quelques coups de feu avaient même retenti de part et d'autre, lorsque soudain, de toutes les rues avoisinantes, une foule affolée de femmes et d'enfants fait irruption aux cris de :

— Sauvons-nous! ce sont eux! Voici les Versaillais!

Le bataillon de forcenés se dispersa subitement, laissant la place aux autres qui, bientôt, allaient accueillir nos soldats aux acclamations de : Vive la ligne!

Du nouvel Opéra, une fraction du corps Douay avait pu se porter sur la Banque de France.

Il était temps.

La Banque, en effet, était, depuis un mois, l'objet de tentatives réitérées d'occupation de la part de certains bataillons du dehors.

L'établissement n'avait dû sa préservation qu'à l'attitude vigoureuse des gardes nationaux du deuxième arrondissement, le 12e et le 8e bataillons principalement, et aussi, — il faut l'ajouter pour rendre à chacun la justice qui lui est due, — à l'intervention du vieux membre de la Commune, Beslay, qui, dès le milieu d'avril, s'installait en permanence dans les appartements du gouverneur de la Banque, opposant à chaque démarche importune un énergique *veto*. La Banque était sauvée — et, en même temps, la Bourse et tout le quartier avoisinant, voué l'un des premiers à l'incendie par les énergumènes de l'Hôtel de Ville, comme en fait foi l'ordre suivant trouvé le lendemain sur un insurgé mort :

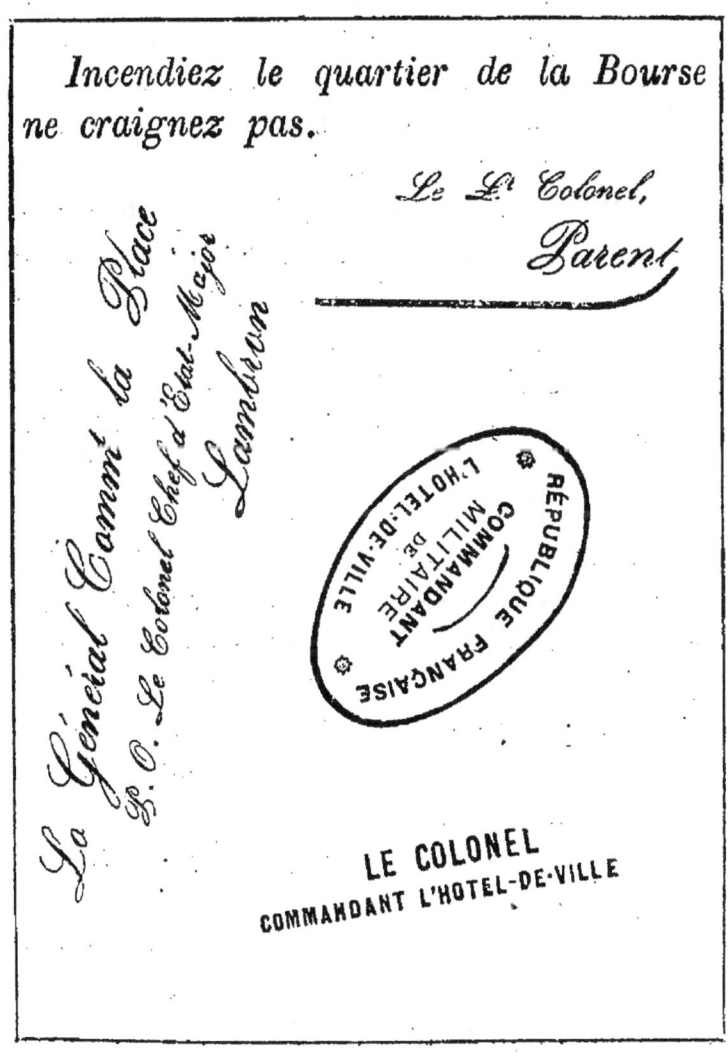

Dans le huitième arrondissement, la troupe avançait sans rencontrer de sérieux obstacles. Le ministère de l'intérieur était pris sans difficulté. Mais à la mairie de la rue d'Anjou, quelques centaines de Bellevillois s'étaient fortement retranchés, et retenaient nos soldats pendant une partie de la journée. Il fallut pénétrer dans une maison contiguë à la mairie, percer un mur à coups de pioche et pratiquer ainsi un passage qui permettait enfin de s'emparer de la petite forteresse.

Bientôt après, la Chapelle expiatoire était prise; puis la Madeleine, puis la place de la Concorde. Des batteries étaient installées au parc Monceaux, et, dès minuit, échangeaient de nombreux projectiles avec les batteries fédérées de Montmartre.

Le matin, les colonnes régulières s'ébranlent de toutes parts pour l'attaque de Montmartre. La rue de Clichy, la rue Blanche, la rue de Douai, la rue de Bruxelles, l'avenue Trudaine, autant de théâtres sanglants d'un combat où le terrain est conquis pied à pied. A midi, enfin, la barricade de la place Blanche est emportée. Place Pigalle, se livre une lutte meurtrière et prolongée. Déjà la troupe s'apprête à envoyer quérir du renfort, quand tout à coup, descendant par la rue Houdon comme une avalanche, un régiment s'élance, baïonnette en avant, et vient prendre à revers la redoute de pavés et de terre, d'où la loque rouge des communeux est violemment arrachée. Ce régiment appartenait au corps Montaudon, qui, franchissant les hauteurs sur le versant opposé, et atteignant Clignancourt, n'avait pas tardé à s'emparer du cœur même de la localité.

Le succès était décisif. Tout le dix-huitième arrondissement, 120 pièces de canon, plus de 6,000 prisonniers étaient au pouvoir de l'armée.

A l'Hôtel de Ville, pendant ce temps, régnait un mouvement vertigineux.

Tandis que tout s'agitait autour d'eux, les membres de la Commune et du Comité central s'entre-regardaient avec défiance. Les épithètes de « traîtres », de « lâches, » couraient sur les lèvres de quelques-uns. D'autres, se grisant au bruit de leurs propres discours, cherchaient, à grands renforts de raisonnements, à se persuader que derrière les barricades était le véritable terrain de la défense, et que Paris allait devenir le tombeau de Versailles. D'autres, enfin, doués d'un sens plus exact de la situation et décidés à défendre *leur cause* jusqu'à la mort, — exclusivement, — prenaient leurs dispositions pour la fuite.

S'enfuir, pourtant, était peu aisé. La surveillance exercée autour de Paris rendait pleine de périls les tentatives faites pour s'échapper de ses murs. Un cordon de troupes occupait toutes les issues.

Mais les fuyards s'étaient rappelé que, à la suite du siége, un certain nombre de ballons et de nacelles étaient restés sans emploi dans les ateliers d'aérostation; et ce ne fut pas sans une certaine stupéfaction que Paris vit, ce jour-là, s'envoler tout à coup deux ou trois ballons qui bientôt se perdirent dans les nues.

Mais il en était, parmi ces hommes, que la foi soutenait jusqu'au bout; il en était qui croyaient encore au salut alors que le glaive du châtiment, brillant au-dessus de leur tête, allait les foudroyer.

Autour d'eux gravitaient les comparses de ce drame de feu et de sang, et tous les énergumènes galonnés en quête d'instructions.

Le délégué civil à la guerre, Delescluze, était le principal pivot de la défense. Les mains tremblantes de fatigue et d'émotion, les yeux rougis par les veilles, la voix rauque, essoufflée, il distribuait les ordres dans toutes les directions.

Des cavaliers arrivent à chaque instant, mettent pied à terre sur la place, où campent six bataillons fédérés, montent les degrés de l'Hôtel de Ville et viennent, dans la grande salle où règne ce tohu-bohu, remettre quelques mots griffonnés à la hâte par Cluseret ou Dombrowski, dont les commandements à Montmartre et à la Villette exigent la présence incessante.

C'est vers le soir, enfin, à l'heure où la lutte semble prendre un caractère qui ne permet plus guère de douter de son issue, que sont expédiées les dépêches suivantes :

COMMUNE DE PARIS

Direction de la sûreté générale

Le citoyen Raoul Rigault est chargé, avec le citoyen Régère, de l'exécution du décret de la Commune de Paris relatif aux otages.

Paris, 2 prairial an 79.

DELESCLUZE, BILLIORAY.

Le citoyen Millière, à la tête de cent cinquante fuséens, incendiera les maisons suspectes et les monuments publics de la rive gauche.

Le citoyen Dereure, avec cent fuséens, est chargé du 1er et du 2e arrondissement.

Le citoyen Billioray, avec cent hommes, est chargé des 9e, 10e et 20e arrondissements.

Le citoyen Vésinier, avec cinquante hommes, est chargé spécialement des boulevards de la Madeleine à la Bastille.

Ces citoyens devront s'entendre avec les chefs de barricades pour assurer l'exécution de ces ordres.

Paris, 2 prairial an 79.

DELESCLUZE, RÉGÈRE, RANVIER, JOHANNARD,
VÉSINIER, BRUNEL, BILLIORAY.

Documents criminels que l'histoire classera parmi les plus monstrueux monuments de l'aberration humaine !

VII

Les rues. — La conspiration des brassards. — L'incendie. — Les pétroleuses. — A la Roquette. — Les otages. — Rue Haxo. — Le plan d'attaque. — Dernier retranchement. — La fin.

Montmartre pris, la possession des hauteurs permettait à l'artillerie versaillaise de couvrir de ses feux les derniers refuges de l'insurrection.

Tandis que l'on commençait à mitrailler Belleville, Ménilmontant et les buttes Chaumont, l'occupation de la rive gauche s'achevait. Le faubourg Saint-Germain, la rue Bonaparte, la rue Dauphine étaient rapidement enlevés.

Quel aspect que celui de Paris transformé en champ de bataille!

Du sang, du sang partout; partout des meurtrissures et des déchirements, des blessés et des morts, des plaies, des cadavres et des monceaux de ruines. Toits crevés, vitres brisées, débris de verre, de plâtre et de pierre jonchant le sol; branches cassées pendant aux arbres; armes, képis, vêtements en lambeaux jetés au hasard çà et là ; réverbères tordus, murs éventrés... partout les traces hideuses de ces combats pleins d'horreur qu'on appelle « la guerre des rues » s'étalent au soleil de mai, épouvanté d'éclairer ces désastres.

Ce qui se passe au sein de ce vaste cataclysme, chacun est avide de le savoir. Mais comment s'aventurer à la recherche d'informations ? Les nécessités de la lutte, la sévérité des consignes, les besoins multiples du service de l'occupation, la continuation de la bataille en beaucoup d'endroits, les entassements de décombres en beaucoup d'autres, le danger réel, enfin, qu'il y a à braver, sont autant d'empêchements à une excursion à travers rues. Combien d'innocents, déjà, sont tombés victimes de leur imprudence ! Aussi la voie publique est laissée tout entière à ceux qui s'entretuent. Tout homme qui ne tient pas un fusil et qui ne court pas se battre, reste à l'abri prudemment. Les femmes et les enfants se sont claquemurés à l'intérieur des maisons. Chacun, instinctivement, s'éloigne de la lutte, et des regards terrifiés s'échangent entre ces gens que fait à chaque instant sursauter le bruit, tantôt rapproché, tantôt lointain, de la fusillade ou du canon.

Les seuls citoyens que l'on voie se mêler aux troupes sont les gardes nationaux de l'ordre, reconnaissables au brassard tricolore adopté, comme signe de ralliement, par tous ceux qui s'étaient réunis autour des deux chefs d'une sorte de vaste conspiration intérieure dirigée contre la Commune : Domalain et Charpentier. Le premier, ancien commandant de la *Légion bretonne*, le second, naguère colonel du 25ᵉ régiment de marche de la garde nationale, étaient, en effet, parvenus à grouper quinze ou vingt mille hommes dévoués à la cause de l'ordre, et qui constituaient notamment les 16e, 106e et 17e bataillons dans le faubourg Saint-Germain ; le 7e, le 6e et le 116e dans la Chaussée-d'Antin ; le 8e et le 12e au deuxième arrondissement ; sans compter les nombreuses fractions de bataillons de divers quartiers qui, à un moment donné, devaient s'agglomérer entre elles pour le combat.

Les troupes, entrées dans Paris plus tôt et plus aisément qu'on ne s'y attendait, n'eurent pas besoin de leur concours.

Maîtresse de la presque totalité de la rive gauche, l'armée prenait enfin quelque repos. Du côté opposé de la Seine, on tournait la barricade de la rue Saint-Florentin. Les insurgés, se sentant forcés d'abandonner cette position, commencèrent cette série de forfaits qu'il est impossible de raconter sans colère.

Dès le soir, des maisons de la rue Royale étaient incendiées avec du pétrole lancé par des pompes ; des misérables postés au coin des rues voisines tiraient sur les personnes qui tentaient d'éteindre le feu, et bien des gens réfugiés dans les caves périssaient d'asphyxie ou étaient écrasés sous les décombres. L'âme se soulève d'horreur à la pensée de pareilles monstruosités.

Aux premières lueurs du matin, les Tuileries brûlaient. Le Louvre était déjà atteint, quand les marins, parvenus jusque-là, purent se rendre maîtres du foyer de l'incendie. Après les Tuileries, ce fut le tour du Palais-Royal, puis celui de l'Hôtel de Ville. Vers la rue du Bac, avant d'évacuer leurs positions, les fédérés avaient partout promené la torche : les rues de Verneuil, de Beaune, le quai d'Orsay étaient en feu ; la Caisse des dépôts et consignations, la caserne d'Orsay, le Conseil d'État, la Légion d'honneur brûlaient.

D'épais nuages de fumée roulaient au-dessus de la ville, sillonnés de minute en minute par les obus et les bombes à pétrole que les fédérés continaient à lancer sur tous les points, pour attiser les foyers et empêcher les secours d'en approcher.

A la lueur de l'incendie, Paris était sinistre à voir.

Le bruit des détonations, le grincement de la fusillade, les groupes de combattants se guettant dans l'ombre ou se prenant corps à corps ; la fuite des habitants, hommes, femmes, enfants, pêle-mêle, deminus, courant à travers rues, fous de peur, ou s'arrêtant, cloués au sol par la terreur, — tout semblait conspirer pour ajouter encore à l'horreur grandiose de ce sombre tableau.

Que dire de ces monstres, de ces coquins abjects qui, ne pouvant vaincre, voulaient léguer aux survivants, dans leur testament écrit sur nos plus belles demeures avec la torche incandescente, l'incendie, la ruine et la mort de la capitale du monde!

Toutes leurs mesures ont été prises.

Ici, des tonnes de pétrole et des monceaux de résine le long des parquets et des murs.

Là, l'horrible peinture à laquelle se livrent leurs séides sur les cloisons intérieures des habitations.

Après les Tuileries, le Louvre, l'Hôtel de Ville ; c'est le tour du Palais de Justice, de la Conciergerie, des greniers d'abondance, des docks de la Villette... de quoi encore? De Paris tout entier, si on les laissait faire; car les bourreaux laissent partout derrière eux une longue traînée de matières incendiaires et de fils conducteurs prêts, au premier signal, à communiquer sur tous les points la flamme dévastatrice. Et tous ces apprêts ont été mûrement et scientifiquement élaborés. Tout a été prévu, tout, sauf le courage et l'audace de nos soldats, dont l'élan, inattendu des coupables, a fait avorter le projet qui voulait de Paris faire un monceau de cendres.

Les troupes, à chaque pas, arrêtent, saisissent et fusillent les instruments de cet odieux complot. Tantôt ce sont de faux pompiers qui, en guise d'eau, jettent du pétrole sur les flammes; tantôt des misérables qu'on trouve porteurs d'ingrédients chimiques, de mèches soufrées; ce sont des femmes aussi, d'horribles créatures dressées pour la dévastation et pour le meurtre.

Il était donné à l'épouvantable période que vient de traverser Paris d'engendrer ce type horrible : les *Pétroleuses*.

Les pétroleuses sont les louves de ces loups, maintenant traqués de toutes parts. Aux mâles, le poignard, la hache et le fusil, les barricades et les canons et la fusillade à bout portant. A ces hideuses femelles, la torche et le pétrole enflammé, le soufre, le phosphore et les mèches qui propagent l'incendie.

Ils tuent; elles brûlent. Ils assassinent les hommes descendus dans la rue; elles vouent aux flammes les femmes et les enfants restés dans les maisons.

En même temps que les flammes rougissaient au loin l'horizon de la grande ville, le sang coulait à flots dans la cour de la Roquette.

Le massacre des otages commençait.

Le 23 déjà, une partie des malheureux dont la Commune avait compté se faire une arme, avaient été transférés à la prison de la Roquette.

Le lendemain, vers huit heures du soir, on appelait les détenus qui devaient être exécutés : le président Bonjean, l'abbé Deguerry, les PP. Allard, Ducoudray et l'archevêque de Paris, Mgr Darboy.

Au bout de quelques minutes, dans le deuxième chemin extérieur de ronde, arrivaient les victimes de la Commune.

Mgr Darboy donnait le bras à M. Bonjean. Ils marchaient en avant. M. Deguerry, le père Ducoudray, le père Clère, M. Allard les suivaient. L'escorte était commandée par un capitaine du 180e bataillon. Des gardiens portaient des falots.

Les épithètes les plus révoltantes étaient adressées, en route, aux prisonniers et particulièrement à l'archevêque. Ceux-ci répondaient par le silence et la prière.

On arrivait à peine au lieu de l'exécution que les gardes firent feu sur le groupe des prisonniers.

L'archevêque était encore debout, la plupart des balles ayant porté au-dessus de sa tête ; un second coup ne l'abattit pas davantage. C'est alors que le capitaine qui commandait l'exécution, s'approchant, acheva à bout portant la vénérable victime, qui s'affaissa sur elle-même.

L'archevêque avait reçu deux balles dans la tête, une dans l'aile droite du nez, l'autre à l'extrémité du sourcil gauche. Faut-il croire qu'il restait dans l'âme de ces misérables exécuteurs quelques vestiges de sentiments humains ? tous n'avaient pas osé tirer !

M. Bonjean était plus mutilé. Les jambes avaient été brisées à coups de crosse de fusil.

M. Deguerry et le père Ducoudray, ce dernier surtout, portaient des traces d'affreuses mutilations.

Vingt-quatre heures après, nouvelle série de massacres. Cette fois, les victimes étaient plus nombreuses.

Vers le milieu du jour, on appela quatorze prêtres et trente-six gendarmes. On les conduisit à Belleville, où le peloton d'escorte s'était donné rendez-vous avec un bataillon de fédérés.

Au bout de la rue de Paris, le cortége tourna à droite dans la rue Haxo.

En face d'un marchand de vin, au n° 88, se trouve l'entrée d'une propriété particulière qu'on appelle la cité de Vincennes. On y pénètre en traversant un misérable jardin potager ; ensuite vient une grande cour précédant un corps de logis.

Au delà et à gauche est un second enclos ; à quatre mètres environ du front de clôture s'élève un petit mur à hauteur d'appui. L'espace compris entre les deux murs forme comme une tranchée naturelle ; un soupirail carré, donnant sur une cave, s'ouvre au milieu.

C'est le local que ces misérables avaient choisi pour accomplir leur assassinat.

La rue Haxo et les terrains vagues qui sont auprès du clos de Vincennes étaient encombrés d'une immense foule; les prisonniers la traversaient parmi les plus grossières insultes ; quelques femmes s'acharnaient sur eux et les frappaient avec fureur. Ils s'avançaient calmes; beaucoup d'entre eux, les prêtres surtout, avec le visage meurtri et ensanglanté.

On les fait entrer dans l'enclos.

L'enclos était rempli par les états-majors des diverses légions alors à Belleville, par le détachement et les victimes. Très peu de personnes faisant partie de la foule purent pénétrer; mais, pendant sept minutes, on entendit du dehors des détonations sourdes, mêlées d'imprécations et de cris tumultueux. Les victimes étaient assassinées en masse, à coups de revolvers...

Parmi les prêtres fusillés ce jour-là, se trouvaient le père Olivain, supérieur des jésuites de la rue de Sèvres, le père de Bengy et le père Caubert.

Les exécutions du 27 eurent lieu à l'entrée de la nuit. Nos troupes occupaient déjà le cimetière du

Père-Lachaise. La place de la Bastille était prise, et nous avancions sur le boulevard du Prince-Eugène. Quelques prisonniers furent alors relâchés; ils étaient au nombre de six ou sept.

Mais ces infortunés avaient à peine mis le pied dans la rue, qu'ils furent entourés par les insurgés, fusillés sur place et recouverts de terre.

Le R. P. Escale, aumônier du 1er corps, qui arrivait avec nos troupes, — il était alors cinq heures du matin, — fit exhumer les corps par des soldats du génie.

La rapidité des progrès de l'armée avait permis de sauver cent soixante-neuf otages. Mais la série de nos désastres n'était pas encore épuisée : les bandits cosmopolites qui formaient le dernier noyau de l'émeute, avaient fini par se retrancher, d'une façon formidable, au cimetière du Père-Lachaise et sur les hauteurs de Belleville. De là pleuvaient encore, sur le centre de Paris, les projectiles explosibles ou incendiaires.

Il fallait en finir.

La place de la Bastille, défendue par d'énormes barricades, est enlevée après plusieurs heures d'une lutte meurtrière.

Le 28, au petit jour, le combat reprend avec un acharnement nouveau. En dépit de tous les obstacles, malgré les combats qu'il faut livrer à chaque coin de rue, les troupes avancent à grands pas. L'insurrection est cernée et acculée dans ses derniers retranchements de la rive droite.

En sillonnant Paris de larges voies stratégiques, favorables aux mouvements militaires contre une insurrection, l'Empire n'avait prévu que l'hypothèse où l'armée seule posséderait de l'artillerie. Mais cette fois les insurgés ont, en quantité, des canons et des mitrailleuses. Il a donc fallu imaginer un système d'attaque des barricades, système appliqué avec un succès qui le prédestine à faire école.

L'attaque commence, en général, par un feu d'artillerie, à boulets pleins, dirigé contre l'obstacle, du coin d'une rue voisine. Le canon, chargé, est poussé, la gueule un peu en avant de l'angle du mur, et rapidement pointé ; il fait feu : le recul est dirigé par des cordes, et la pièce, au retour, revient à l'abri dans sa position première.

La brèche faite, des soldats filent le long des murs, s'arrêtent aux embrasures des portes ou montent dans les maisons pour faire le coup de feu, pendant que d'autres pratiquent une issue sur le derrière de la barricade en prenant les passages et en escaladant les clôtures des cours intérieures.

Ces mouvements tournants partiels se combinent à chaque instant avec les attaques de front. Les soldats gagnent le terrain avec une promptitude croissante ; l'insurrection est bientôt délogée de toutes parts.

Les Buttes-Chaumont prises, les hauteurs de Belleville enlevées, Charonne et Ménilmontant au pouvoir des troupes, le Père-Lachaise attaqué de front, le terrain qui s'étend entre la place du Prince-Eugène et le canal Saint-Martin cerné, l'insurrection ne pouvait plus que se débattre dans un vaste filet dont les mailles l'enserraient de toutes parts.

La division Grenier avait la Villette ; la division Montaudon, le rond-point qui domine le canal ; le général Ladmirault, les buttes ; les généraux Clinchamp et Douay, la ligne du Château-d'Eau à la Bastille ; le corps Vinoy, enfin, occupait le cimetière et enveloppait La Roquette.

Il ne restait plus aux fédérés aucun point stratégique propre à servir de base à une défensive militairement organisée.

Entre midi et deux heures, cependant, les insurgés tentent un suprême effort. Ils pensent sans doute trouver, ou bien percer, dans la muraille vivante qui les entoure, une trouée, une brèche, qui leur permette d'échapper. C'est ainsi que, pendant deux heures, on les voit errer à l'aventure dans le cercle de leur prison meurtrière, haletants, la pâleur au visage et l'écume à la bouche, semblables à des bêtes fauves s'agitant dans leur cage.

De la rue Amelot, ils courent au boulevard Richard-Lenoir, du boulevard Richard-Lenoir au boulevard du Prince-Eugène, de là au boulevard des Amandiers; revenant sur leurs pas, ils tournent et retournent dans le dédale des voies qui s'étendent de la rue du Chemin-Vert à la rue Oberkampf, puis s'arrêtent désespérés et s'entre-regardent avec rage.

Enfin, des divers côtés à la fois, la troupe fait un mouvement en avant. On sent que l'heure fatale a sonné pour ces hommes que le hasard de la guerre des rues a faits les derniers champions d'une cause maudite.

Sur quelques points, le combat s'engage ; sur d'autres, l'armée, du premier coup, fait main-basse sur des poignées de misérables qui se rendent à merci.

Il est quatre heures. — L'œuvre des troupes est achevée. L'œuvre de la justice commence.

Paris, délivré, semble s'éveiller d'un horrible rêve. Comment fixer sa pensée au milieu de tant de douleurs et d'angoisses? A travers le voile des incendies qui fument encore, on aperçoit les traces sanglantes de la lutte. Les cadavres, les débris jonchent la terre. Un sentiment d'inexprimable dégoût remplit les cœurs.

Mais détournons nos regards de ces affreux vestiges. Au lieu de nous pencher sur ce sol souillé, relevons la tête pour envisager l'espace; ne pensons plus au passé que pour en faire la leçon de l'avenir.

Paris renaîtra de ses cendres plus grand, plus beau, plus fort, plus pur.

Ce qui est tombé, c'est le Paris de la décadence; faisons le Paris de la rénovation.

FIN

TABLE DES MATIÈRES

I

Pages.

La fédération de la garde nationale. — Montmartre arsenal. — Un mot d'ordre. — Le 18 mars. — Le Comité central. — Place Vendôme. — Les élections du 26. — Vinoy, Dufaure, d'Aurelles et Valentin. — La question des trente sous. — La Commune de Paris. — Chut!.......... ...   323

II

A Versailles! — L'envers d'une victoire. — Veuves et orphelins. — Les arrêts du pouvoir. — Jacobins et fédérés. — Assi. — D'Ivry à Gennevilliers. — Les généraux de la Commune. — Ces dames......................   339

III

L'Église et l'atelier. — Perquisitions et otages. — Ici et là-bas. — Les urnes du 16 avril. — Les décrets pneumatiques. — Quand on prend du galon. — Les séances de la Commune. — Un croc-en-jambes. — Ostyn, Ranvier, Régère et Bergeret lui-même. — Diplomatie et socialisme. — Le droit aux prisons. — Sténographie et repentir. — Vive la liberté! — Raoul Rigault démissionnaire   352

IV

Un président à poigne. — Les Prussiens. — Le projet Miot. — Pour et contre. — Nos conciliateurs. — Le littérateur Longuet. — La tribune orageuse. — Rivalité. — Versailles avance. — Le financier Jourde. — Un capucin en faillite. — Nouvelle hécatombe.................................. 372

V

Cluseret et Rossel. — Le citoyen Delescluze. — Exécutive et Salut public. — Au fort d'Ivry. — L'*Officiel* de la Commune. — Une ténébreuse affaire. — Le lieutenant Barrois et le colonel Schœlcher. — Le concert des tyrans. — Le sieur Thiers. — La Colonne. — Commune et Comité. — Un triomphe. — Le bilan................................. 381

VI

Situation intérieure. — La réaction. — Comment on meurt pour trente sous. — L'entrée des troupes. — Les quatre corps d'armée. — Barricadiers et barricades. — Le vieillard de l'Opéra. — Un monstrueux document. — Prise de Montmartre. — Le râle de l'Hôtel de Ville...... 393

VII

Les rues. — La conspiration des brassards. — L'incendie. Les pétroleuses. — A la Roquette. — Les otages. — Rue Haxo. — Le plan d'attaque. — Dernier retranchement. — La fin... 404

Paris. — Imprimerie Alcan-Lévy, rue de Lafayette, 61.

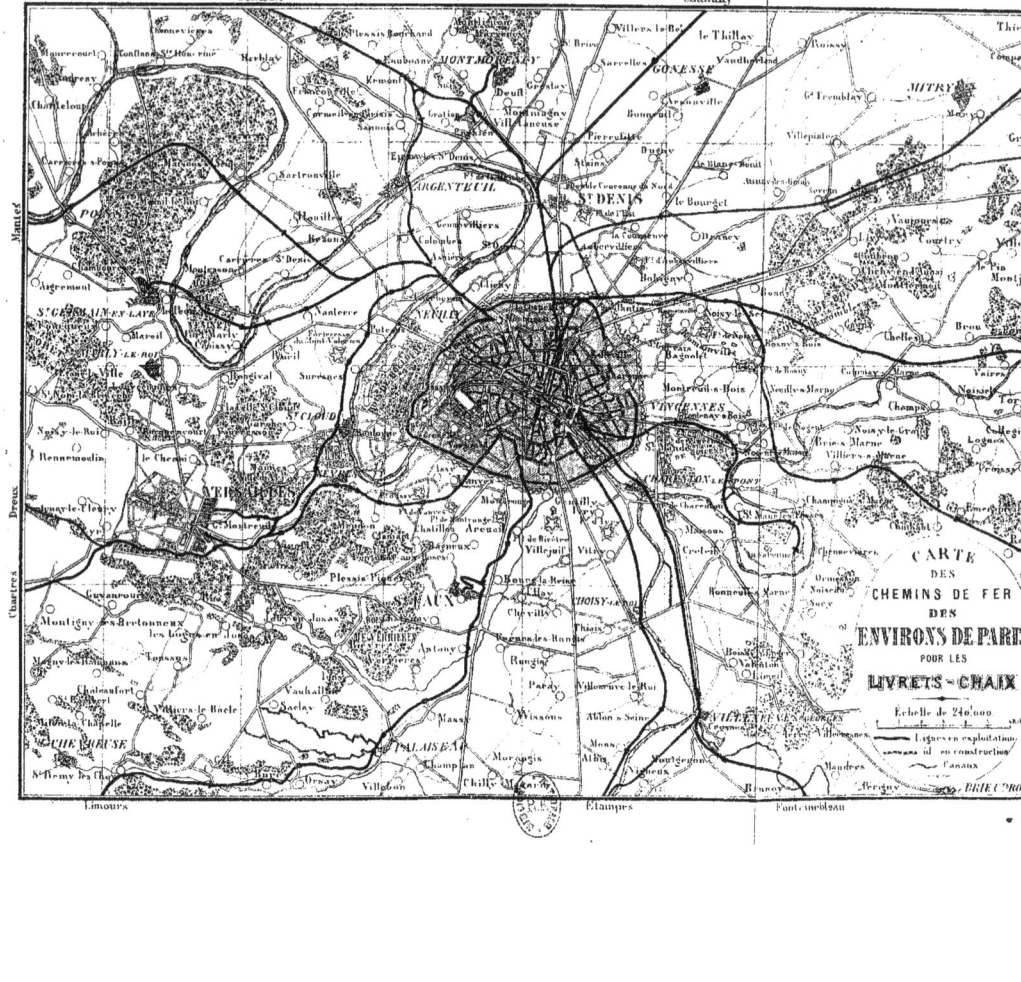

www.ingramcontent.com/pod-product-compliance
Lightning Source LLC
Chambersburg PA
CBHW070922230426

43666CB00011B/2278